邁向未來的哲學思考

項退結 著　　東大圖書公司 印行

© 邁向未來的哲學思考

著　者　項退結
發行人　劉仲文
著作財
產權人　東大圖書股份有限公司
總經銷　三民書局股份有限公司
印刷所　東大圖書股份有限公司
　　　　復興店／臺北市復興北路三八六號
　　　　重慶店／臺北市重慶南路一段六十一號
　　　　郵撥／〇一〇七一七五〇號

修訂初版　中華民國七十七年四月
修訂再版　中華民國八十二年十月

編　號　E 10019①

基本定價　伍元伍角陸分

行政院新聞局登記證局版臺業字第〇一九七號

有著作權‧不准侵害

ISBN 957-19-0242-X （精裝）

第 三 版 序

各方面接二連三的要求，終於使我相信，這本初版至今已足足十五年的書，尚爲社會大眾所需要。

第三版與再版的最大區別，在於除改正一些字及修正若干觀點以外，另外在下編中加上第十一與第十四章，最後一章則加上附錄。另外由余國良同學製作了中文西文兩個人名索引（謹在此致由衷的感激）。正如初版序文所言，本書的撰寫介於偶然與計劃之間；附加的幾篇亦然，因爲它們都跟人性問題有關。

第十一章介紹一個以意識行動爲起點，全面探討行動主體的嘗試，是最近十年間探討人性的力作之一。這本書作者的身份也非常特殊，居然是現任羅馬教宗若望‧保祿二世。但他從一九五四年到一九七八年陞任教宗爲止，一直在大學任教，特別研究人的道德行爲。此書英文版的問世卻是在一九七九年，當時作者剛就任教宗職，忙得連修訂校對的時間都沒有。出版後頗受學術界尤其哲學界的好評，因爲它並不僅以亞里斯多得與多瑪斯的思想立論，同時也採取胡塞爾、謝勒、康德的許多觀點。就事論事，我覺得不把這新的嘗試介紹給本書讀者，將是一樁大憾事。最初我是以書評方式寫，發表於《哲學與文化月刊》第七卷第四期（六十九年四月），現在已改寫，並加入新的觀點。

本書第十五、十六、十七章都一再提及存在思想，因此加入專門討論存在哲學的第十四章，也勢在必行。這篇文章發表於《哲學與文化月刊》第二期(六十三年四月)，當時我曾說：「被共產黨的組織系統所抑

制的個人可能會因存在哲學而抬頭；俄國如此，我國大陸又何嘗不然。」（新102頁）對今天來說，這句話簡直有些像預言。

最後一章所加的附錄曾發表於《天主教學術研究所學報》第四期（六十一年十月）。這一討論讓我有機會補充一些新的見地，其中最重要的是替孟子「仁人心也」的理論找到一些實證研究的佐證，並指出它超越不同階級所產生的不同意識形態。

重讀全書後，益覺此書從未來發展言人性的構想，對今日世界有其重要性。今日的電腦科技日新月異，但對所謂的「人工智慧」往往有基本的誤解，似乎以為人造的機械本身具有智慧。由於「遺傳工程」在植物與動物方面已有所進展。於是許多人躍躍欲試以為人本身也可以任意改造：凡人可以成為超人的幻想，遂不斷出現在卡通影片中，而人之所以為人的理性與道德遂被視為僅具臨時性。這一切均導因於對未來發展的憧憬猶如野馬脫韁，忘記了對未來發展作構想者自己的本來面目。本書對這些迫切課題至少提出了一些方向。

最後我格外追念替本書封面題字的吳德生博士。我出生在浙江永嘉，卻在寧波長大受教育；因此出生在寧波的吳博士，也可以說是我的鄉親。而今，吳博士已於去年一月間逝世；但他的道德、學問、風範以及本書封面的墨寶均將長留人間。

項退結 於仙跡岩下
民國七十六年二月十七日

初 版 序

我永遠不會忘記民國五十六年十一月秒在東京的一次經歷：那祗是幾秒鐘的時間，卻在我腦海中留下了永不磨滅的印象。那天我參加整天的觀光節目，包括明治神宮、茶道、歌舞等，中午則在那間融東西文化於一爐的椿山莊吃日本式的蒙古烤肉。我進入餐廳時，參加觀光節目的遊客已靠着幾張長桌坐下。同桌的多半是美國人，每人都作了自我介紹，於是我也依樣畫葫蘆說我是中國人。這句話一出口，驟然我發現同桌的人直如白日見鬼，觸電似的震驚了一下。爲了使氣氛緩和一些，我慌忙接下去說：「但我住在臺北」。這一經驗使我恍然於海外某些人士「認同」於中國大陸的心理狀態，因爲被人視爲妖魔鬼怪雖不是滋味，但究竟比被輕視好受多了。

然而我還是非常討厭「中國人」一詞令人恐怖的事實。我確信真正的中國不是那令人恐怖而自己又在恐怖之下掙扎着的那一個。這真正的中國在可見的未來終有一天會出現，它不但能解決自己的問題，而且會把它幾千年所積存的智慧結晶，推陳出新地貢獻給整個世界。但要做到這一步，現代中國人必須重新建立起自己信得過（不祗是說說而已）的一套思想和理想；而這本書的野心即在於能向此目標邁進，即使是極小的一步也沒有關係。

爲了要實現上述目標，本書將分下面三編，即：一、未來的構想，二、經驗與實在世界，三、向未來發展的人性與中國傳統思想。

一、未來的構想　中國究竟要往何處去呢？無論如何，祗有面向未

來，纔能正視現在。本書的基本題材即在於尋求一條走向未來之路。從「未來學」出發，我們先介紹批評了一位想入非非的幻想家——馬古西。由於未來和希望是互相聯屬的，我們將繼續介紹一位以「希望原則」聞名於世的思想家——布洛霍。他雖標榜烏托邦，却強調具體性和可行性；祇可惜他的未來是有限度的，不能向永恆和無限伸展。布柏與馬賽爾二人的思想正好補充布洛霍這一缺點。

二、經驗與實在世界　本來，我們可以從人的希望這一普遍事實轉而探索人性問題。但當代分析哲學運動中的一部份邏輯實證論者認為，凡是不能用感官經驗到而在時空中作精確記錄的就不能稱為事實。然而，人意識到並且嚮往自己走向未來走向永恆，這究竟是否「無意義」的海市蜃樓或幻想？我們的實在世界是否限於感官經驗？要明瞭這些問題，我們必須談一談現代分析哲學和邏輯實證論及其主要代表人物。

三、向未來發展的人性與中國傳統思想　作了分析哲學的插曲以後，本書從「實證的」心理學進一步走入人類哲學領域，不消說，那是以人類能獲得超感覺經驗的確實知識為前題的。本書的一個信念是：每個人都有其人格尊嚴和永恆意義。這一信念並不因現代生物學所主張的進化論而動搖。循這一方向所作的哲學思考使我們見到宇宙是有計劃有秩序的，它並非「偶然」的產物；進化也並非漫無目標，而是「走向意識的上昇過程」。這一結論可以說把導源於生物學的進化觀念和心理學、倫理學聯接在一起。

意識上昇的過程是多方面的，它不限於知識的增長，而且包括心理分析家（如榮格）所強調的心靈力量之全部發展，和現代存在思想所云的「存在實現」。這兩點都不期然而然地和我國傳統思想和文化發生關係。本書最後一章指出，我國自孔孟以來所一直重視的「仁」，即意識上昇的最高境界。

　　　　※　　　　　　　　　※　　　　　　　　※

　　我把這本書獻給朝氣蓬勃的當代中國青年。歷史事實證明，我國本世紀驚天動地的巨大變化，都由思想開其端：民主思想促成中華民國的誕生；三十年代馬列思想之泛濫神州，是造成當前局勢的決定性因素。然而歷史是向前走的，誰敢說我人今日所想不會影響未來的新局面呢？

　　抱　的　我雖念念不忘思想工作者對社會對未來所應負起的任務，但因必須兼顧到學術性，行文措詞的專門氣息難免太濃一些，尤其是關於維根斯坦和卡納普的二篇文字。不過，看不懂的東西暫時不妨擱置，不必照次序讀下去；可以先看容易瞭解的地方，以後再回到費解之處尋求答案。不消說，我不以為自己所寫的都是天經地義；祇願提供思考和討論的題材，以後再讓每個人消化吸收而培養起自己的思想和信念。

　　除去介紹當代西方思想並尋求中西思想的銜接以外，我對若干問題也曾作一番深入的苦思。譬如在卡納普一文中關於亞里斯多德的「存有」概念，我相信自己提出了新的問題，並努力求其解答；關於我國二千餘年所講的仁，我也作了同樣的努力。

　　本書的撰寫介於偶然與計劃之間：一部份題材是興之所至或應人邀請演講而寫，另一部份則是依預定計劃步逐完成。我個人興趣雖是多方面的，卻集中在幾個基本問題上，因此許多偶然寫成的文字，都可以輕而易舉地整合在某種體系之下。本書各章的一部份發表在各種學術性刊物中：〈分析哲學的先知——維根什坦〉於《大陸雜誌》第四十四卷（民國六十一年）第五期，〈現代科學與哲學的人性觀〉於《天主教學術研究所學報》第三期（民國六十年），〈東西方思想與心靈之全面〉（原題為〈從心理分析說到哲學思考〉於《思與言》）第九卷（民國六十年）第二期，〈中國傳統哲學與存在真理〉（原題為〈中國哲學的一個特點與存在真理〉於《輔仁大學人文學報》第二期（民國六十一年）。

最大部份發表於《現代學苑月刊》3、14、48、52、56、70、72、80、82、83、86、91、94、97、98各期。文稿均曾修改或補充，一部份幾已全部重寫。

項 退 結 於澹廬
民國六十一年四月廿五日

再 版 序

　　這本初版僅印一千五百冊的書，整整三年才售罄，實不足以稱為暢銷書。但這樣一本內容一點不輕鬆的哲學著作，居然能在目前有限的市場中三年以內賣完，已經應該算是幸運；至少這比尼采《蘇魯支語錄》一書的命運好得多了（內容方面當然我不敢和他較量），那本書第一版祇賣出四十本。

　　格外令人感奮的是，本書蒙中華文化復興運動推行委員會謬愛，於去年十一月間得第六屆菲華特設中正文化獎金（國內部份）第一類關於闡揚中華文化的最優著作獎。這件事實充分表示出中華文化復興運動並非旨在復古，而是要吸收新知而推陳出新。事實上，本書多半以西洋當代哲學及心理學等為題材（佔十一章）；涉及東西文化問題的二章；完全以中國傳統哲學為題材的，僅最後二章而已。然而，我必須承認，最後二章正是全書的重心所在；尤其最後一章說出我的一項基本信念，那就是我國古哲所倡導的仁，不僅是今日人類賴以生存下去的必要條件，而且是人性向未來進展的指針。儘管今日世界依舊充斥著暴戾恣雎的氣氛，具有世界性組織的仇恨正在威脅著整個人類，但人性的自然發展終究還是非走向仁的康莊大道不可。

　　乘此再版良機，除盡量把第一版中的錯字改正以外，我在第六章及第七章中也作了一些實質上的修改，使意義能更明顯更流暢。以量而言，這些修改雖微乎其微，卻著實用了一番苦心。當然，這也是寫作者對讀者所應負的責任。

項 退 結　於仙跡岩下

民國六十四年九月十二日

邁向未來的哲學思考　目次

中編：經驗與實在世界

下編：向未來發展的人性與中國傳統思想

上編：未來的構想

第一章　對未來的預測、計劃和哲學思考

一、緒　論

　　我國一向被全世界人士視爲最古老最守舊的國家。中國古代聖賢的理想是三代盛世，而非未來；這一思想型態直至本世紀初並無顯著變化。可是與西方思想接觸以後，我國所發生的變化却非常迅速而深遠。八十年以前誰會預料得到，中國竟會成爲亞洲第一個共和國呢？幾千年以來的帝制，誰會想到竟這樣輕而易舉地倒下？在日本住過的人，都說日本社會目下尙保持相當深厚的封建式力量；而中國人則已徹底改頭換面。可見，中國人實在是容易爲思想所左右的民族；不接受某一思想則已，接受後就會奉爲圭臬。就這一先例推測，我國人在邁向未來途中，也很可能會有出人意表的發展，可能會走在全世界前面也說不定。

　　近年來在國際學術界出現的「未來學」這個名稱，我國出版物中尙屬罕見，但在歐美已開始產生影響。「自由柏林廣播電臺」所設的「國際電視未來獎」，旨在刺激電視劇對未來學因素能作較深刻的描寫，並對未來的瞭解與塑造有建設性的貢獻，每年都舉辦有關未來學的競賽。例如一九六九年競賽的首獎並無得主，英國廣播公司（BBC）得第二獎，參加角逐的是一部名爲「發生在往垃圾場路上的一件趣事。」這部影片大約對垃圾的處理方式有建設性的構想。日本國家廣播公司(NHK

所拍攝的「一個女孩的希望」，得了第三獎。比賽範圍包括自然科學故事、紀錄片、良心的衝突（例如在器官移植時）、未來的食物問題等等。在電視及影片競賽期間（一九六九年十一月），柏林會議廳的書籍展覽中，也展出了許多有關未來學的著作。競賽以後由雲克博士(Dr. Robert Jungk)所領導的討論會也非常熱烈。美國康乃爾大學教授厄爾溫‧托夫勒（Alwin Toffler）指出，當一個社會面對新情況，疾速走向工業化的發展時，往往會發生「未來的震盪」(Futuro-shock)，復古卽其最先的徵兆。「法國未來研究中心」(Centre Français d'Etudes Prospectives) 的格來教授 (Pierre-Maurice Clair) 說：法國民意測驗顯示：年靑人中對未來發生恐懼者竟佔極大比例。這一切都表示，未來學在先進各國已經有極迅速的進展而引起社會人士注意。

目下在英美二國已有專以研究未來學問題的定期刊物。除上述法國研究中心以外，奧地里的維也納從一九六五年開始設有「未來問題研究所」（Institut für Zukunftsfragen），其創立人卽方才提到的雲克（Robert Jungk）。未來學的故鄉德國則有兩個組織，其一是杜衣斯堡（Duisburg）的「未來問題社團」(Gesellschaft für Zukunftsfragen e. V.)；這一社團旣設在西德路爾工業區的杜衣斯堡，其目的顯然在於爭取工業界人士的支持，這對未來世界的發展當然是極有意義的；同時，工業界人士也會供給未來學的研究資金。另一組織是設於柏林的「未來研究中心」(Zentrum für Zukunftsforschung) 則可以說是未來學的大本營，主持人傅雷特亨 (Ossip K. Flechtheim) 於一九四三年首創未來學 (Futurologie, 英文作 Futurology) 這一名詞。該研究中心創辦《未來》(futurum, 此語係拉丁文) 雜誌，作爲研究園地。傅氏於一九七〇年發表約四百頁（未計索引）的「未來學」一書，綜合了各方面對未來問題的研究成果和他自己的構想。

本文二至七各節幾乎全以此書爲依據，括號中的阿拉伯號碼卽指此書頁碼❶；最後討論哲學思想一節，則係參照此書所作進一步的思考。

二、什麼是未來？

正如沙特所說，過去是一種已死的「在己」之物 (être-en-soi)，我人對之已無可奈何。現在則一如亞里斯多得所云，祇是「尙未是」及「不再是」之間的一瞬間。我人普通所說的現在，是包括比較接近的過去和未來的一段時間（傅雷特亨在「未來學」第廿五頁說「現在」祇指較近的未來，不妥。以後引用上書時，僅寫頁數）。譬如當我寫這幾行時，一九七一年八月廿三日適成過去，八月廿四日剛剛開始，其全部期間幾乎都尙屬於未來。但是，我却感覺到這兩天都屬於現在。通常未發生特別事故的某一段時期，我人都感覺到是現在，譬如我覺得住在臺北的這幾年是現在。但尙未發生而爲我人所期望的事，則很自然地被納入未來。未來並不祇是「烏有公」，而是「尙未是」之物：它是過去已經種了因，正在變成而屬於可能的東西。正如赫拉詰利都所說，未來是「尙未來而一定會來的東西」。

恩斯特・布洛霍(Ernst Bloch) 說人是「反省而預期未來的本質」(ein reflektierend-antizipierendes Wesen)。海德格在「存有與時間」中，也強調人對未來的「設計」。但在日常生活中，我人意識到的祇是比較接近的未來，而不是遙遠的未來。十年、二十年、三十年

---

❶Ossip K. Flechtheim, *Futurologie, der Kampf um die Zukunft*, Verlag Wissenschaft u. Politik, Köln 1970. 此書由洪鎌德博士惠贈，並託返國省親之留學生携回，盛情可感，特此誌謝。中央日報民國六十年六月三十日副刊登載了方祖同先生對此書的一篇簡介：＜未來學，向未來奮鬪＞。

以後的事，不大容易引起我人注意，未來學所研究的却正是這遙遠的未來。以前，遙遠的未來似乎對我們毫不相干；今日則不然，「現在」已越弄越受遙遠未來的影響，正如 George Gurvitch 所說，「未來已成爲現在」(The future becomes present)。影響我們未來的並非我人所未知的事，而是現在可以做到而足以提高我人以後機會的一切。所謂「成爲現在的未來」就是現在已經發生力量而塑造未來之構想和行動：我們對未來所能知的一切，卽「成爲現在的未來」，例如諸凡有關世界人口增長及所需食糧的知識。孔子所說「人無遠慮，必有近憂」（＜衞靈公第十五＞）就是這個意思。如果我們把過去與未來祇作爲玄想的對象，它們就祇是與人不相干的外物；但如我人把現在視爲一種變動，這時就會把過去與未來連接起來：現在卽成爲未來之母。以前的人以爲現在不過是過去的延續：太陽之下無新事。今日我人已不復作如是想：我們對未來的知識與構想能夠改造現在和未來。

由於這些關係，蘇聯自一九一七年共黨執政後，一九二九年就開始第一個五年計劃。現在他們已完成了直至一九八〇年的未來計劃。其他共產主義國家也都向蘇聯看齊，對各方面都有他們的計劃。一如上文所提的雲克在《未來已經開始》(*Die Zukunft hat schon begonnen, rororo Taschenbuchausgabe* 1965, s. 171 f.) 一書中所云，除去蘇聯與其同盟各國以外，要算美國最喜歡作未來計劃。美國人不喜歡對未來作哲學思考，他們所要的是對未來有所行動，征服未來，並替未來指出方向和步伐。

一九六四年，英國的《新科學家》雜誌 (*New Scientist*) 向世界五大洲的一百位科技專家徵詢意見，以二十年以後的大自然與文化的發展爲題，結果發表了《一九八五年我們的世界》一書。一百位科技專家對未來所描繪的圖案是驚人地美好。根據《新科學家》主編 Nigel Calder 的節要，一九八五年時，我們能夠用電視電話，以機器人作侍役，室內有最理想的氣溫調節，住宅內裝電腦、製造食物及改變能的生化機器…………。這時文盲已全部消失，言語自動翻譯機器幫助我們閱讀外文書籍等等。然而也有人預言：一九八五年的人類可能已因核能戰爭而瀕於毀滅，也可能會因人口過多而鬧饑荒。總之，遙遠的未來一方面掀起人的興奮，另一方面也不能不令人產生恐怖。

三、未來的希望與危機

上面已說起未來對現代世界的「挑戰」，這裏我們繼續這一題材。

科技的進展　過去三十年以內，人類接二連三地有了決定性的科技進展。一九四五年七月十六日，第一枚原子彈在 Alamogordo 爆發，人類從此掌握了無邊無際的能量。同年，電腦技術開始進展，使人類思想如虎添翼。一九五三年，生物學家發現了遺傳秘密，人類現在已能參預自身的進化程序。有了這三種新工具，人類的未來可以說已注定會邁向前所未有的光明遠景。

基本信念　未來學者於是有了下列幾個基本信念：

1.世界充滿動力，它在基本結構上發生變化，產生新的事物。

2.某些變化的基本結構可以認知。

3.變化方向與速度的粗糙線條可以預測。

4.反面（大多係悲觀）的預測也有其價值：這樣的預測可以幫助我們解決問題及危機；並且，某些反面預測可能是準確的。

5.人的自由對未來握有若干選擇及塑造之可能性。

6.由於能夠認識必然、可能及可選擇的事物，我人可以塑造未來的一部份（16-17）。

三種不同思潮 以上信念，其實不過代表傅雷特亨這一派。就全世界而言，未來的研究可以分成下列三種不同思潮：

a 祗以尋求科技改善為目標的現實派，此派以西方世界為基地。

b 共產主義陣營中，以馬克思的辯證法唯物論為預測基礎，至少官方的文件始終如此。

c 西方世界中（東方世界也有人作如是想），有人預測東西二方會勝過目下的危機。據傅氏所云，這一派未來學者的態度可以說是一種哲學，既不自限於獨斷的唯物論，亦不以西方的實證科學主義為宗(21)。

政治與科技的距離 三種對未來學的不同思潮表示出科技與政治的無限距離。從科技一面來說，人類的確已面臨前所未有的光明遠景。人類可以預測、計劃二十一世紀將會產生的美果。可是，政治方面，人類依舊還停滯在落伍的強權時代。傅氏說我人尚未解決一九三三年的問題（36），他的意思大約是指那年的國際惡劣情勢：首先，希特勒取得政權；第二，日本不承認在「滿洲國」曾有侵略行為而退出國聯；第三，美、英、法、德、意五國裁軍會議從二月至十月毫無結果，終於德國聲明退出裁軍會議並退出國聯。的確，一九三三年所表現的是強權政治，與一九七一年的國際情況並無二致。我們中國人也許還可追溯到二千二百年以前縱橫捭闔的戰國時代。科技所造成的巨大能量現在竟握在那些祗講權術的政客和狂熱的共產主義信徒手中。這一來，人類已真正面臨整個毀滅的危機。

未來的三種可能形式 的確，人類是面臨著空前危機，但這危機却並非不可挽救的。傅氏認為人類有以下三條路可走：第一是因核能戰爭而毀滅；至少近代文明將為這場戰爭破壞無餘。第二是東西二方官僚及技術統治趨於穩定，雙方繼續其軍備及太空競爭。第三是全世界集合在一個聯邦政府之下，共同作未來計劃，為人類和平、福利、創造性服務

（37）。佛洛姆用另一方式說出同一內容：「許多事實似乎指出人類會選擇機器人主義，終於走向病態和毀滅的路。……在工業社會裡實現人道主義是一件可能的事；然而我們仍然有墮入一切文明的毀滅及機器人主義的危機。……今天，事物騎在人們頭上。我們的未來繫於所有具創造力的人能否使人重新騎在事物身上」（397）。佛洛姆所說的毀滅即傅雷特亨的第一條路，機器人主義是第二條路，在工業社會裡實現人性主義則是第三條路。

傅、佛二氏對未來所模擬的三種方式未免有些簡化。假使人類因核能而毀滅，那就什麼都不必再說；這樣的可能性却也並非虛設，因為目前僅以美蘇二方所囤積的核武器而言，其爆炸威力約莫等於三千五百萬萬噸普通炸藥的力量；以目前人口總數計，平均每人頭上可分到一百噸，核武器爆炸後放射的後果還不計在內。此外，化學及生物武器也都足以把地球上的高級生命全部毀滅。傅氏的第三條路決不會這樣理想地全部實現。比較可能的倒是第二第三條路的折衷或混合：一方面官僚及技術統治仍大行其覇道，但因切身體會到必須同舟共濟，全世界可能逐漸趨於部份合作，但局部甚至大部份的奴役和剝削，可能始終不能鏟除也說不定。

四、歷史與未來學

溫故而知新 《作爲歷史的未來》（*The Future as History*, New York 1960）這是 R. L. Heilbroner 所寫一書的題名，意思不外乎如布洛霍所說，要從過去發現未來，這也正是孔子說的「溫故而知新」。以前的歷史往往祇限於高級文化民族；低級文化民族被目為沒有歷史。所謂歷史實際上祇描寫帝王的朝代，民眾及社會、經濟結構都不在歷史

的研究範圍，歷史幾乎完全屬於已經結束的過去時代。今日這一代的歷史專家中，已經有人注意到歷史學也有指向未來的一面，例如 K. D. Erdmann, R. Wittram 等；後者甚至杞憂「未來會像一把火，吞噬過去」(77)。事實上，沒有過去的未來是空虛的，但如把歷史視爲指向未來的過去，則歷史也會發現新的層面和新的意義。

歷史哲學 對整個歷史予以解釋者，古代以奧古斯丁的《天主之城》(*De civitate Dei*)❷爲最著，近代影響深厚的歷史哲學家，自捨黑格爾莫屬❸。但黑氏在他「歷史哲學」的最後一段說：「哲學所關心的只是觀念在世界史鏡中照射出來的光輝。……景象萬千、事態紛紜的世界史，就是精神發展和實現的過程。」❹他用希臘古哲亞拿撒哥拉斯 (Anaxagoras) 的理性主宰世界的學說來解釋整個世界史，視之爲精神正反合之辯證過程，但他對未來却一字不曾提及。馬克思繼黑格爾而起，認爲哲學的目標不在於解釋世界，而在於改造世界。馬克思最關心的是經濟因素；他認爲古代史是以地產和農業爲基礎的城市史，而亞洲史則以不分城市與農村爲其特徵；中古日爾曼時代以鄉村爲歷史中心，逐漸造成城市與鄉村的對立；近代史則形成鄉村的城市化 (78)。馬克思的意思是這一趨勢係不可復原的；未來向着這一方向進行。

文化的興亡 斯賓格勒 (Spengler) 對歷史的看法却和馬克斯完全不同；斯氏以爲歷史是許多不同文化的興起與衰亡過程，這些文化此起彼興，但均以不可挽救的命定方式走向滅亡；斯氏心目中的歷史並非一往

---

❷聖奧斯定著，吳宗文譯：《天主之城》（上下二冊），臺北市，臺灣商務印書館，民國六十年十一月初版。

❸羅光：〈近代歷史哲學思想〉，《現代學苑月刊》第六卷（民國五十八年）第三期，85—93頁。

❹Carl J. Friedrich, *The Philosphy of Hegel, The Modern Library,* New York 1954, pp. 157–158.

向前的，而是往而復返的一個巨輪。他認爲至今已有過八種這樣的文化，目下我人可能正逢到第九種——俄國文化的興起。湯恩比（Toynbee）、Alfred Weber、MacIver 三人則不僅看到高級文化的交替，而且注意到它們相互間的關係；湯恩比認爲普遍宗教的繼續發生功效卽歷史的一項進步，Alfred Weber 與 MacIver 二人則以爲歷史的進步在於科技與組織方面的高度發展（78）。

　　孔德的分期　這裏也應一提孔德（A. Comte）對歷史的分期：如所週知，他把人類史分成神學、形上學、科學三個時期。太古時代人類無法理解大自然，對大自然祇能因畏懼而崇拜，這是神學時期。隨着知識的進步，人類始而用形上學解釋自然，以後用科學解釋並利用大自然的力量，這也就是形上學和科學時期。孔德的分期道出了人類知識的一般發展傾向，他的弱點在於硬把錯綜複雜的事實納入死板的系統裏。其實，卽使是在科學極其發達的今日，「形上學」與「神學」的思考態度依舊並未消失，而且三種態度可以在同一人身上並存不悖。不僅如此，上述三種態度獲得協調，才足以充分理解全部事實。孔德在《實證哲學課本》中雖大言他之所以觀察過去，目的是預測未來，但他對未來之是否能以實證科學方式測知，却寄以極大的懷疑（93）。

五、未來學的定義

　　至此，我們可以介紹一個未來學的描述定義，並替它劃定界限。傅氏對未來學所下的定義是：對未來的研究、塑造與看法，它熔合未來的預測、計劃與哲學於一爐（119）。傅氏認爲預測、計劃與對未來的哲學思考彼此互相關連。

　　當然，馬上會有人提出異議：天下又那裏有一種確切地預知未來的

科學呢？正如舒服乃（Jouvenel）所說，未來不可能屬於我人的確切知識範圍以內，自以為能確切預知未來的「未來學」不過是自欺欺人而已。傅氏完全同意舒氏的見地，他也認為唯有過去纔能產生可以實證的確實知識。因此「未來學」祇能是一種「或然性的科學」（Science of probability）。事實上，社會科學運用歸納法也能對較大或較小的或然性加以陳述。社會學、心理學、政治學、經濟學運用這一方法，對未來可以作某種程度的預測；未來學即以專門討論各學科的這一角度為事（246）。或然性誠然與確實性不同，但是，下面我們會繼續談及，或然的知識對人類生活並非毫無用處；而且，高度的或然率往往接近確實性。因此，從過去所得的經驗透過統計及系統化，能幫助我們以相當的或然率去預測未來，並以預測為基礎而計劃未來。

上面剛說過，社會學、心理學等行為科學運用或然率的統計對未來作某種預測。要如預測屬於未來學的話，那末它的範圍將非常之廣，幾乎會成為無所不包的普遍科學，因為無論什麼學科都有它的未來層面。傅氏認為未來學的特殊任務在於調和各種不同學科中的未來層面，並予以批判的分析；未來學又可以替彼此毫不相關的學科由未來角度提出共同問題。個別的特殊問題，未來學不應過問；它祇應由未來角度對較大問題提供粗枝大葉的綜合。至於未來學是否能成為一種獨立學科，以及何時何地能達到這點，傅氏認為應聽其自然發展。他的看法是：一門學科未必以單純地運用某一類型特殊方法為其先決條件，如化學、天文學等等。經濟學、政治學都應用許多不同類型的方法。《現代政治科學》一書（*Contemporary Political Science*）的索引舉出了四十六種方法，以獨立學科姿態出現的未來學也將如此（264-266）。

即使未來學被公認為獨立學科，它也不能對人類行動建立起一套「絕對命令」式的法則。它不能證明，人類必須做這個而放棄那個。它

祇能假設地指示一些具體行動方式，例如它可以說：假使一個階級、社團、國家、甚至整個人類要繼續生存的話，必須採取這種或那種社會及經濟政策。它也可以說：在某種既有情況中，這種或那種解決衝突的方式是達到世界和平的合適方法。未來學的任務既非找出「永恆」而抽象的法規，亦非純粹以個人爲準則，而必須找出一種具體的可行之路（262）。

六、未來的預測

談西洋哲學史，大家一致同意從希臘哲學家泰利斯（Thales）講起。泰氏不但思考哲學問題，而且還是希臘的天文學之父；他曾依據巴比倫人的計算，預測出公元前五八五年的日蝕；這件事至今尚爲人所津津樂道。在醫學及日常生活上，我人也習於由過去及現在情況預測未來。醫生在看病時，卽由現況的診斷（Diagnosis）而預測以後的發展（Prognosis）。要如診斷有把握，預測也會有十九的把握。我們要雇用一個人，也都以履歷（卽過去情況）及當前情況爲準則：知道了過去及當前的情形，我們對未來也就有一些認識。當然，這樣的認識祇基於一種直覺或猜測，並非眞正的預測。由於我人不知道使一椿未來的事發生的一切條件，這樣的預測也就很難準確，尤其很難確切預知某件事會發生的時日。不能確定時日，所謂預測也就不脫希望與猜測的範疇。

由統計所得的總數　未來的事雖不能絕對確定，但統計學却能够計算出或然率的準確數字。大家都知道擲骰子是一種祇靠幸運的遊戲，玩者無法預知某一次的數字。但如擲骰子次數增至某種程度，其近似總值就不難推測：例如一千次的總數在三千五百左右。這樣，**從許多不確定的個別事件**可以得到**近似的確定結果**。許多實際而關係重大的事都是如

此；最典型的例子是人口及車禍的統計。生理學、心理學、社會學及經濟學中，上述統計規律往往可以應用得到。這樣，許多本身不確定的事件，就總數視之，幾乎可以視爲確定。祇有病態的不正常及天才的超正常情況是例外。

三種預測方式　傅氏在一九五五年曾對未來事件作下面三項分類，那就是重覆、規律的變化及不規則的變化：

1.重覆　情況與條件不變時，未來的形態、發展及數量可以預知：一切都和從前一樣。例如這個月的家庭收支與上個月大同小異。

2.規律的變化　依過去的經驗，情況與條件以規律方式發生變化。這時我人可預測，未來也依同樣方式變化。例如某一政黨在數次選舉中，票數逐次依某種百分比增長，或者每年經濟都有百分之幾的成長。

3.不規則的變化　情況、條件、程序均依不規則方式發生變化：一些新的因素會干涉規律的變化。如果新的因素所佔分量不大，則近似的預測仍屬可能（124-125）。

幾種更精密的預測方法　最近幾年以來，未來學者已找到一系列的預測方法，比較更精密更科學化，德爾斐方法（Delphi-Methode, 大約由古希臘問卜勝地 Delphi 得名）卽其中之一，頗爲人所樂用。德爾斐方法由 Olaf Helmer 與其合作人員於一九六三年建立，其法的優點是對某一特殊問題徵求許多專家的意見：利用問卷徵求意見後，於疑問處再度詢問每一專家。例如一九六三年他們曾用此法測知，被詢問的物理學家之中，半數以上相信五十年以內可以確切預告天氣變化：其中四分之一認爲一九七二年卽可達到這一理想，四分之一則認爲一九七八年始能達成這一步，半數則把期限放在一九七五年。專家們一致同意，五年以內絕對無法達成確切的天氣預告，而在三十五年以內則一定可以做到。這樣的一致意見當然比少數幾個人的預測更爲可靠。如果達不到某

種程度的意見一致，就把專家們的全部答覆寄給每一人，請他們每人對自己的立場予以重新考慮 (129-130) 。

另一種方法是應用已知變項 (Variables) 以統計法作各種不同假設，估計或推斷出新的結論，可以稱爲「統計推斷法」(Extrapolation)；這一方法因運用電腦而益臻完美。例如我們知道人口的遞增率及某國對生育子女的態度（平均每家所喜歡的數字），及正在實施中的「家庭計劃」運動每年所減低的比率等等，這些都是已知變項。敎育的普及及工業化也可能發生若干影響。這一切都可以用電腦推算，推算結果仍不能算是定局，隨時都應當把加入的新因素一起計算。藉着電腦，隨時可以假想任何新因素所造成的變化；電腦會告訴我們，某種因素與另一些因素相連接，會產生怎麼樣的後果。這樣的假設與計算，對預測的準確度當然是一個很大的幫助 (131-134) 。

層出不窮的預測新法正方興未艾，這裏不過略略舉例而已。

「自成」及「自毀」的預告　預告本身對未來也會發生決定性的作用，最明顯的是「自成預言」(Self-fulfilling prophecy) 及「自毀預言」(Self-destroying prophecy)：前者替預言兌現造成有利情勢，後者則適得其反。例如我預言某甲聯考一定會勝利；某甲因此心情愉快，益增讀書心火，結果安然渡過難關。選舉時我怕張三會當選，遂預言他會當選；結果造成反對派針對張三開火而使他落選。或者我預言饑餓的東巴基斯坦人將日益增加，結果使許多人大量捐助，饑餓的人數反而減少。「自成預言」的某種特殊情況中，預言者自己就是實現預言的主因：例如希特勒預言德國與波蘭將發生戰爭，因爲是他自己發動戰爭；投機者預言市價將提高百分之十，因爲他自己或其同黨要大事購買的緣故 (160-161) 。

七、計劃與未來

預測與計劃 這二件事之間有很密切的關係，但卻有很大的分別。要做一個基於科學事實的計劃，預測是不可或缺的先決條件；預測未必以計劃爲目的，但祇有在做計劃時，預測才發生最有意義的作用。預測是對未來的認識，計劃則預先想到爲達到某些目的所應採取的行動，其首要目標在乎改變事實。預測並無訓示意味，但我人在做計劃時非注意有關的預測不可；預測祇替決策作準備，計劃則正式對行動做成決策。

計劃與烏托邦 烏托邦祇是對未來作自由自在的空想，初無實現的野心。然而，前人所以爲是夢想的，現在往往已經成爲事實；最著名的例子是法國人樹肋·弗爾納 (Jules Verne, 1823-1905)，他所構想的月球與海底旅行，當時均被目爲夢囈。因此有人稱計劃爲「實在的烏托邦」、「創造性及烏托邦式的思想與設計」、「向着目標的烏托邦思想」。可以說，人類如果沒有烏托邦空想的話，也不會做什麼計劃。

計劃使人掌握未來 然而，計劃還是和烏托邦式的空想不同：計劃使今日與明日結在一起，正如同飛機把不同的空間聯合在一起。在沒有計劃以前，未來的每一點都各自爲政不相爲謀，一切都聽「命運」擺佈。計劃使我們不再生活於狹隘而一瞬卽過的現在中，而使現在包括明日及明日的明日。原來彼此不相關的未來時期，透過計劃而成爲實現計劃的開始期、中間期及結束期……。「計劃使時間轉變成我們可以掌握的時間領域」，這是 G. Anders 在「什麼是計劃」一文中所說的一句話。國家的四年、五年、十年計劃是如此，每個人做事、讀書甚至旅行計劃也會發生類似的功用。我們的時代中，飛機在正常情形下的起飛與抵達日期及時間都非常準確：我可以坐在辦公桌邊從容不迫地計劃三個月的

環球旅行，那一天到香港、曼谷、伊斯坦堡、羅馬、法蘭克福、巴黎、倫敦、波士頓、紐約、芝加哥、舊金山、火奴魯魯、東京、大阪，然後那一天回到臺北。這一切擬定計劃以後，未來的三個月就和原來的完全不同；其實，計劃不過是腦中想了以後寫在紙上的東西。計劃中也應想到某些不能預料的情況，可能需要作一些臨時的變化；這樣的變化也應估計在計劃以內。

計劃與人權　世間的一切都不可過火，計劃也並不例外。計劃必須替未來規定期限，因此限制了人的自由。計劃也往往會使幾百萬人的時間犧牲在某一計劃的目標之下。要如目標不準確，犧牲也就不值得。在極權的統制之下，千萬人的自由和人權都在「計劃」的美名之下被犧牲。這裏就牽涉到哲學問題：究竟什麼是計劃的最高目標？假使人的自由和幸福是計劃的最高目標的話，那末，誰有權利剝奪千千萬萬人的自由幸福以實現另一批人的未來幸福呢？

近目標與遠目標　計劃是一種「目標與方法的系統之確定」(Festlegung eines Ziel-Mittel-Systems)，用以達成某項事物的變化。目標始終是某種心目中所要變化的事物，行動計劃就是達到此目標的方法。計劃的目標可以分成遠近及中間數種。某些目標的性質完全相同，若干種目標實施時相輔相成，若干種彼此各不相干，另有若干種互相競爭，卽一種目標實行時會損害另一種目標。一個計劃中如果含有互相矛盾的目標，那末這一「目標與方法的系統」就不合理，可能祇有一部份能實現，或根本不能兌現。計劃中如出現相輔相成、不相干或互相競爭的目標，那就要設法加以協調。如何替互相競爭的目標分配方法，這是計劃中最困難的一個問題 (147)。

計劃應有的條件　「目標與方法的系統」既以能實現及收效爲其目的，因此它必須與客觀事實規律及需要相符，尤其與計劃中事物的發展

規律及人們的需要相符。不符合需要、不能實現、不經濟或不生效力的
計劃卽不能成立。計劃的理論根據不可自相矛盾，也不可和預測相悖。
簡單一句話，能够用最少方法達成最高效力的就是最理想的計劃。

計劃已成爲不可或缺 時至今日，對全世界的社團或國家而言，無
論其思想背景如何，計劃已成爲不可或缺。共產主義國家的計劃經濟可
能會有若干枝節的修改，但絕對不會消失。這可以說是一個近乎確實的
未來學預測。西方的工業國家和所謂「第三世界」都不能放棄對未來的
計劃。二十一世紀也許將是全世界性計劃的時代，也許將是東西二方以
實施更佳計劃互相競爭的時代。西方的工業國家中，市場與計劃經濟已
開始彼此調劑。東方陣營的若干國家也已經把市場經濟的競爭因素收納
到中央計劃以內；中央集權遂由此而放鬆，匈牙利、東德、南斯拉夫以
及某一時期的捷克對這點的表現非常明顯。反過來，若干西方國家，如
法國或日本，已經藉廣泛的計劃對自由競爭予以補充。然而，東西二方
的計劃卻有基本的不同點：東方陣營中的計劃最後由黨的領導階層所決
定，而西方則是由那些經濟巨頭以及壟斷性的資本家一起做共同計劃。

八、哲學思考與未來

以人爲中心的預測與計劃 無論是講預測也好，講計劃也好，不但
預測者與計劃者都是人，而且一切均以人的完成爲最後目標。這令人想
起海德格在《存有與時間》一書中視「此有」（海氏稱人爲「存有在
此」，簡稱「此有」）的《在世存有》爲哲學思考的出發點。「此有」
與世界不能分離，而它的另一特徵是對存有的理解：「此有」理解自
己，進而理解週遭的世界。理解一件事的意思就是能够制服它，能够對
它加以「設計」。海氏並認爲人的本質是使他投射到未來的掛念（Sor-

ge)，因爲人始終「先於自己」。「先於自己」的基礎是未來：面對存有可能性而設計，就是走在自己面前，也就是以未來爲主。「此有」必須走在自己前面，預期未來、回溯過去而對現在作決斷；純眞自我決斷時的未來卽「屬於自己的」(eigentlich) 未來；反之，如果守株待兔，等候未來的可能性，那就是「不屬於自己的」未來❺。上面這些話，幾乎是信手從我二年前所寫＜海德格的存有與時間＞中節錄下來。我相信那篇文字是《存有與時間》一書的忠實剖析，該文並且隨處註出原書頁數。我自己就曾數度翻開原文對質，讀者也不妨一試。海氏於一九二七年發表《存有與時間》，當然絕對不會想到「未來學」這樣的玩意；而他竟以「預期未來」、「使人把自己投射到未來的掛念」、「先於自己」的「設計」作爲人的本質，實在令人驚奇不置。《未來學》一書的作者傅雷特亨偶而提起海德格時，竟把他的哲學與瑞士神學家巴特 (Karl Barth)的思想一起列入「向後看的悲觀主義」(rückwärts gewandten Pessimismus S. 16)。可見他對海氏祇是道聽途說；像《存有與時間》這樣的書，大約連碰也不曾碰到過。當然這也並不足怪，因爲他的專長在於政治學、社會學這一類知識；他似乎並沒有太多哲學細胞。

　　海德格以人——「此有」的「存在」爲出發點，並以向未來的設計爲人的重點，我覺得是現時代哲學的正確方向。冰冷的「系統」，過份的「計劃」，視人如物的機械主義已經替當代世界造成了極嚴重的危機，因此現時代和二十一世紀極其需要以人做出發點的哲學思考。而向未來設計、理解、制服我們所住的世界，這正是人的一項特性。人因此不應

---

❺Martin Heidegger, *Sein u. Zeit, 8. unveränderte Auflage,* Max Niemeyer Verlag, Tübingen 1957, S. 7,10,13,143,192–3,303,327,329. 可參考項退結著：＜現代存在思想家＞，臺北市，東大圖書公司印行，民國七十五年，88–119頁。

當屬於未來，而是未來應當屬於人。從未來學的角度去看海德格的「存有與時間」這本書，的確有些先知先覺的味道，似乎要搶先解決二十世紀下半期的危機。

未來與哲學思想　海德格又認為人必須走在自己面前，預期未來、回溯過去而對現在作決斷；他所說的決斷也就是替自己設計。海氏並說「原始與本然時間性的首要現象是未來」(Das primäre Phänomen der ursprünglichen und eigentlichen Zeitlichkeit ist die Zukunft S. 329)，因為「掛念」本質地先於自己，也就是以未來為主。依他的這一說法，對未來問題的興趣，可以說是人類向「本然的存有」前進之里程碑。海德格却不認為「已是」的已經消逝，和我們無關，而肯定「已是」對現在的重要性：必須回首「已是」的固有情況，才能向前邁進。不僅科技、社會科學應着眼於未來，哲學思想也應該幫助人類邁向未來，否則它就與實際人生脫節。這並非蔑視前人的思想，而是要消化前人的思想，而為未來服務。孔子所說的「溫故而知新」正是這個意思：「溫故」的用意並非讓我們成為食古不化的老古董，而是叫我們「知新」，也就是對新的環境及新的世界有新的認識。無論是我國固有的或者是來自西方的前人思想，我人都應當用自己的眼光去批判一下，消化一下。但不理會過去經驗及人性基本要求而蠻幹，則絕對不行。

馬克思主義的未來觀　上面已曾提及，黑格爾祗願意用他的辯證法去解釋過去，而不願染指於未來。馬克思就不然，他認為歷史一定會向着「社會主義」的方向走：資本家的資本越積越多，無產階級被剝削也越來越凶；終於有一天「剝奪產業者也將被剝奪去產業」，共產主義社會將被實現；這時不再有剝削和階級。開始時還需要「無產階級專政」，但終有一天，完善的社會必將來到，這時每個人都將「各盡所能，各取所需」❻。

馬克思對資本主義國家的預言已證明爲錯誤；事實上，今日西方陣營中的資本主義者誠然越來越富，但無產階級的生活也日益富裕。雖然如此，馬克思對未來的烏托邦式的遠景，始終使許多人爲之着迷。祇可惜，馬克思主義者的一貫作風，是使人成爲未來的奴隸。但是由於人生成卽以未來爲主，未來的遠景很容易吸引人的想像力。六十年代馬古西思想在全世界引起一股旋風，大約也是這個緣故。

布洛霍與德日進　同樣地，《希望原則》（*Das Prinzip Hoffnung*）的作者恩斯特・布洛霍已獲得廣泛注意。布氏早於一九一八年就發表他的處女作《論烏托邦精神》一書（*Vom Geist der Utopie*）。作爲一個馬克思主義者，他始終承認經濟因素的重要性；但他却把馬克思所認爲「上層建構」的文化與思想視爲首要。他認爲主體與客體的關係可以解釋一切事物，這種富有動力的關係，趨向主體與客體合一的最後目標（Endziel）。當然，這最後目標祇能在未來達到。不消說，開口閉口不離烏托邦及希望的布洛霍思想是以未來爲主的。

逝世於一九五五年的德日進（Pierre Teilhard de Chardin），他的著作也曾風行過一時，尤以「人之現象」更爲膾炙人口。他以地質學家資格研究古生物學，深信生物進化爲事實。他更進一步思考，相信一切事物都向「精神能」進化；而這也就是宇宙走向未來的南針。進化使人的意識日益明朗，終於透過互愛的基本動力走向團體，走向超級生命（Survie）❼。德日進的功績之一是替人類指出光明燦爛的出路；人並

❻Francesco Olgiati, Carlo Marx, *Vita e Pensiero,* Milano 1953, pp. 317-337.

❼P. T. de Chardin, *Le Phénomène Humain,* Seuil, Paris 1955, pp. 282-303.
　王秀谷等著：《德日進與人類的遠景》，現代學苑月刊社出版，民國五十八年。

不如沙特所想像，既委屈又無聊地被關在「無出路」的世界之內。換句話說，德日進指出了每個人和整個人類的未來。

布、德二氏的看法雖有基本的不同，但他們所揭示的未來都是以事物和人的內在力量為基礎。宇宙與人類及每一個人本來就趨向未來，海德格的「基本分析」，不過是從人的主觀意識道出了人以未來為主的「時間性」而已。《存有與時間》的最明顯的主題之一似乎就在這裏。這三位性質如此不同的當代偉大思想家竟能殊途同歸，實在是一件耐人尋味的事。

「走向死的存有」與形上問題　由於預期未來，海德格再三強調人原是「走向死的存有」(Sein Zum Tode)。這也是海氏的過人之處：他不但沒有我國根深蒂固的諱言死亡的習慣，而且視預期死亡為向未來設計所不可省的一步。本來，死亡是人生的一部份，「人生觀」因此不能不包括「人死觀」，否則就是偏面不切實際。海氏既願從人的此有着手而理解存有，並指出人的「時間性」以未來為主，因此馬上就討論人的未來走向死亡及這項事實所帶來的問題。死亡一定會來，而且隨時都可以來到；死亡又是沒有別人可以頂替的。由於這些事實，人會產生憂懼之感，同時體會到自己的獨特自我性，並對自己作斷然抉擇，亦即對自己的未來作設計。

海德格對死亡的思考完全以現象為主，而不再作其他推論；這是他的思考方法所給予他的限制。但死亡是否「每一自我」的結束呢？人是否與更高的存有——創造者發生關係呢？這些形上問題今日往往為邏輯實證論者一筆勾消，認為根本沒有意義❸。假定真是如此，那末「每一自我」即以死亡為其終點，一旦死亡，即無未來可言；祇有「人類」及

---

❸Robert R. Ammerman 著：＜解析哲學簡介＞＜現代學苑月刊＞第七卷第三期，5—13頁。

宇宙談得到未來。然而，這種「封閉的人生觀」是否合理呢？邏輯實證論者的看法是否就無瑕可擊呢？因此，形上命題所應用的語言究竟有無意義，這對未來問題的思考是很有關係的，值得研究。

道德規律及不變的價值問題　人類的未來與道德行為，其關係自屬密切非凡。傅氏認為道德規律完全是相對的；不變的道德規律及價值，他以為是從古代的小城市團體所產生，這樣的小團體容易使人夜郎自大，坐井觀天。接觸面越廣，不變的規律與價值也就成為問題，因為一個文化一個地區所以為是道德的，別的文化別的地區可能目為不道德。不同的時間也會產生價值觀念的變化。然而傅氏却又希望建立起一些「原始與基本價值」（Ur-und Grundwerte）。他覺得任何團體都以殘酷、粗暴、自私、貪吝、怯懦、叛逆不忠、謀殺等為不道德，而都以真理、和平、幸福、秩序、正義、自由、仁愛為價值。他希望有一些基本規律像交通規則一般被人所一致接受（248-261）。然而，僅僅靠傅氏所用的「實證」方式，我人很難確定何者為「原始與基本價值」。我們這一時代中，就可以見到有人根本否定了「人性」和道德的普遍價值，祗承認有階級意識所造成的道德和價值：照這種說法，殘酷、粗暴、不忠、謀殺等行為施之於階級敵人，就是道德；而和平、正義、仁愛用之於階級敵人，則反而成為不道德。道德和價值問題和人性問題極難分開。因此，在今日這個時代，如何去理解人性問題，這該是有關未來的重要問題之一。

過去，往往有人把某一文化所造成的習慣，視為普遍人性所要求的絕對價值和道德規律。未來所需要的道德規律一方面應當以人性為根基，同時必須適應未來科技發展所造成的新情況。過去那種烏托邦式的抽象道德理想，應當為實際可行的標準所取代。未來的倫理哲學必須指出，什麼是人性所要求的基本價值與標準，那些方面應當適應科技所造

成的社會新情況 ❾。

中國傳統思想與未來 正如上文所說，行爲規範不可避免地含有地域性與時間性，中國的傳統道德規範也並不例外。但我們相信，中國傳統道德思想的一部份具有普遍性，因此是放諸四海而準的。整個中國哲學思想中，也有一部份對整個人類的未來福利攸關；中國的哲學工作者必須「提煉」出這部份提供給世界。

本來，我們可以用兩種完全不同的態度去研究古人所留下的思想遺產。我們可以把中國傳統思想作爲已死的歷史陳跡看，也可以視之爲對未來有用或甚至不可或缺的活東西。當然，並非全部傳統思想是活的；盡信傳統思想，結果會引起反作用；因此必須作一番批判與選擇的工夫。

人類的命運與思想的潛力 上文曾引用佛洛姆的話：「在工業社會裏實現人道主義是一件可能的事；然而我們仍然有墮入一切文明的毀滅及機器人主義的危機。……今天，事物騎在人們頭上；我們的未來繫於所有具創造力的人能否使人重新騎在事物身上。」《未來學》一書即以佛氏此語結尾。此書作者似乎相信，東西二方的經濟制度旣已日益接近，則共同爲人類的和平、福利、創造性作未來計劃的日期應該已經在望。然而，血淋淋的事實告訴我們：奴役、剝削、壓迫、恐嚇、欺騙在我們的時代不但尚未絕跡，反而有變本加厲之勢。我人殊難想像，不久的將來會帶來驟然的顯著變化。然而，從久長的期間而言，思想仍將是變化歷史的巨大潛力，這是已往歷史所證明的一項事實。我們有理由相信，思想對二十世紀最後十餘年及二十一世紀的人類，依舊會產生同樣的潛力。

----

❾ Hans Lenk, *Plädoyer für eine zukunftsorientierte Wissenschaftslehre u. Philosophie*. Universitas 26, 1971, Heft 5, S. 499–512.

第二章　馬古西對未來的幻想

一、生平與重要著作

紐約《時代雜誌》一九六八年的一篇文字認爲，黑裴特・馬古西（Herbert Marcuse）可能是活在人間最重要的一位哲學家，因爲美國和世界其他地區不滿現狀的大學青年和嬉皮，都以他的馬首是瞻。時代雜誌對馬氏的估價似乎過高；曾幾何時，他的影響力卽一落千丈。但他的確曾在那些莫名其妙的青年身上發生影響力，敎他們摧毀這個世界，創造一個新的社會。這位七十餘歲的老人依舊勇氣十足，不但要領導美國的社會革命，而且親自到歐洲參預其事。一九六七年，「新左派」學生在柏林鬧事時，馬氏恰好在柏林；而一九六八年巴黎大學生鬧得天翻地覆的時候，馬氏又剛好在巴黎。如果說都是偶然的巧合，似乎頗難令人相信。羅馬大學生暴動時，他們拿着一面旗，上面是三個大M；據一位學生領導人說，三個M是指馬克思、馬古西、毛澤東三人：「我們以馬克思爲先知，馬古西是他的譯員，毛是他的劍」❶。馬古西據說也曾稱自己的學說爲「馬馬毛主義」（Mamamaismus）。

馬古西一八九八年七月十九日生於柏林，在德國富來堡大學研究哲學，聽過胡塞爾和海德格的課，並於同一座大學考取哲學博士學位。他

---

❶Robert W. Marks, *The Meaning of Marcuse,* Ballantine Books, New York. 1970, 4,6.

和 Max Horkheimer 及 T.W. Adorno 二人一起創立馬克思社會學的法蘭克福學派，二人以後在法蘭克福大學任社會學教授。大約為避免希特勒的危害，一九三三年馬氏離開德國，在日內瓦的社會研究所工作一個短時期，翌年，就遷入美國。以後曾在美國若干重要研究所任研究員，並先後在紐約的哥倫比亞大學、華盛頓的美國大學、劍橋的哈佛爾大學任講師，一九六三～六四在紐哈文的耶魯大學任客座教授，一九五四～六五做 Brandeis University, Waltham, Mass. 的政治學與哲學教授，一九六五年至今任加州大學聖地雅各分部的哲學教授。其間（一九六六年），馬氏一度於西柏林任自由大學的「榮譽教授」。他一味鼓動青年革命、反抗，但據說他自己卻是一位彬彬有禮的學者，說話始終是慢聲慢氣的❷。

馬古西於一九三三年以德文發表之＜黑格爾的存有學和歷史理論基礎＞，看去學術性份量很重，目下卻很少有人提起此書。

一九四一年，他發表了第一本英文著作＜理性與革命：黑格爾與社會理論的興起＞（*Reason and Revolution: Hegel and the Rise in Social Theory*, New York: Oxford University Press），至今已有八種譯本，包括日文和韓文譯本。馬氏開始所寫的二本書都以黑格爾為研究對象，可見他受黑格爾哲學的影響之深。

一九五五年，＜性愛與文明：對佛洛依德之哲學探討＞問世，是馬氏的暢銷書之一，一九六二年開始又出普及本，定價不到二美金；其外文譯本已有十四種❸。

---

❷同書，頁八一九，一三五～一三六。

❸Herbert Marcuse, *Eros and Civilization, A Philosophical Inquiry Into Freud*, Vintage Books, New York, 1962. 作者親自閱讀過的書放入註中，其餘都留在正文。

一九五八年，出版＜蘇維埃馬克思主義：一個批判性的分析＞(*Soviet Marxism: A Critical Analysis*, New York: Columbia University Press)，一九六一年出普及本。已有的譯本有四種(法、德、日、西班牙。)

一九六四年，另一種馬氏的主要著作問世，卽＜一度空間的人：論高度發展的工業社會之觀念系統＞❹。截至目前爲止，此書已有十六種譯本。

一九六九年，爲了配合「新左派」青年的「革命」活動，馬氏發表＜論解放＞❺這一小冊。此書的學術性很少，可以說完全是替「新左派」的破壞活動張目。

此外，他還發表了七十餘篇大大小小的文章，包括書評和短評等等；直至一九三八年都用德文，一九四〇年開始大多用英文❻。其中比較重要的是＜壓制的寬容＞ (Repressive Tolerance, in: A Critique of Pure Tolerance, Boston: Beacon Press, 1965, pp. 81-117)，主張對左派運動應予寬容，而對右派則不應寬容。換言之，他主張一種區別性的寬容：認爲進行革命的少數人，應當打碎多數人的「暴政」：而這時的革命少數不應當寬容❼。

二、思想簡介

---

❹ Herbert Marcuse, *One-Dimensional Man, Studies in the Ideology of Advanced Industrial Society*, Beacon Press, Boston 1964.

❺ Herbert Marcuse, *An Essay on Liberation*, Beacon Press, Boston 1969.

❻ Robert W. Marks, *The Meaning of Marcuse*, 140-147.

❼ 同書，頁一一三～一一八。

1. 對馬克思主義的批評 馬克思以為工人為資本主義所剝削，因此必須起而革命，他們是未來無階級社會的先驅。資本主義經濟和工人必然日趨貧窮，終至沒落。因此最先發生革命的，一定是工業最發達的國家，而不會在落後的農業國家。馬克思的＜資本論＞最先發表於一八六七年，我人在一百年以後所看到的事實卻與馬克思理論大相逕庭。首先起而革命的是工業落後的俄國，而資本主義國家不但並未因貧窮而沒落，反而日趨富足繁榮。馬古西頗瞭然於馬克思的這一弱點，因此在＜蘇維埃馬克思主義＞一書中予以抨擊 ❸。

2. 「一度空間的人」 誠然，馬克思的估計是錯誤的。然而，馬古西卻認為他所提倡的革命是對的。資本主義國家一味以生產為事。由於生產的過剩，資本家必須大規模利用廣告技術去推銷，而老百姓也就莫名其妙地跟着取用。這樣，整個社會都被生產程序所決定，終至造成惡性循環。過剩的生產必須消耗，最後不得已訴諸戰爭與毀滅。因此生產與毀滅是一種過程的兩面。

大規模的生產必須有大規模的組織機構。整個的人被組織所籠罩：生活日程、工作、消遣、訓練，人整個一生都被罩在裏面。每個人的自然衝動就遭受壓抑。換句話說，我人被一種組織、一種系統、一種「成制」（即既成制度＝Establishment）所控制，也就是為政府、軍人、資本家……所控制。個人的範圍已全部被侵入，因為「成制」不但對我人的工作及生活環境操生殺之權，而且能够利用大眾傳播工具，任意創造我們的需要，而這樣的人為需要，祇有利於上述的生產程序。

這些澈頭澈尾被「成制」控制的個人是否感到痛苦呢？馬古西的答

---

❸此段及以下之分析，曾廣泛取材於 Paul Hadrossek 博士的一篇文章：*Analyse unserer gegenwärtigen Gesellschaft*, Herbert Marcuses Kritische Theorie, Königsteiner Studien, 1. u. 2. Heft 1969.

覆令人驚奇：他們感到幸福。個人祗需服從成制，就可得到他需求的一切：他有令人驕傲的汽車、房屋、厨房的最新設備……。生活的水準日益提高，一切都合理化、科學化，夫復何求？

然而，馬古西卻斬釘截鐵地對上述生活方式判以死刑：「這裏祗有一度空間，它處處都在，而且以種種方式存在」❾。馬氏所云的一度空間，就是生產過程和生產組織所造成的人為需要的滿足。他認為「一度空間的人」是現代文明最可怕的產品。

3. 個人的奴役　上面曾經說起，「一度空間的人」對自己的生活感到滿足、幸福。馬古西認為這種幸福意識是「錯誤的意識」和「欺人的和諧」，因為受生產系統控制的人，無法達到「純眞的人之存有」(Wahres Menschsein)。在這種成制之下，一切都科學化、合理化，成制本身卻不合理。技術的進步成為奴役的工具，因們它使人從屬於生產機構和機器。表面上，人們覺得自己有許多自由和豐富的享受，實際上卻是奴隸，因為沒有屬於個人的自由生活。「高度進步的工業文明之奴隸是昇華的奴隸，但他們是奴隸」，因為奴役並不決定於服從，也不決定於辛苦的工作，而是由於人成為事物情況的工具。不但老百姓和工人如此，連統治者和組織上層，也受到他們所組織所管理的機構的限制，這種限制正在日益增長。

馬古西指出下面幾種事實：

㈠需要有眞假兩種：合乎可能達到的文化水準之衣、食、住是眞的需要；那些因廣告而造成的許多需要則是假的。假的需要由產品而來，而不是讓人依着需要從事生產。這種人為的需要是當代社會的大不幸。

㈡假的需要造成許多不必要而遠離人自性的工作：個人成為機構的工具，沒有屬於自己的生活。大部份人的生活都屬於遠離自性的工作，

---

❾ Herbert Marcuse, *One-Dimensional Man*, 11.

但他們已不以此爲苦，他們已完全與「爲他人作嫁衣裳」的角色同化。

㈢要使「純眞的人之存有」得以實現，必需給與自由的時間。事實上，我人成日忙忙碌碌。並且，由於大衆傳播工具的侵入，僅有的自由時間也失去了私人性質。

如何能改進上述情況呢？個人無法脫離社會孤立：他不能不受到社會的影響，他也無暇作獨立思考；而今日社會一味以提高生活程度相號召，誰也沒有能力抵抗這種趨勢。

4. 資本主義國家以外的世界　上面所說的一切，可以說都是針對西方世界，尤其針對美國而言。那末，以蘇聯爲首的共產主義陣營如何呢？馬古西覺得蘇聯在這方面也日漸接近工業文明系統。事實上，黑魯曉夫就曾大言要趕上美國。蘇聯的生產工具雖已經國有，但群衆還是受官僚的統治，個人的自我也無法實現。

因此馬氏寄望於所謂第三世界。目下第三世界尙未能脫離窮困，因此，他們勞動的目標在於滿足生命最低限度的需要。馬古西希望第三世界一旦達到第一步以後，很快就能進入他夢想中的境界，那就是「爲快樂而工作」。

5. 未來的幸福世界　馬古西很不喜歡「一度空間」的社會，認爲高度發展的工業社會中沒有自由，人們爲制度而奴役。究竟他所蘄至的是甚麼樣的社會呢？簡單說一句，馬氏的最高目標是「無壓抑的文化」，和一種「無壓抑的秩序」。

他的最高原則是：「人的生命值得去生活，並且可以而且應當成爲更值得生活」。要達到這個目標，必須實現下列各點：

第一、我人必須取消假的需要，而祇爲滿足眞的需要去工作。可是誰能規定那種是眞需要呢？這一問題就很難解決。馬古西的答覆是：祇能由成熟的個人自己來決定；但他必須具有自由，並有能力做屬於他自

已的判斷。

第二、現代技術已造成了減少勞動的先決條件，然而要建立「無壓抑的社會」，我人還是需要豐裕的產品，因此在新的社會中，勞動依舊將屬於必要。然而，由於需要已受到限制，勞動也必然減少。馬古西覺得必須有一種特殊科學去做那種限制，這種科學應當研究制度變化和機械世界對人的關係，而不讓外來的目標置身其間。「儘可能減少工作」，「為快樂而工作」，這是馬古西的原則。他要使工作成為遊戲，而不再是一種累贅。

第三、減少需要和工作的結果，是爭取到更多的自由時間。適當的自動化將更增多自由時間，使人更能度人的生活，利用時間休閒或從事精神工作。

第四、從那些令人不自由的需要中解脫出來以後，人就不再會受他人的統治，更不會再受某種成制所統治。

第五、取消人對人的統治以後，就能達到個人自主，不再受社會的干涉。創造性的個人自主會影響到思想、言語、衣飾，總之，會造成新的社會。這時人會獲得真的幸福。

第六、新社會中的天之驕子將不再接受舊道德的「壓抑」規則。一如馬氏一九六七年七月十一日於柏林對大學生所云，新的人將否定來自猶太和基督宗教的道德觀念。衝動的滿足和感性的快樂，將是新道德的基礎。

6. **性愛與文明**　關於衝動，佛洛伊德的理論如下：文化與文明藉着衝動的制服而成為可能。犧牲情慾（Libido），強迫它就範於對社會有益的活動和表達方式，就是文化。這一犧牲已經有了豐富的成果：在技術進步的地區中，大自然幾乎已完全屈服在人足下。用佛氏的話來表達，

---

❿同書，頁三二～三三。

快樂原則（Lustprinzip）已犧牲於實際原則（Realitätsprinzip）：人類文化的進步，必須以壓抑人的衝動爲其代價，亦卽以喪失自由爲其代價。換句話說，佛氏認爲幸福自由和文化不能並存，魚與熊掌不可得兼，必須選擇其一。

在＜性愛與文明＞一書中，馬古西否定了佛洛伊德這一說法。馬氏要建立一種無壓抑的文化，而這種無壓抑的人類社會之所以成爲可能，乃是基於壓抑的文化已經造成了一些先決條件，那就是生產的過剩。

馬古西認爲人的整個肉體應當從壓抑中解放出來。從而建立一種「情慾的道德」（libidinal morality）。他主張不但不應當控制性慾，反而應當把人的全部人格都性愛化（erotization of the entire personality），也就是不讓性愛局限於以生殖器爲主的範圍內，而使它擴展到人格整體。隨着情慾價值的轉變，某些制度卽將解體，尤其是婚姻制度。這時，生物的衝動將成爲文化衝力。爲了要使肉體成爲快樂的主體與客體，快樂原則會使機體日臻精緻、高雅，感受日益強烈，感性日益增長⓫。最後，新型態的人將會出現：這時的人將不再是那末粗暴庸俗，世界的永久和平將成爲事實。

到此階段，隨着工作時間的日漸減少，必要的勞動終於變質而成爲遊戲。先決條件是：新型態的人必須具有新的感受和新的意識，他們必須講一種新的話，有新的擧止和姿勢，有前所未有的不同衝動⓬。

＜性愛與文明＞一書的最後部份，專門批評「新佛洛伊德派的修正主義」。馬氏批評的對象，包括榮格（C. G. Jung）、佛洛姆（Erich Fromm）、湯姆孫（Clara Thompson）等等。馬古西以佛洛伊德的正派弟子自居，不容許任何變更佛氏性慾理論的企圖。馬氏以爲性慾是人

⓫Marcuse, *Eros and Civilization*, 208,184,193.

⓬H. Marcuse, *An Essay on Liberation*, 21.

唯一的基本衝動，沒有任何其他力量堪與之比擬 **⑬** 。

7. 鼓吹革命　以上所說，頗跡近空想。然而馬古西也像馬克思一般，並不以冥思爲滿足，而要見諸實際。他旣確認工業發達國家中的人是被奴役，並主張建立「無壓抑」的社會，建立一種「情慾的道德」，讓性慾自由表現，也就要促進這一理想的實現。然而，實際社會並未接受馬氏的看法。馬克思所認爲革命中堅份子的工人，目下已成爲生產機構中的穩定力量，他們是現社會中的保守份子，甚至是反革命份子。因此馬古西向青年中產階級知識份子和貧民區中的黑人乞援 **⑭** 。這批人中間，馬古西找到了許多不滿現狀而思變的革命份子，他們也就成爲馬古西思想的忠實信徒。

對於那些吸毒以及用麻醉劑追求意識超昇 (Psychedelic search) 的青年，馬古西覺得他們都是想從「成制」所造成的思想桎梏中求解脫，所以基本方向是對的。但這樣的解脫究竟太短暫，而且招來「成制」的干涉；由於這實際上的理由，馬氏覺得這樣的解脫未免太幼稚 **⑮** 。

馬古西的最終目標，是要推毀世界的現行制度：「新的極端主義攻擊集權的共產主義官僚組織，同時也反對半民主的自由派組織」。革命過程中必須有無政府的因素，到達某一階段以後，就會建立起「開始時期的革命機構」。反對壓抑的感受，卻不會容許這初期的權威性官僚統治延長下去。未幾，新的感性文化就會使世界改觀，到處建造公園、花園，而不再建造高級公路和停車場 **⑯** 。但在這一切尚未成爲事實以前，馬古西覺得必須鼓吹革命。

---

⑬ H. Marcuse, *Eros and Civilization*, 218-251.

⑭ H. Marcuse, *An Essay on Liberation*, 16,51.

⑮ 同書，頁三七。

⑯ 同書，頁八九～九十。

不寧唯是，馬古西還擬訂了一套革命的具體步驟：

㈠民主國家是組織反抗力量的最佳場地。雖然這些國家受資本主義壟斷，民主制度還是值得利用。

㈡極端派在貧民區、大學校園、街道上的暴力行動，比起當權者在越南、印尼、玻利維亞、瓜地馬拉等地的暴行，直如小巫見大巫。「法律與秩序」(Law and Order) 的軍事力量使老百姓所遭受的麻煩，遠遠超過遊行者替商業、大學、高級市場等所製造者。成制化的詞彙始終是保衞成制，而先入為主地使反抗者處於不利地位。

㈢大學生的反抗已發生了極大力量：在美國，並非議會組織，而是大學生及下層反抗者改變了政府對越戰的態度。同樣地，巴黎的大學生也曾使政府手足失措❼。

最可怕的，是他在＜純粹寬容的批判＞一文 (Kritik der reinen Tolleranz, S. 128) 中所說的一句話：「他們（極端份子）應用武力時，並不是他們開始了新的暴力行為，而是擊碎那既成的暴力；粉碎這一暴力，他們知道是一種冒險。假使他們要接受這一冒險，那末任何第三者都沒有權利——教育者和知識份子最沒有權利——向他們宣講節制」。

三、批　　判

無論那一種思想，都有它的成因和背景。一種表面冠冕堂皇的理論，揭穿它的底細，往往可以見到，那種理論所代表的個人成份，遠比客觀真理為多。對馬古西而言，有關他個人的資料尚不易找到，這一謎底尚需留待日後揭曉。

---

❼同書，頁六四～六五，頁七七、六九。

　　從他的思想源流看來，馬古西之強調個人自主、個人存有爲時間所限等等，明顯地受到海德格的影響。馬氏的基本思想則起源於黑格爾和馬克思主義。上面已經說過，馬古西最初發表的是關於黑格爾的書。很快地，他由黑格爾投身到馬克思，再用佛洛伊德來補充馬克思。至於他的這套革命思想，則可能是由於希特勒殺戮猶太人（馬氏是猶太人）所引起的餘恨。他的思想是非參半，試逐一剖析如下。

　　第一、「一度空間的人」這本書對現代工業社會的某些病態，分析得非常精闢：個人爲組織所控制，一般人都被廣告牽着鼻子走，這一切都是事實。但我人也不容否認，這種自由競爭的社會也有許多優點，至少最大多數的老百姓都覺得安定，都能發展所長。馬古西所開的藥，祇怕不但不能醫治上述的病症，反而把已有的建設破壞無餘。

　　至於個人淪爲生產機構的奴隸，不能發展自己的個性，也不可一概而論。在西方世界，至少任何人可以自由選擇自己的職業，而在共產主義國家就未必如此。西方世界的最大優點是具有接受批評改造自己的雅量；它並不是封閉的系統。

　　「假需要」與「眞需要」的區別能力，則祇能由教育方法去訓練。

　　要使「一度空間的人」找到第二第三甚至更多度的空間，必須使人意識到更高的需要。而馬古西似乎祇承認「情慾」第二度空間的實在。他個人的經驗和思想背景把他的視域侷限於此。

　　第二、馬古西對以蘇聯爲首的共產主義陣營的批判倒很允當：馬克思的預言錯誤，這是事實；共產主義國家對工業生產來說，反以美國爲競爭對象。

　　另一方面，馬古西一遇機會，總是喜歡幫共產主義陣營說話。關於越戰和古巴，他完全站在越共和卡斯楚一邊[18]。批評蘇聯時，他的口氣

[18]同書，頁七五、八五。

相當婉轉，而批評西方社會時，就一絲不留情。依他的口吻，極權的共產主義國家固然缺乏自由，民主國家也同樣沒有自由；在他心目中，比較起來，共產主義國家是佔優勢的。

第三、馬古西所預言的新社會，是否眞能幸福、和平，這是誰也不能答覆的問題。依據歷史的教訓和熟知的當前事實，馬氏所主張的人慾橫流的世界，是極難幸福、和平的。我人每日所見「社會新聞」中的兇殺案子，多半都和性慾發生關係。讓情慾自由發展以後，以爲社會中就不再會發生類似的衝突，這種想法實在太天眞。

第四、＜性愛與文明＞一書，完全以佛洛伊德的「情慾」觀念爲依據。佛氏生時，他的弟子榮格、阿德勒（A. Adler）等已經覺得佛氏太偏面：他們都是精神科醫生，都是從自己的經驗立論。佛洛姆、何爾尼（Horney）等也是如此。而馬古西居然敢以哲學教授身份說他們「背經叛道」。現代心理學已證明，白鼠的母愛、渴、飢、性慾、探索新境界這五種衝動中，以母愛的力量最大，渴居其次，飢第三，性慾僅佔第四位 ⑲。人類在飢餓狀態時，也不再對性慾感到興趣 ⑳。可見以性慾爲最高甚至唯一動機的想法，實在毫無事實根據。

既以佛洛伊德的情慾理論爲不易眞理，所以馬氏心目中的自由，就是放縱情慾，否則就是他所說的「壓抑」。

馬古西開口閉口不離「壓抑」一詞。佛洛伊德用「壓抑」（Verdrängung）一詞時，原把它當術語用，具有固定意義，那就是把一種不愉快的心理內容打入潛意識冷宮而遺忘，這樣的遺忘與愛賓豪斯

---

⑲ 譚維漢著：＜心理學＞，香港孟氏教育基金會出版，民國五十三年，頁二四二～四。

⑳ Floyd L. Ruch, *Psychology and Life,* 7th Edition, Scott, Foresman and Company, Glenview, Illinois, 1967, 382.

(Ebbinghaus) 所實驗的完全不同。在意識狀態控制某種衝動，則不稱為「壓抑」，而用別的字，如 Beherrschung, Unterdrückung,等等。馬古西用 Repression（Verdrängung 一詞的英譯名）這個字時，根本就不管佛洛伊德的原意，而廣泛地包括了意識或潛意識（unconscious）狀態的所有對衝動的控制。

　　佛氏所云情慾的控制使人有餘力從事文化活動，這句話誠然代表一部份事實。然而，人類之所以控制情慾，是否祇有這唯一理由呢？文化活動已有足够豐富的成果以後，控制情慾是否已屬不必要呢？二人甚至數人有同一情慾對象時又如何呢？情慾的滿足是否卽人生最高境界呢？人類有沒有比情慾更有力的動機呢？這些問題，馬古西都無法答覆。

　　至於如何能使性愛擴展到人格整體，甚至擴展到挖煤礦這一類的工作，使之變成遊戲，凡此一切，馬古西都沒有作進一步的交代。

　　第五、馬古西說西方世界祇是「半民主」。但他那旨在摧毀現有制度的顛覆行動，却又要利用這「半民主」國家：妄用民主政治所賜與的自由去摧毀自由，這種態度實在令人不敢恭維。他雖口口聲聲說要建立「無壓抑」的社會，反對任何「成制」，但他仍不諱言，革命到達某一階段，必須建立「開始時期的革命機構」，這一機構對左派是寬容的，但對「壓抑的」右派則無寬容可言。這樣的「革命機構」，其本身已經成爲一種邪惡的「成制」——獨裁政權。馬古西雖應允讀者，初期的權威性官僚統治很快成爲陳跡，但是誰敢保證執政者不會食髓知味，濫用他們的權力呢？卽使目下的西方世界是「半民主」的話，究竟比獨裁政權強得多。「半民主」的美國能够容忍馬古西的書籍出版，也能容忍他在大學教書，獨裁的「新社會」則決無此雅量。

　　第六、近年來大學生的暴動，已造成整個西方世界的威脅：美國、法國、西德（包括柏林）、意大利、日本等大學，都鬧得昏天黑地。早

就有人相信，這樣大規模而此去彼來的運動，決不會是偶然的事。過去有人以爲這是國際共產黨的「傑作」，現在才知道，還有馬古西思想影響下的「新左派」。國際共產黨當然不會贊成「新左派」的思想基礎，但他們正可隔岸觀火；也許他們還會運用「統一戰線」伎倆，暫時支持他們，以後再漁翁得利，坐收其成。如果眞有這一天的話，馬古西和「新左派」說不定還會有遭整肅的命運呢！

馬古西無條件支持大學生和黑人的暴動，並且敢說這樣的暴動不足道，無視其他無辜大學生和老百姓的權利，實在令人寒心，令人髮指。

本來，馬古西的思想並不值得介紹，他在未來哲學史中也不見得會有了不起的地位，不過是黑格爾支派下的一名小卒而已。可是就幾年前的情況而言，他的思想確已發生力量。最近，馬古西的影響力已走下坡。法國的一位心理分析家指責他陶醉於嬰孩的不識不知的理想 （Gérard Mendel: La révolte contre le père, Une introduction à la sociopsychanalyse, Paris 1968; La crise des générations, Etude sociopsychanalytique, Paris 1969），迷失於「母胎的黑夜」中❷。另一方面，從馬古西對未來世界的憧憬視之，可以說，當代的人並不以科學爲滿足，他們在追究人生的終極意義，和人類史的發展方向。馬古西摸索到一條走不通的絕路，康莊大道則尚待大家去尋求。

※ ※ ※

本文之撰寫，係吾友 Paul Hadrossek 博士所促成。哈氏係西德神學教授，曾來我國，且代表當時西德總理艾登諾向蔣總統致敬意；一九七一年秋季赴南非研究，歸西德後發現癌症，十一月進入慕尼黑一醫院，遽爾長辭，令人不勝欷吁。謹書此以誌哀。

---

❷J. David, *Die Rolle des Vaters in der heutigen Kultur*, in: Orientierung, 35. Jhrg., Nr. 18,30. Sept. 1971, 199–202.

第三章　布洛霍的希望哲學

一、影響與生平

　　那是一九六七年十月十五日的上午。德國書商把一年一度的和平獎贈給馬克思主義哲學家恩斯特・布洛霍。頒獎禮照例在法蘭克福的保羅教堂（Paulskirche）舉行，而由電視傳播到整個德國。剛巧那時我在西德，有緣藉電視聽到看到布氏演講；當時只覺得他咬文嚼字，聽不懂什麼名堂。次日閱報始知布洛霍是哲學界的一顆新星，以強調希望知名於世。依據「法蘭克福大眾報」所發表的頒獎典禮演辭全文（Frankfurter Allgemeine Zeitung, 17.10.1967），布氏那天曾說：「希望……大家都知道它在墳墓邊還能夠樹立起來；是的，它使人違反希望而希望。……一張地圖如果缺乏烏托邦這個國家，根本不值得過目。」

　　自從布洛霍於一九六一年從東德到西德參觀而申請政治庇護以來（現執教於杜丙根大學），他的思想已日漸引起人們注意。他的巨著＜希望原則＞，目下在東西二陣營中均已發生若干影響，而且啓發了一本基督教神學著作，即莫爾特門（Jürgen Moltmann）的＜希望神學＞（一九六五年）。佛洛姆在＜希望的革命＞（一九六八年）中也格外提到布氏此書。就目前情形而言，布氏這部巨著不但是他的代表作，而且已是二十世紀哲學思想的代表作品之一。

布氏生於一八八五年德國路得維港 (Ludwigshafen)。一九三三年離開德國，留居美國，一九三八～四七年完成＜希望原則＞一書。二次大戰後，他自動從美國回到東德，一九四八～一九五七年任萊比錫大學教授。發表了＜主體——客體：對黑格爾的闡釋＞ (Subjekt-Objekt: Erläuterung zu Hegel, Berlin 1951) 以後，一九五三年成爲＜德國哲學雜誌＞主編。他的立場相當獨立，因此和共黨發生衝突。一九五四～一九五九年，三冊＜希望原則＞獲准出版❶。

二、＜希望原則＞介紹

全書分五部份，其標題如下：

第一部份（報告）：小的白日夢，一～八章。

第二部份（基礎）：預期的意識，九～二二章。

第三部份（轉變）：願望之形像（反映於商品陳列窗、寓言、旅行、影片、劇場），二三～三二章。

第四部份（建構）：一個更好世界的輪廓（醫術、社會制度、技術、建築、地理、藝術中的透視及智慧），三三～四二章。

第五部份（同一）：滿足的刹那之願望形像（道德、音樂、對死亡的看法、宗教、明日境界、至善），四三～五五章。

這五部份長短不齊：一至三部份僅佔全書的三分之一，構成第一册；第四第五部份各佔第二第三册。但就重要性而言，第二部份當列首位，序文與第五部份的最後二章居其次；第一部份甚短，像是一些輕描淡寫的小品文，可以作爲引子；第三、第四部份及第五部份之大半則係五花

---

❶Ernst Bloch, *Das Prinzip Hoffnung, 3 Bde.*, Suhrkamp, Frankfurt/M. 1959.

八門的資料之有條理堆砌。如果有人無暇細讀或翻閱全書，可以先讀十七頁的序文，那幾乎是全書的摘要和精華；以後可讀全書最後一章，也就能稍知此書梗概了。

現在我們對此書內容作系統性的介紹如下：

希望、白日夢、烏托邦　此書以《希望原則》爲名。就全書內容視之，布洛霍所要告訴世人的訊息是：希望係人生極其基本的必需品。德文的 Prinzip 一字，本來是波哀丟斯（Boethius, 480-524）由希臘文 *'αρχ'η* 譯成拉丁文轉變而成，同時有「起源」「統制」「第一原因」「原素」等意（可參考《現代學苑》卷二第四期＜西方文化的二位功臣＞一文）。布氏用這個字的含義，大約「統制」「原素」二意兼而有之，因此本來也可譯爲「希望原素」；但「原則」更能表達出「統制」人生這層意思。

在布洛霍的詞彙中，「希望」「白日夢」「烏托邦」幾乎是異詞同義的。這一思想由來已久：布氏所發表的第一本書卽《論烏托邦精神》（*Vom Geist der Utopie,* 1918）。一九六七年頒贈和平獎典禮中的演辭也把希望與烏托邦相提並論。《希望原則》更加上「白日夢」（Tagtraum）這一主題。下面我們隨便引述書中若干語（括號中阿剌伯數字卽指此書頁數）：

「希望的情懷自動產生，它使人寬大，而不致於狹窄……」

「所有的人都爲白日夢所穿透……，沒有一個人無白日夢而生活，主要的是更清楚地瞭解它，這樣……把它納入正途……」（1）。

布氏引用的澈士德爾東（Chesterton, 1874-1936）的一句話，也足以代表他自己的思想：「一個人不帶着完成他自己的某種夢想，這樣的人和沒有鼻子的人一般地是怪物」（1093）。

願望或白日夢後面的動力是原始的衝動。他承認佛洛伊德（Sigm.

Freud, 1856-1939）所云性慾的力量，也承認阿得勒（Alfred Adler, 1870-1937)所云的權力慾，以及榮格（C. G. Jung, 1875-1961)的集體潛意識中之原型對人的控制力量。但他認為最基本的動力是飢餓，卽保存自我的衝動（Selbsterhaltungstrieb 51-74）。

布洛霍為了解釋白日夢，不得不乞靈於佛洛伊德。他認為夜間（睡眠時）的夢多半以回憶過去所遺忘所壓抑的經驗為主，而白日夢還能反映出「尚未意識到的東西」（Noch-Nicht-Bewusstes, 132）。就這一點而言，布洛霍比較接近榮格對夢的解釋，因為榮格承認夢有預見的功能（156）。布洛霍心目中的白日夢具有下列四種特徵：一、夜間的夢不由自主，白日夢則隨心所欲，呼之則來，叱之則去；二、夜間的夢中自我已不再清醒，白日夢則並不如此；三、在白日夢中我們會夢想要改善自己和世界的情況；四、白日夢往往直到我們完成願望才終止（98-111）。

白日夢所反映的「尚未意識到的東西」，布洛霍認為在下列三種情況中格外明顯，卽青年期、轉變期及精神的創造活動（132）。青年的眼光完全是向前的，向着明天，而不太受昨天的干擾。轉變期宛如歷史的青年期，使生活在那一時代的人感覺到新生的來臨；歐洲的文藝復興時代就是最明顯的一個例子，我國五四運動的情形也有些類似。青年如果適逢其會，遭遇到歷史的轉變時期，就會孤注一擲，全力赴之。精神的創造活動往往帶有先知先覺的功能。正如歌德所云，「願望使我們預感到自己身上的能力」；願望越強烈，工作與成就的可能性也越大（132-137）。具創造力的天才往往能預先感受到常人所未感受到的東西，意識到尚未完成而應該完成的事物：他們站在世界前鋒（an der Front der Welt, 143）。

烏托邦作用與未來 布洛霍所云的烏托邦，是指對未來的憧憬。他

認爲從柏拉圖的「記憶」開始，直至黑格爾的已是之本質（Wesenheit ＝Ge-Wesenheit），所有哲學家都祗講靜止不變的事物（4）。祗有要想改變世界的烏托邦思想才與未來發生關係（6-7）。

由於布氏思想基本上是向着未來的，所以他對靑年期、轉變期及創造活動這三種情況非常神往，尤致力於創造活動的解釋。他認爲這樣的創造活動與轉變時代相依爲命：沒有成熟的社會新因素，創造性天才也無能爲力（139-140）。因此，「站在世界前鋒」的創造活動，決不可和一廂情願的空想（wishful thinking）相提並論；布氏稱這樣的空想爲抽象烏托邦，對未來不會發生影響，與下文所要解釋的實在可能性也毫無關係。創造的預感則使夢與實際生活發生接觸，布洛霍稱之爲具體烏托邦。

創造性預感並非副心理學（Parapsychologie）所云的未卜先知或第六感，這一切他以爲都不脫病態範圍（161）。創造性預感也不是動物的本能：如所週知，許多動物不學而「知」其未來，生成就會結網、築巢、作繭等等。但本能行爲千篇一律，古今未來都是如此，沒有任何新的成份，那是一種刻板的未來，而非眞的未來（162）。創造性的具體烏托邦既與實際生活發生聯繫，而實際生活又在進展（Prozess）之中，因此具體烏托邦反應歷史走向未來的進展方向；唯有具體烏托邦才發生積極的「烏托邦功能」（Utopische Funktion, 162-166），它使尙未完成的事物走向完成。

實在可能性與物質 上面已曾說起，布氏認爲對未來的創造性預感——烏托邦功能——和某時代的社會客觀因素相依爲命；沒有後者也不會有前者。要理解這一看法，我們必須更進一步去觀察他對整個實在界的理解。

布洛霍對整個實在界的看法完全是步隨黑格爾和馬克思的後塵：

「實在卽進展 (Das Wirkliche ist Prozess); 它就是現在、尚未完結的過去、以及可能的未來之分佈甚廣的居間者」（225）。什麼是向前進展的基礎呢？換句話說，什麼東西在向前進展呢？布氏的答覆是：那就是實在可能性，它就是辯證的物質 (Reale Möglichkeit ist nichts anderes als die dialektische Materie, 237)。「沒有物質也就沒有實地預期未來之地盤」(Ohne Materie ist Kein Boden der〔realen〕Antizipation, 274)。布氏絕對主張辯證唯物論；換句話說，他以爲除去以正反合程序向前進展的物質以外，世間絕沒有其他實在。

亞里斯多得對物質曾有數種不同定義，其中之一是「在可能性中的存有者」(das In-möglichkeit-Seiende, τὸ δυνάμει ὄν)。布洛霍以爲亞氏這一定義可以繼續發展成爲馬克思的辯證性物質，它可以說是世間任何事物的母胎，是一切事態的「實在可能性」，正如同人是歷史中各種已有及可能發生的狀態之「實在可能性」一般（271）。實在可能性可以說就是任何事物向未來發展的種籽或萌芽狀態。

無神主義與基督宗敎 物質在布氏心目中旣構成唯一實在事物，當然他絕對否定超越宇宙的創造者：他是澈底的無神主義者。然而布氏對基督卻不但毫無反感，反而把他作爲人類向前一大進展的里程碑。布氏的無神論受到費爾巴哈 (Ludwig Feuerbach, 1804-72) 的影響：費氏以爲相信神卽否認人的獨立，並說：「人就是基督宗敎中的神，基督神學的秘密就是人類學」（1519）。

布洛霍的見解非常接近費爾巴哈，認爲基督祇把「新的天國、新的大地」昭示給世人，使人與神能够平等 (1490-1493)。在≪基督宗敎中的無神主義≫ (*Atheismus im Christentum,* 1968) 一書中，他甚至說：「唯有無神論者纔能是好的基督徒，唯有基督徒纔能是好的無神論者」（該書二四頁）。當然，布氏對基督徒有他自己的定義，明瞭

了這點，上面這句話就一點不希奇。他的意思是：基督所宣佈的愛是人類進步的推動力量，因爲他的愛不像古希臘人一般以美麗和光彩奪目的事物爲對象，而轉向卑微、無助、被壓迫者和被世界所遺棄者。他愛護窮苦無告者，而怒斥聖殿中有錢的商賈（1488）。他要神與人、人與人都平等自由。因此布氏說一個「好的基督徒」就不再能接受超越世界高踞天上、埃及法老型的上帝（1493），上帝所象徵的專制時代已經過去（1525）。神的存在因此應當被揚棄掉，而神的本質則應當以更高方式保留下來（黑格爾所云的 aufgehoben）。布氏以爲人達到「至善」和「自由之國」的理想就是神的本質（1411, 1493, 1628）。他所說的「自由之國」中，人們不必因迫不得已而工作（1608）。要實現「自由之國」，必須如同馬克思所說：「凡使人度不合人尊嚴的、奴役的、被遺棄的、被輕視的生活之一切情況，必須推翻」。布氏因此說馬克思是人道主義者（1607）❷。

　　世界的改造　一如上述，布氏心目中的實在即向未來進展變化中的辯證性物質。進展無止境，向着尚未完成的實在可能性前進；這向前進展的張力和推動之力，布氏稱之爲饑餓（335）或希望：「等候、希望、對尚未完成的可能性之意向……不僅是人的意識之基本特質，而且……是客觀事實整體內部的一個基本性質」（5）。這裏布洛霍批評黑格爾思想，認爲黑格爾祇斤斤於過去已完成事物的抽象冥思（6, 284），而不能越雷池一步，從事於以改造世界爲目標的思考。馬克思的功績卽在於此，他在＜十一命題＞中宣佈：「哲學家們祇不過以不同方式解釋了世界；但重要的是改造它」（317）。布洛霍認爲唯有以改造世界爲目

❷Marko Orsolic, *Das Christentum als Apriori der Revolution in der Blochschen Philosophie*, in: Politische Studien XXIII (München, 1972), S. 60-67.

標的思想才是真理；而世界的改造就是「在世界及世界進展之前鋒的、可實現的實在可能事物之理論與實際」（die Theorie-Praxis des realisierbar real Möglichen an der Front der Welt, des Welt-prozesses, 284）。

主體與客體 然而「世界進展之前鋒」如何實現呢？布洛霍的答覆是：世界的進展有主客二種因素，「這二種因素以辯證方式互相影響，彼此交織；唯有把其中之一或另一因素孤立起來加以強調，才使它們分裂成二」。客體因素卽世界依其規律之可轉變性之未實現的可能性（unabgeschlossene Potentialität），亦卽歷史中可實現之事物。主體因素則係主動轉變事物之未實現的能力（unabgeschlossene Potenz, 286）。走向未來的進展祇屬於物質，但物質透過它的最高花卉——人而綜合並完成自己（285）；人就是轉變世界的能力，他能够參預歷史的進展和改造。「人有許多東西在他面前。在工作中而且透過工作他始終受到改造。他始終站在面前的界線上；但發現而越過它時，界線已不成其為界線。人和世界的本然者是尚未發生的、等候的事物，這事物站在不能成功的恐懼之中，同時也站在成功的希望之中」（284-285）。

空無與故鄉 實有卽進展，進展以物質為根基，並具有邁向未來的推動力量。那末，這動力如何產生的呢？布洛霍用「無」（Nicht）來解釋：「無是某件事物的缺乏，同時要從這缺乏逃脫，因此是推向所缺乏事物的動力」（356）。「無卽空虛，但同時是逃避空虛的動力；在飢餓和缺乏之中，空虛簡直就是對眞空的忌憚，簡直就如同對空無的恐懼」（357）。「無」一方面具有流於失敗、消失、「空無」（Vereitlung, Vernichtung, Nichts）的危機，另一方面也隱含成為「一切」（Alles）的可能性。「空無」的危機使人警覺，阻止人庸俗化，因此也有積極作用（363）。布氏以為絕對失敗的「空無」和完全勝利的「一切」卽宗教

家所云的地獄與天堂（364）。

　　希洛霍又稱完全勝利的「一切」爲「同一」（Identität）與「故鄉」（Heimat）。「同一」是指「人回向自己並與他所完成的世界的同一性」（368），　意思是說一個人完成了他所有的白日夢、願望和烏托邦。這樣的境界，布氏也稱爲「故鄉」或「最後目標」（368）。

　　然而布洛霍的「故鄉」卻並非靜止不動的境界，也不是「至人無夢」的境界（Traumlosigkeit, 1617）。因此他很反對列寧（Lenin, 1870-1924）用黨來限制每個人的夢（8）。今日的蘇聯、中共、東歐各國的共黨均以列寧所改變的馬克思主義爲依據；列寧主張唯有黨知道此時此刻歷史演變的正確方針，這就是共黨極權主義的理論根據。由於實在界的本質是變動不居的，　始終是向前推動的進展，而非固定的東西（Das Eigentliche oder Wesen ist dasjenige, was noch nicht ist, was im Kern der Dinge nach sich selbst treibt, 1625），　他所說的故鄉不過是能與客觀的進展相符的主觀境界而已。一切旣是變動的，因此他不贊成東德共黨那種一成不變的僵硬作風。他雖是忠實的馬克思信徒，但他卻追求「眞實的民主」（1628）。終於他投向西方。

三、簡　評

　　用幾千字濃縮了這一千六百多頁的洋洋巨著以後，容我也對它表示幾點意見：

　　第一，布洛霍服膺馬克思，卻不贊成列寧「黨天下」的作風，這是目前東歐及蘇聯許多有頭腦人士的想法。一九七一年亡故的「馬克思以後最偉大的馬克思主義者」——匈牙利哲學家路加士（G. Lukács）郎此論調之代表者。馬克思旣願推翻世間一切不合人尊嚴、奴役的情況，當

然他首先要推翻列寧、斯太林及徒子徒孫所建立的奴役人的集權政權。
布氏依據馬克思反對列寧是合理的，他對改進社會大衆生活的熱心，也
是我國這一代所極端需要吸收的寶貴態度。

第二，布洛霍雖不喜歡列寧和共產黨的集權統治，但他在東德十餘
年的居留，無形中使他也沾染了他們的說話口吻。譬如他說佛洛伊德屬
於小資產階級，阿得勒是帝國主義式，榮格則是法西斯式的（64, 65）；
這樣的話出在一位哲學家口中未免有傷風度。布洛霍又說蘇聯的紀律建
築在團結上（11-37）：斯太林、貝利亞等壓迫老百姓的暴行，他似乎毫
無所知。他對宗教的解釋尤其主觀。關於我國古代哲人如孔子、老子
等，他所說的往往欠準確或有失公正，例如說孔子毫無熱情，又「引
用」孔子的話如下：「對中國而言，不但在地上，而且在天上也沒有外
國」（1439, 1441）。總之，他是戴上極深的有色眼睛去觀察世間一
切。

第三，布氏以爲費爾巴哈以人爲神 (homo homini deus) 的看法
足以提高人的地位。馬克思繼費氏見解，結果卻造成人的空前奴役。上
章所論的馬古西一方面主張「人的純眞存有」和自由，另一方面卻又主
張建立對右派不寬容的革命機構；換句話說，他主張建立獨裁政權。沙
特曾主張人絕對自由，以後卻支持最走極端最反對自由的毛派。歷史事
實證明，太推崇人往往是奴役的前奏，值得警惕。

第四，用希望原則解釋人的基本特徵之一，這是布洛霍的不朽功
績。除去馬克思以外，他的思想很明顯地也受到心理分析及海德格的影
響。然而，由於他是辯證唯物論及歷史唯物論者，所以他認爲歷史的無
底止進展自爲目標。其實，這句話和「鐘錶的不停走動自爲目標」差來
無幾。物質和人類在他眼中成爲封閉的系統，沒有更高目標。這一來，
布氏所說的希望本身就被封閉，而不能向更高更廣處開展。這是件很令

人惋惜的事。

　　布洛霍希望哲學雖然有上述嚴重缺點，但他指出世界和人類向未來進展，爲希望的張力所推動，他所揭示的這一基本事實却依舊是有效的。

第四章　希望、永恒、無限

到現在爲止，我已經介紹了二位強調未來的當代思想家。祇可惜馬古西是一個幻想家，而布洛霍則囿於唯物思想，他的希望是封閉於時間與空間以內的一種莫名其妙的衝力。這裏我願意介紹三位努力打破時空限制的當代思想家，卽布柏、馬賽爾和拉因。

一、闡明「我與你」關係的布柏

馬丁・布柏（Martin Buber）在我國一向未受到注意。然而揆諸他對歐美二洲的影響，這位猶太哲學家實在是當代偉大思想家之一，絕不容人忽視。他在一八七八年生於維也納，二十歲時參加猶太人的民族主義運動，歷任法蘭克福大學及耶路撒冷的希伯來大學教授。一九五二年至一九五七年，他以七十四的逾古稀之年周遊美國各地，在許多大學及學術團體中作學術演講。一九六五年以八十七高齡逝世於耶路撒冷❶。

布氏一生作品甚夥。最膾炙人口，最具代表性和影響力的，厥爲其處女作《我與你》（*Ich und Du*, 1922）。五年以後馬賽爾於一九二七年出版的《形上日記》中也談到「我與你」的問題，內容和布柏所云大同

---

❶劉順德：〈猶太存在主義思想家馬丁・布柏〉，《現代學苑》五卷十期，頁三八七～三九〇。

小異。但馬氏說自己當時並未見到布柏作品。無論如何，凡是說起以「我與你」關係爲出發點的哲學思考時，大家都公認布柏爲開創者。

用中國人的眼光去看，「我與你」的關係實在太接近孔孟所說的「仁」。本書最後一章「仁的經驗與仁的哲學」即專門討論此一問題，這裏不妨從略。

現在我們試節譯《我與你》一書的若干句子，使讀者略窺其思想梗概（括號中寫出英譯本的頁數）❷。

「對人來說，世界有兩種，視人的兩種態度而定。人的態度有兩種，視他所說首要字的兩種性質而定……」。

「一種首要字是我—你的組合，另一種首要字是我—它的組合；後者可以用他和她代替而意義不變。」（3）

「你遇到我是一種恩賜，——並不藉強求而找到。……你遇到我。……眞的生活是相遇。」（11）

「透過你，一個人纔成爲我。」（28）

「愛是在你與我之間。……沒有親身體驗到這個的人，不知什麼是愛。」（14-15）

「愛是一個我對一個你的負責。」（15）

「每個你在我們的世界中必須成爲它……，這時你再成爲一些特質的總彙（例如頭髮的顏色、言語、體態等）……這是我們的命運。」（16）

「我的經驗只看到它、他、她。我說出你這個字時，這時祇產生關係。」（9）

---

❷Martin Buber, *I and Thou*, Scribner, New York 1958.這是 R. G. Smith 所譯。一九七〇年，同一書局又出版了 *Walter Kaufmann* 的英譯本。

「一株樹可以祇看它的結構，化學分子……，但我也可以和它產生關係，這時它已不是它。」（7-8）

「沒有它，人不能生存。但一個祇與它生活在一起的不是人。」（34）

「在人身上，精神是一個對他的你的答覆……。精神並不在我身上，而是在我與你之間。……一個人能答覆他的你，他就生活在精神之中。」（39）

「眞的團體並不起自人們彼此間的感情（雖然沒有它也不行），而是由於：第一，他們在與生活的中心作相互間關係的體驗時採取立場，第二，他們體驗到彼此間的關係……。」（45）

「每一位個別的你是藉以窺視永恒的你之一瞥；透過每一位個別的你，首要字指向永恒的你。……天生的你在每一關係中實現，但在任何關係中都不能完成；它（天生的你）祇在指向那位本性不能成為它的你時完成。」（75）

「離開自己生活的歷程去找神的人是多麼愚笨而無望；卽使爭取到孤獨的一切智慧和專心致志的一切力量，他還是找不到神……。」（80）

「它的世界是在時間與空間之中。你的世界不在時空之中，而是在中心以內，關係（譯者註：指我―你關係）所延長的線都在那裏相遇，卽在永恒的你中相遇。」（100）

「位格的神旣給與位格的生命，他使我們能和他相遇以及彼此相遇。但是由於他是絕對位格，他不會受到任何限制，旣不會從我們身上受限制，也不會從我們彼此間的關係受限制。一個投向他的人，因此不必離開任何其他我―你關係；更好是把別人引向他，讓他們在神面前獲得完成。」（136）

　　讀者會發覺，布柏「我與你」這本著作的宗教意味非常濃厚，他的宗教是入世的。他並不反對社會改革，但他認爲任何制度都是「它」的領域；而眞正的生活却是我與你的相遇。因此，他反對肯定歷史必然力量並以控制人爲能事的馬克思主義，而強調以**我與你**關係爲基礎的團體生活。布氏認爲以色列的基步玆 (Kibbutz) 卽表顯出這樣的團體生活。

二、馬賽爾的共融和希望

　　馬賽爾 (Gabriel Marcel) 一八八九年生於巴黎，四歲時喪母，由姨母兼繼母撫育成人。他是獨子，因此常常感到孤獨，大學畢業以後，由一九一二年至一九四一年爲止，陸續敎過幾所中學，但一生中多半時間都用於寫作。他也在巴黎的法國公學 (Collège de France) 中講學，哲學家柏格森卽曾在此講過課。除去英美二國以外，他也曾來遠東日本講學。他喜歡兼用戲劇和哲學著述表達他的思想。

　　以共享爲主題的戲劇　馬賽爾的父親對戲劇很感興趣，而他幼時的孤獨促使他很早就寫劇本。據他自己說，他開始寫劇本是爲了排遣孤獨感；他和想像中的人對話，把這些對話寫出來就成爲劇本。就我所知，他至少發表了二十六個劇本，最早在一九一一年，最晚一九六一年；這以後是否還有劇本發表，則非所知❸。

　　促使他寫劇本是孤獨，他的劇本中心思想也和孤獨有關，卽如何脫離孤獨。馬賽爾和沙特二人幼時都嘗過孤獨的滋味，因爲他們二人都是獨子。馬賽爾是他父母親的寶貝，他雖因過份被注意而感到痛苦，但父母親的過份關切似乎並未引起他的反感。沙特則是因爲長得矮小難看而

---

　　❸項退結：《現代存在思想家》，東大圖書公司印行，民國七十五年出版，頁197-222。

在外祖父家受到冷落，找不到玩伴。因此，他除孤獨感以外，更有很深的自卑感和反抗意識。馬、沙二人個性的不同也表現於他們的思想和劇本。沙特鼓吹反抗，馬賽爾要人彼此溝通彼此瞭解，避免隔膜，因為他覺得世間最大的痛苦是孤獨，而孤獨的最大原因是隔膜。因此，馬賽爾劇本的三個主題如下：

如何消除人與人間的隔膜——共融，因為他覺得世間最大的痛苦是孤獨，而孤獨的最大原因是隔膜

如何消除人與神間的隔膜——宗教

如何消除造成隔膜的自欺欺人——眞誠

從『我與你』走向希望　馬氏的雙親都是不可知論者，因此他自幼覺得自己在宇宙中也有孤獨與窒息之感。馬氏的問題是：宇宙究竟是封閉的系統呢？還是開放的呢？人是否孤獨地關閉在宇宙之間，一如沙特劇本＜關閉之門＞所暗示的？《淮南子》說得好：「往古來今謂之宙，四方上下謂之宇」。馬賽爾自問：空間與時間是否就是一切？當時很流行的黑格爾主義者英哲柏得利（F. H. Bradley）就作這個肯定。上文所云以《希望原則》聞名於世的恩斯特・布洛霍（Ernst Bloch）也祗承認物質的宇宙。馬賽爾則覺得必須超越宇宙而與「無限的你」接觸，認爲非如此人就失去希望基礎。

馬賽爾反對隔離，具如上述。他認爲隔離的原因是由於一個人把事物或他人當作與自己無關的「對象」，當作「它」或「他」。馬氏認爲我人與事物或他人之間具有「分享」的關係，把自己封閉孤立起來是不合理的。替別人戴上什麼「資本主義階級」「非我族類」等帽子，就是視別人爲孤立的「對象」。佔有慾也會使我們視人如物；馬氏的劇本如《靈堂》、《在山之巔》等，都表達佔有慾造成自欺欺人這一主題。我們可以用下圖來表示馬氏所反對的隔離和封閉態度：

| 我 |—— 隔 離 ——| 它 或 他 |

　　馬賽爾所主張的共融，就是把自己和事物或他人視為互相分享，尤其是把別人當作主體，正如自己是主體一般。共融的基本關係是我與你彼此分享、互通，最後延伸到永恆而絕對的你——神。我與你之間應有真誠、忠信和互愛。可以用下圖表示之：

| 我 |—| 你（包括宇宙） |—| 絕對的你 |

　　希望與絕望　當我把事物或他人視為它或他時，我祇視之為與我無關的對象。我與事物或他人互相呼應，彼此相遇、親臨、共融時，這時就發生「我與你」的關係。人世間的「我與你」關係不能持之永久：最親近的「你」也會幻滅、消逝，甚至轉變成「它」。馬賽爾認為唯一不能變為「它」的「你」是「絕對的你」，他從這裏獲得希望的基礎：人既然與「絕對的你」互通聲氣，他就不能絕望，因為有無限者作憑依。投身到無限者懷中就是信仰，因此希望也就等於信仰。馬賽爾認為希望是人的一種基本經驗。他由於孤獨而嚮往共享和共融，並從絕望的誘惑中達到希望。馬賽爾相信「希望之於靈魂，正如呼吸之對於生活的機體」一般重要，絕望則等於自殺❹。當深入共融經驗的心靈準備實行超越行為時，就產生了希望；藉着希望，心靈肯定活生生的永恆性（la Eternité vivante）馬氏所說的超越行為，是指跨越意志與認識的固有能力：我明知自己意志與認識能力的限度，却不受它的限制。因此他說：「希望是跨越不知的一種認識，但却是一種摒絕一切狂妄自負（présomption）的認識，一種被授予被恩賜的認識，而不是以任何方式爭

---

❹G. Marcel, *Être et Avoir*, Aubier-Montaigne, Paris 1935, p. 117.。

取到的認識」。馬氏所說的恩賜卽神的恩賜。他以爲拒絕承認神的恩賜，不可避免地會覺得絕望，覺得此世荒謬無意義；他認爲沙特著作的功績之一，就是說明了這一點❺。

　　馬賽爾對絕望的解釋很有意思：「絕望從某種意義來說是封閉的時間之意識，或者更確切地說，是視時間爲監獄（la conscience du temps clos, ……du temps comme prison），而希望則穿透超越時間。」絕望者對未來的期望像是債權人對債務人的態度：債務人不歸還，我就對他失望。希望則並不擅自以爲對未來有什麼權利，而是等候一種恩賜。「當我對希望加某種條件時，我就替自己放了一個界限。……事實上等於承認，如果我的某一期望受到打擊，就祇有絕望一途。」面對絕望的誘惑，希望者會投身於共享，投身於人與人及與「無限者」之間的團體，使人有恃無恐地邁向未來。因此他說希望是一種「先知意識」❻。

　　希望與信仰　言至此，馬賽爾把鋒頭指向信仰：「絕對的希望和絕對的信仰不可分，卽跨越任何條件……。這希望是被造之物對無限存有者的一種答覆：被造之物意識到自己的一切都由無限者所賜予，因此對他不能下任何條件，否則卽有失身份。絕對的你既以無限的俯就使我從空無中出來，當我以某種方式置身於無限的『你』前面時，我似乎已永遠禁止自己絕望……。事實上，在這一情況下絕望，難道不等於宣告神已從我身上退却？這樣的控告不應加在絕對的你身上……。」❼馬賽爾的信仰與希望都以最高存有者——絕對的你爲指歸。他以爲神的存在不能證明，因爲神不是我人經驗所及；我人祇能由跨越知識的希望和信仰

──────

❺G. Marcel, *Homo Viator*, Aubier-Montaigne, Paris, 1947, 9-10, 255.
❻同書，頁七一、七四、六二、八一。
❼同書，頁六三。

達到。馬賽爾的想法大約如此：不相信絕對的你，不相信一個愛所有人類的共父，就會視人如物；這一來，我們自己也將失去個別主體的尊嚴，而淪爲對象❽，終必成爲無意義，而陷入絕望。但人性非希望不可，所以必須信仰絕對的「你」。唯有和其他的「你」和絕對的「你」共融，我們才會得到幸福。

《旅途之人》　共融同時也包括愛，愛則要求永恆。愛一個人卽等於向他說：「至少你不會死」❾。馬氏又說：「假使死亡是終極事實，那麼價值卽消失於純粹的不可理解之中，事實像是被擊中要害……，人的共融被擊中要害。」❿。因此，馬氏相信人有永恆的生命：「死亡是絕對希望的跳板。一個沒有死亡的世界中，希望也祇能以萌芽形式存在」⓫。換言之，死亡不但不應使我們絕望，反而使我們更相信永生。因此馬賽爾在《你們生長繁殖吧》一劇中再三重覆這句話：「眞的生命不在眼前」(la vraie vie est absente)⓬。人原來就是走向永恆的旅人。

馬賽爾相信：「如果人們不保持身在旅途中的尖銳意識，也許持久的世間和平不能重整」。他認爲要想在此世建造永久居留之所，反會使世界永久秩序無法建立，反而使此世歸於毀滅⓭。

馬氏此語並未否定布洛霍建立人世間理想社會的希望，而是要把有

---

❽G. Marcel, *La dignité humaine*, Aubier–Montaigne. Paris 1964, pp. 171; Idem, *Journal métaphysique*, Gallimard, Paris 1927, p. 86.

❾G. Marcel, *The Mystery of Being* (II), Gateway edition, Henry Regnery, Chicago 1960, p. 171.

❿G. Marcel, *Homo Viator*, p. 211.

⓫G. Marcel, *Etre et Avoir*, p. 135.

⓬G. Marcel, *Croissez et Multipliez*, Plon, Paris 1961, pp. 61, 93.

⓭G. Marcel, *Homo Viator*, p. 214.

限希望提昇成無限的希望：他以爲沒有做到這一步，人世間的理想社會終究將是海市蜃樓。

三、西班牙哲學家拉因

伯多祿・拉因・恩特拉戈（Pedro Laín Entralgo 案：西班牙人有雙姓的習慣，卽把母親的姓放在父親的姓後面，也可簡稱父姓）的希望哲學似乎兼有布洛霍及布柏與馬賽爾之長。拉因是一位精神病醫生，同時又是一位出色的哲學家[14]。

拉因以海德格的「此有分析」（卽對人的分析）爲出發點。海德格主張：人的特性是對他自己發生問題；拉因覺得信仰也可以作爲存在分析的起點。海德格以憂懼爲揭示出人實情的一種基本心境[15]，拉因則認爲：期待（espera, expectation）與希望（esperanza, hope）同樣地可以作爲揭示出人之實情的基本心境。拉因於一九五六年發表的六百頁代表作《期待與希望》（*La espera y la esperanza: historia y teoria del esperar humano*, Madrid: Rivista de Occidente, 1963, tercera edición），卽從事這項分析。

存有與空無 海德格告訴我們：我人由於意識到確實會來的死亡，會產生一種憂懼狀態；人是一種「向着死的存有」（Das Sein zum Tode）。拉因承認，意識到一定會來的死亡使人發生憂懼，因爲死亡構成我整個可能性的威脅，也就是說：死亡會使我淪於空無。然而，拉因

---

[14] Thomas Mermall: *Spain's Philosopher of Hope. Thought, A Review of Culture and Idea,* Spring 1970, Fordham University Quarterly, pp. 103-120.

[15] 項退結：〈現代存在思想家〉，頁102。

馬上指出，死亡之所以造成憂懼，是因為我不知道死後會變成什麼，這個「不知」使我憂懼，因為我對我的未來覺得不確定。死亡使我們憂懼，並非祇是因為我們會淪為空無，而是因為我們不確定，是否還會繼續生存下去。

期待 拉因主張，期待與信仰是人與生俱來的傾向，至少與憂懼同其重要。期待是導源於存有結構的一種基本活動。動物的期待祇限於本能和環境所能制約的範圍以內，人則能超越這些範圍：他能夠把期待擴展成計劃。換言之，人是向着未來的動物。

期待與計劃以信仰（Creencia）為先決條件：這裏所說的信仰未必與宗教信仰連在一起，而是指計劃時不能不接受的幾種信念。我人往往生活在這些信念中而不自覺。

第一、期待使人探究真相，而在探究時，我人必須先假定，客觀事實會給與滿意的答覆；正如日常生活中向人問路時，我人確信會獲得正確答案一樣。人在探究時，他會接觸到存有與空無——視計劃是否完成而定。因此，信仰是期待與計劃的基礎，同時使人向無限與永恆的存有開放。

第二、期待的另一組成因素是「創造性」，它是使存有豐富的一種活動。無論是大膽的獨特的創造，或者是模仿的極有限度的創造，都會使計劃中的可能性成為事實。由於可創造的材料取之不盡用之不竭，因此創造的可能性是無限的。拉因從這項事實推斷：作為創造者或再創造者的人，以某種意義而言也是無限的。

依據上文所述，可以對期待作下列定義：期待是向着未來之存有的首要傾向；它就是以某些信念為基礎的探究和計劃，它又具有創造性。

期待的第三個因素是投入（entrega）：任何計劃中都有不同等級的投入：投入的深淺，則視人而異。另一方面，對所期待的目標之情感取

向也很重要，這種取向表現於不同等級的信托 (confianza, trust) 及失去信心 (defianza)。

投入極小而接近無可無不可的心情時，這樣的期待根本就是「空虛不實的期待」，一點不發生作用。另一種習見的是「劃界限的投入」：一般中產階級持唯物宇宙觀的人們就是這種態度。他們限於視線，只對自己作極有限度的若干投入。他們只能對他人有所期待，而不能信託任何人。最後一種是極端的純眞的投入，它使人完成自己的天職。

希望、無望與絕望 我們暫且先來聆聽拉因對這三個名詞的解釋。希望是具信心的期待 (Trustful expectation)，它肇基於與生俱來對「存有」可能性的期待，但它自身却是一項獲得的傾向。純眞的希望未必包括絕對的確切無疑，而始終含有若干憂懼。希望時，天賦的期望往往會成爲寄託於外力 (virtus aliena) 的信心。純粹地寄望於外力是冒失，而純粹倚恃自力 (virtus propria) 則是驕矜。拉因亦稱這兩種希望型態爲靜的希望與動的希望；基督徒所應有的希望則是這兩種態度兼而有之。

希望的反面不是絕望，而是無望 (desesperanza)。絕望與無望都起源於憂懼，而憂懼則是期待的組成因素。上文說過，拉因認爲死亡之所以引起憂懼，是因爲我人並不確切知道死後的情況。因此，信心與失去信心一般地缺乏對未來的確切認識，而強烈的絕望依舊能含有一絲希望。歸根結底，信心與失去信心同樣地以人的天賦期待爲基礎，這天賦的期待使人有繼續生存下去的傾向。天賦的生存傾向使人在失去信心時尚存一絲希望，同時它也是信心的自然基礎。

無望是一種減弱而慢性的憂懼：一個人斷然接受了死亡與失敗的命運，企圖用個人的創造活動來減弱死亡的憂懼，而寄望於自己的生命力；持久的失去信心遂轉變成主動的「無望」。寄望於創造活動的人，都

希望自己的創造成果永垂不朽。然而他們對這點也沒有確定把握。若干文學家就是這一類的無望者，如哥德、里爾克（Rilke）、卡繆、沙特等等。

絕望（desesperación）是一種尖銳、殘酷、滲透一切的憂懼，它是「劃界限投入」者的憂懼狀態，它的頂點是自殺。

希望的倫理觀　上文曾說過，極端而純眞的投入使人不以一瞬間的滿足爲念，也不追求孳孳爲利的目標，而使人完成自己的天職；這種對「存有」的抉擇是獨一無二的，與「人們」（das Man）不純眞的存在迥異⓰。拉因用多瑪斯・亞奎那的勇敢（fortitudo）與慷慨大方（magnanimitas）兩種德性來補充他的天職觀念。多瑪斯的勇敢使人心志堅強不移地按理性行事⓱，慷慨大方則使人去執行困難崇高的任務⓲。拉因認爲我人完成天職時必須準備迎接死亡的危機。希望把一種挑戰性的未來放在勇者眼前，而勇者之所以能如此，則是因爲他知道等候（期待、希望）；因此希望與勇敢是互爲因果的。

創造與根本從屬性　一如上文所述，拉因視創造性爲期待的組成因素之一，這就是說人必須向着未來完成自己的天職，而創造活動就是完成天職的方式。因此拉因認爲慷慨大方地投身於個人的創造活動，就是純眞的存在。任何創造性的活動，卽使祗是答覆一個極平凡的問題，也是完成一個計劃。當然，人的創造活動並非從空無造成事物，而從屬於旣成事實，事實旣是無限制的，因此創造的可能性也是無限制的。拉因指責海德格的「此有分析」忽視了這點：人以創造的資格是向無限開放的。無論是天才或平凡的創造者，都希望自己的作品傳諸永久，在永恆

⓰同書，頁九三。

⓱S. Thomae Aquinatis: *Summa Theologiae II-II*, Q. 123, a. 2, 3.

⓲*Ibidem*, Q. 129, 5.

的領域中獲得認可。

　　根據這件事實，拉因指出一切期待都與普遍期待相銜接。這句話的意思是：期待某一特殊事物時，我人實際上在期待至善。期待至善就是對每個人幸福的期待，亦即充分而永恆地生存的基本需要。然而人是有限的，而至善是無限的；有限的人如何能實現無限的至善呢？見到了這點，我人不能不接受至善超出人以上這件事實。探究、信仰、創造都使我們與「一切存有的基礎」接觸，使我們承認一切希望最後植基於此：拉因步祖比里（Xavier Zubiri）後塵，稱這一事實為「根本從屬意識」（religación）。「根本從屬意識」肯定超越界的實在，並且是「我與你」關係的基礎。一個否認「根本從屬意識」的無神論者，則是無意中把自己神化。

　　至於像恩斯特・布洛霍所說的未來遠景或烏托邦信仰（馬克思主義卽其中之一），拉因把這些都列為終極以前（penultimate）的希望。真正的終極希望則以「根本從屬意識」為基礎。

　　憂懼與時間性　在一種尖銳的憂懼情況中，「現在」主觀地被淪為對「永不會來」（never）的期待，這樣，「未來」就被取消。在「神魂超拔」的經驗中，「現在」成為「永恆」的濃縮狀態。在希望中，「現在」則尚未或已開始進入永恆，而這永恆在逐步完成中。

　　人既是向着無限超越性的存有，海德格在「此有分析」中把時間性視為人的存有結構就顯得不盡合事實：因為人還有超時間的層面。拉因採用奧古斯丁對柏拉圖回憶理論的發揮，用以闡釋人的超時間性。奧古斯丁也把希望導源於記憶（ex memoria spes），但並非由於個人對過去的回憶，而是一種植基於存在本身經驗的「回憶」。換言之，人心企求永恆的幸福，由是而產生對永恆的希望。拉因認為，能够產生而培養永恆觀念的人，在某種意義之下已經是永恆的了。

反之，一個被慢性憂懼所佔有的「無望」，是作了「不存有」的抉擇；拉因認爲這樣的人，卽使也從事創造性的活動，實質上是迷失的、無根的。眞正希望的人也會體驗到憂懼，但他能用勇敢和慷慨大方的心情驅除自己的不確定和絕望。

宇宙性的希望　期待祗是人所獨有的呢？抑或是動物甚至整個宇宙都走向未來的呢？假定如此，那末什麼是宇宙所期待的目標呢？拉因覺得無機物具有擴張傾向，有機物具有某種未來傾向；植物的期待完全是無意識的，動物則已開始有某種程度的意識。拉氏把世間一切分成不同等級，低級事物以高級事物爲目標，而一切受造物的終極目標是創造者自身。這一理論與德日進的大同小異[19]；但拉因却不贊成德日進的宇宙論和進化學說。

四、從希望走向人類哲學

「太陽之下無新事」，所羅門王早已於三千年以前言之。無論是布洛霍、布柏、馬賽爾，或者是拉因，他們的論點都不是絕對新穎的，但至少是以新的方式道出希望的不同面貌。本書作者覺得拉因的系統比較完整，能够包括布洛霍、布柏、馬賽爾的思想要點。布洛霍所云的「飢餓」，拉因稱之爲「宇宙性的希望」；拉因所云希望的超時間性以及「我與你」等等，則與布柏、馬賽爾大同小異，但他對「期待」「憂懼」「信心」「無望」「創造」這些觀念的分析，是有獨特創見的。由於他是精神病醫生，和病人的日常接觸可能也供給了一些寶貴的實際經驗，使他更深入地瞭解人的心靈。美中不足的，是他一味強調個人，不

[19]王秀谷等著：《德日進與人類的遠景》，現代學苑月刊社，民國五十八年初版，頁七三～八六。

够提及人的社會性一面;布洛霍對改善社會的熱情是拉因所望塵莫及的。我們認爲改善此世的希望應當和無限的希望作更高層面的綜合。

　　此外，拉因也沒有提及另一種極普遍的心理型態，那就是對科學的盲目崇拜。用拉因的詞彙來說，科學研究屬於一種創造活動，或者更好說是一種再創造活動，它不是萬能的。對科學的膜拜，是把人神化的一種表現方式。

　　本書下編將從人的希望和無限制的開放性去探討人性。

中編： 經驗與實在世界

第五章　現代分析哲學的先驅
　　──羅　素

一、緒　言

　　到現在爲止，我們從未來學做出發點，談到馬古西的幻想，談到布洛霍的《希望原則》，又談到投向永恆與無限的希望。以後我們還要從無限的開放性這一特徵去探討人性。這些思考都以感官經驗爲起點，但最後必須歸結到超經驗領域，也就是一般所稱的形上領域。所謂形上學，簡言之，可以說是對實在界的究極而全部的看法。譬如黑格爾說實在卽辯證的宇宙精神，馬克思說實在卽辯證的物質，斯比諾撒的泛神論說實在卽具伸延性及思想的宇宙整體，中國宋明理學家說氣與理構成整個實在界等等。本書從人之無底止開放性探討人性，是以人與創造者──神的位格性爲先決條件，當然這也是一種超越感官經驗的形上看法。然而今日盛行於英美的分析哲學（Analytic Philosophy），其主流「邏輯實證論」卻認爲哲學的任務祇在於對語言作邏輯分析，形上學命題根本無意義可言。本書中編無意深入形上學全部領域，祇願意對分析哲學幾位最主要的代表人物剖析一下，卽羅素、維根斯坦與卡納普。本文題目稱羅素爲現代分析哲學的先驅，是因爲維、卡二人都深深受到羅素的啓發和直接影響。全文除提及羅素與現代分析哲學的關係以外，同時也從其他角度對這位英國哲學家加以簡略探討。

這篇文字的一部份撰於距今三十餘年的意大利求學時代。改寫時已加上新資料，現在又再加入一些。因此所引用的羅素著作，一部份是剛過目的書，另一部份係過去所閱。本文註釋的一部份依舊沿用過去研讀時所應用的法文譯本，其中不無疏漏之處；但取材之正確則無問題。

二、略傳與主要著作

羅素（Bertrand A. W. Russell）一八七二年五月十八日生於英國威爾斯 Monmouth 州。他的父親和祖父都是從政的，祖父一度曾任首相。父母在羅素有記憶以前已經死去，祖父也在一八七八年過世，因此他由祖母扶養成人。羅素的祖母對道德和宗教的態度非常嚴謹，她所唯一重視的是德性，知識、健康、幸福及其他一切都被蔑視。恰巧羅素又嗜知識如命，因此家庭的氣氛對他格格不入。哥哥的年齡比他大七歲，兄弟間的關係不很密切，使他感到孤苦零仃。羅素在《幸福的爭取》一書中對他的幼年時代曾作很有趣的敍述。他說自己幼時所最愛的詩句是：「我厭倦了此世，充盈了我的罪惡」。「當我纔五歲時，就向自己說：假使我得活到七十歲，那末至今祇度過生命的十四分之一。預料到這長期的煩悶，我那時認爲是不能忍受的事。在發育時期，生命對於我簡直是可惡的，我不息地憧憬着要自毀。但這個主意卻被研究數學的希望所抑制。」一八九〇年進入劍橋的三一書院，這時他才感到如魚得水。一八九四年畢業，翌年去柏林大學聽課，歸後成爲三一書院的「學侶」（Fellow）。一八九八年在劍橋講授萊普尼兹，二年後《萊布尼兹哲學的批判性講述》出版。羅素對萊普尼兹本來並無特殊興趣，他之講授這門課程，祇由於教授要遠行而請他代課。

一九〇〇年是羅素思想轉變最重要的一年。那年他參加了巴黎的國

際哲學會議。自從十一歲讀歐幾里得幾何時，他就對數學的基礎發生疑問。讀哲學時，康德和經驗主義者對這點都未能令他滿意。而在巴黎的哲學會議中，羅素發覺貝亞諾(Peano)和他的學生措辭之確切迥異於常人。於是他索取了貝亞諾的作品，和懷海德（Alfred N.Whitehead）一起對數理哲學展開了十餘年的研究，其間他與先進的傅雷格（Gottlob Frege）取得連絡。終於在一九一〇年與懷海德一起出版《數學原理》(Principia Mathematica) 第一編，同年他被任命爲劍橋三一書院的數理邏輯講師。《數學原理》第二、三編相繼於一九一二及一九一三年出版。

對數學的研究使羅素在知識論中成爲實在論者。但他對知識之是否有效這一問題始終念玆在玆：他主張知識的途徑有二，卽經驗與推理。但他所說的經驗是主觀經驗，而非卡納普以後所說的「物理語言」所代表的經驗。羅素對知識論的思考使他寫了《我們對外在世界的知識──哲學中運用科學方法的場地》（一九一四）。此書提及「哲學的邏輯分析方法」，並認爲邏輯已是哲學研究工作的核心，以後對卡納普發生了決定性的影響。《哲學問題》（一九一二）對知識問題討論得很多。＜思想之分析＞（*The Analysis of Mind*, 1921）、《對意義與眞理之探究》（一九四〇）及《人類知識的範圍與限度》（一九四八）也都是關於知識論的著作。

羅素出生於政治世家，他之從事於「飢不可食寒不可衣」的哲學曾使他的祖母大爲不滿。然而，羅素雖不直接從政，他對政治問題自始至終感到興趣。柏林居留以後，他曾於「倫敦經濟及政治學校」主講《德國社會民主主義》，並於一八九六年以同一名稱出版他的第一部著作。第一次大戰時，羅素反對英國參戰，他的非戰主義招惹了許多人的反感，甚至在一九一六年爲法庭宣判罰一百英鎊，並被開除了三一書院的講席。同年他的三冊討論政治問題的書問世，《社會重建之原理》（爲甚麼人會戰爭：

取消國際決鬥的方法）即其中之一。一九二〇年夏季，羅素以工黨代表團的非官方身份赴蘇俄訪問，歸後很快就發表《布爾雪維克主義的實際與理論》一書，對共產主義作了很嚴正的批判。同年，羅素應北大校長蔡元培之聘，到北平講學。羅素在北平曾講「思想之分析」，引起當時中國青年的極大興趣。一九二一年回英國，次年他發表《中國問題》。以後他繼續發表了幾本有關和平（一九三五）、核子戰爭（一九五九）等問題的著作。

一九二四年之後的六年之中，羅素在美國各地講學，同時發表了若干有關宗教和倫理的書，如《婚姻與道德》（一九二九）、《幸福的爭取》（一九三〇）、《宗教對文明作了有用的貢獻嗎？》等。

以後的幾年中，羅素在英國從事著述。一九三八年在牛津授課後赴美國，在芝加哥、洛杉磯、哈佛各大學講學。一九四〇年被任命為紐約市立學院教授，因瑪寧樞機抗議而為法院宣佈取消任命。一九四一年羅素曾在賓州講授哲學史，整理講稿加以擴充，遂成為一九四五年問世的《西洋哲學史》。

一九四四年，羅素回到英國，居然又重新被任命為劍橋三一書院的「學侶」，同時在該書院任教。一九五〇年，羅素獲諾貝爾文學獎金，翌年又去美國講學。這時他已年近八十，但他一直到死都在為人類的和平奮鬥。自從有了氫彈以後，羅素對國際局勢的看法有了極大的轉變：一九四八年，他一度主張對蘇聯進行預防戰爭，認為唯有一戰纔能阻止蘇聯有原子彈。氫彈產生以後，羅素始發覺人類已面臨全部毀滅的危機。從此，羅素力竭聲嘶呼籲東西二陣營走向妥協。

羅素於一九七〇年二月二日逝世，離九十八足歲祇差兩個月十六天。死後什麼儀式也不曾舉行，僅有五人參加他的火葬 ❶。

---

❶R. E. Egner and Lester E. Denonn, *The Basic Writings of B. Russell, Simon and Schuster*, New York 1961, pp. 17-24, 37-55.
Alan Wood 著，林衡哲譯：《羅素傳》，民國五十六年，臺北市，長榮書局出版。

三、對知識論的見地

　　凡是和西洋哲學稍有接觸的人，都知道知識論對近代哲學的重要性。近代哲學鼻祖笛卡兒的出發點「我思故我在」，根本就是知識論的問題。緊接笛卡兒而起的哲學家雖約略可分成純唯理主義與經驗主義二派，但知識究竟是客觀事實的反映抑或是主觀的投射作用，這個中心問題始終盤桓在當時各巨子的腦際。站在知識論觀點，休謨（David Hume）對因果律予以總攻擊，結果是陷入懷疑主義的深淵，另一方面康德自從閱了休謨《人類理智的研究》（Inquiry Concerning Human Understanding）一書後，自以爲從「獨斷迷夢」中醒來，把休謨對因果律的批判全部接受。於是任何客觀事實，都被他納入主觀的「先驗範疇」以內。根據康德，我人只能透過先驗範疇去認識事物之現象，客觀事物自身究竟如何，我人無從而知。但他卻並不否認客觀事物自身的存在。後來他的徒弟索性把「眞相」也丟了，於是客觀事物根本就成爲主觀的產品。這就是我人所熟知的唯心論哲學。

　　我所以指出知識論與近代哲學的密切關係，是因爲非如此不能明瞭本文主人公——羅素所採的立場。由於他對數學的深刻研究，並確信數學公式代表客觀事實，所以他對於唯心論所採的態度是攻擊性的。他在一九一二年發表的《哲學問題》一書中，對於唯心論的批判佔極重要的一部份，他費了許多唇舌駁斥柏克立（Berkeley）的「存在卽是被知覺」（esse est percipi）一語，同時也反對康德把任何知識建立在「先驗範疇」以上。對此羅素曾作如下的批評：康德之所以要這「先驗範疇」，是因爲要解釋邏輯與數學原理的確定性。但是依據康德這說法的自然結果，假使一旦我的「先驗範疇」發生變化，那末也許二加二可能變成五。

這無異否認邏輯與數學原理的確定性與普遍性。由此可知羅素並不如康德一般以爲事物眞相不可認知，他以數學家與理則學家立場，確信事物的眞相是可得而知的，至少在數學與理則學範圍以內 ❷。

羅素對於休謨原具相當敬意。下面我們要說起，他在形上學中幾乎是休謨的徒弟，但在知識論中卻反對休謨的經驗主義。根據經驗主義，我人除個別經驗以外不能再有其他眞的知識，羅素卻認爲此語未免偏執，因爲在數學與理則學中我人並不祇有個別經驗，而且有放諸萬世而準的普遍命題。這些普遍命題，並不需要經過無限數的個別經驗纔可確立。所以普遍性與必然性並不由個別經驗而生。

不但對唯心論與經驗主義羅素不表示贊同，卽詹姆士的實用主義他也不以爲然。理由是：數學命題是絕對、普遍而必然的，並不是爲人的方便而設。除去有關實用主義的論調以外，上述一切都是從羅素大著《哲學問題》以最簡單方式直接摘錄出來的。根據這一切，我們知道羅素對知識問題是主張實在論的 (Realism)。這句話的意思是：羅素相信我人的知識代表客觀事實，並不祇是主觀的投射作用。但他所最關心的卻是普遍命題的效力；至於知覺界事物，羅素的態度就很猶豫莫決，幾乎近於柏克立的主張。對於普遍命題的客觀性，羅素曾幾乎是柏拉圖的信徒，他主張數學與邏輯的普遍命題構成一個獨特的「時間以外的宇宙」。時間以內的存在是「易變的，沒有清楚的界限，沒有計劃，沒有秩序」，時間以外的宇宙則是「不變的、嚴格的、確定的，它對於數學家、理則學家和形上學系統的創造者，以及對於那些愛好德性超過生命的人們是充盈着迷人的魔力。」以上都是羅素自己的話。

由於他的實在論是如此堅決徹底，所以桑他耶那 (Santayana) 竟稱之爲新的士林哲學 (New Scholasticism)，因爲士林哲學一向是以

---

❷B. Russell, *Les problèmes de la philosophie*, Paris 1923.

主張實在論聞名的。下文我們要說起，羅素是蔑視士林哲學的，但他的知識論卻幾乎像是從士林哲學抄襲過去一般。然而，現代士林哲學（Neoscholaticism）中對知識論的見地相當分歧，但多半都反對「獨斷式的實在論」（Dogmatic Realism），羅素過去所主張的卻接近這一類的實在論。由於他的實在論完全導源於他對數學與邏輯的見地，因此他祇是本能地相信知識對象的客觀性，不能舉出真正充足的理由。

　　然而，這一切祇在羅素八十歲以前有效力，因為他在＜八十歲生日反省＞中已否定了數學的永恆價值。現在，羅素認為數學也不過是「用不同語言表達同一件事的方式」而已。一九五九年所發表「我的哲學演變」中，羅素也特別指出這點。他應用「異辭同義」（tautology）一詞，表示是受維根斯坦影響。羅素並坦率承認，自己之接受這一信念，實覺戚戚於心 ❸。

四、對形上學的懷疑

　　一般說來，凡在知識問題中主張實在論的人，容易接受一種陣容堅強的形上學。上文我們已說明羅素在知識問題中主張實在論，那末他的形上觀點似乎也應當堅強。可是事實卻大謬不然，羅素在哲學問題以及其他著作中，始終主張哲學在知識問題中已有相當成就，但在形上學至今尚不知何所適從。是的，羅素在形上學中是採懷疑態度。此外羅素在《懷疑論文集》及《哲學中的科學方法》各書中，充分表示出這種主張。不寧唯是，羅素竟以為在形上學領域中，哲學的唯一用途就是教人懷疑，教人對任何主義都不敢信任 ❹。

---

❸*The Basic Writings of B. Russell*, pp. 254-5.
❹B. Russell, *Essais sceptiques*, édition Rieder, Paris 1933.
　B. Russell, *Méthode scientifique en philosophie*, Vrin, Paris 1929.

因果律 羅素對形上學所持的懷疑態度，在因果律上分外明顯。他很知道因果律的重要性，因此好多次都不憚煩地討論這個。譬如在《懷疑論文集》、《哲學中的科學方法》、《精神的分析》以及《西洋哲學史》各書中都曾說起。但他對因果律的見解大多採取休謨的態度（見《西洋哲學史》中＜休謨＞一章）❺。

休謨認為任何知識都祇是主觀的印象（impression）而已，「客觀事實」根本沒有意義。他所說的因果關係祇包括以下三個因素：第一，兩個前後相繼發生的「印象」，例如在打撞球時，彈子甲碰到彈子乙的印象引起彈子乙轉動的印象。第二，上述相繼發生的印象久而久之使我們發生「聯想」的習慣；有了這個習慣，我們一發生第一個印象，立刻就聯想到第二個印象；例如一見到彈子甲碰到彈子乙時，我們就聯想到彈子乙的轉動。第三，上述的聯想習慣使我們「相信」彈子乙的轉動是由彈子甲的推動所致。概括地說來，休謨心目中的因果關係，祇包括：㈠前後相繼發生的印象，㈡二個印象造成聯想習慣，㈢聯想習慣造成因果關係的「信仰」（注意：羅素為了解釋歸納定律的方便，對於休謨的見解表面上似乎說得和本文有些不同，但本質上並無二致）。讀者如稍一反省，就會知道，這所謂「因果關係」，根本已被納入主觀領域，那祇是聯想作用所造成的主觀的堅強習慣。一般人都認為彈子乙的轉動是由於彈子甲推動所致，這在休謨眼中是幼稚天真的想法。所以休謨根本否認世間有客觀因果關係的存在；正因這個理由，他在哲學中是個死心踢

---

❺B. Russell, *Analyse de l'esprit,* Payot, Paris 1926, p. 54.
B. Russell, *History of Western Philosophy, Allen and Unwin,* London 1946.
David Hume, *An Inquiry Concerning Human Understanding,* in: E. A. Burtt (ed.), The English Philosophers, The Modern Library, New York 1939, pp. 600-1.

地的懷疑主義者。無怪乎他在人性論中說：「我們所用的反省愈甚，其所引起的疑慮亦必愈多，……唯獨疏忽與不注意二者，方能診治懷疑主義的病❻。」

我所以喋喋不休地解釋休謨對因果律的批判，是因爲這是西洋近代哲學劃時代的關鍵，康德之所以創「先驗範疇」之說，直接是受了休謨對因果律批判的影響。但羅素畢竟是數學家，他的數學頭腦不願就此在懷疑主義中息足。於是他想用「歸納原則」來補充因果律的不足。

歸納原則　羅素的歸納原則是如此：甲與乙相連接的次數愈多，而且沒有一次不相連接，則其永久相連接的可能性也愈大；在同樣的情形之下，甲與乙相連接達到相當的次數後，則其永久相連近乎確定。這個普遍定律無限制地近於確定。例如溫度達到冰點與結冰二件事相連接已達到許多次，那末根據羅素的歸納原則，我們能夠相信這二件事未來還是連在一起。羅素以爲這個原則並不從經驗所產生，而是自明的超經驗的，他以爲唯有應用這個原則，我人纔有權利相信世間事物有相當的規律性，各種科學也可由此而肇其基。沒有這個原則，我們對任何事物都不能不懷疑，因爲過去如此的事將來未必一定不會改變。休謨所云的「堅強習慣」，並不能替未來的事保險。其實這所謂「堅強習慣」並不是人類的專利品。動物也未嘗沒有。譬如關在籠中的雞，每次見到餵食的人來，總是歡天喜地等候吃東西，無疑地它對此已養成「堅強習慣」。但這個習慣却終有一天要打破，因爲那同一個餵食的人，最後有一天要扭雞的頸頸，把它殺死。我們對於未來的期望，是否也正如籠中雞等候餵食的人一般呢？這就是羅素所最關切而願意用歸納原則替我們解決的問題。羅素以爲唯有利用歸納原則，我們才有權利相信未來的事不致發

---

❻ David Hume, *A Treatise of Human Nature*, Vol. I, Everyman's Library, London 1949, pp. 209-210.

生變化，這樣我們才不致像休謨一般地陷入懷疑。

我在這裏只不過忠實地把羅素的見解介紹給讀者。在可能範圍中我利用羅素自己的話，連雞的比方也是羅素自己所用的。現在也應當簡單地說一說我個人對此的感想。我的意見是：這所謂歸納原則也並不能使我們消除懷疑，二件事相連許多次數以後，還是不能替我們保險以後再沒有分離的一天。用羅素的比方來說，一隻雞卽使經過千萬年見到餵食的人送食，還是不能保險最後不會有扭頷頸的一天。

值得在此一提的是：羅素從休謨所繼承的對形上學之懷疑，以後原封不動地傳給維根斯坦，再透過維根斯坦而傳給邏輯實證論者。

五、如何脫離懷疑主義？

讓我們暫時離開對羅素的敍述，而對問題本身思考一下。

何以一個在知識問題中主張實在論的羅素，在形上學中竟採取懷疑主義呢？上文我們曾說起羅素的實在論是獨斷式的，因為並沒有充分的理由作基礎。正因這個緣故，所以他一方面本能地承認思想基本定律同一律與矛盾律的普遍效力，另一方面却不知道這些定律的形上基礎。他之所以承認思想對象的客觀性，是因為非如此數學與理則學都不能立足。羅素這種主張完全與常識相符。事實上極少有人會懷疑自己有認識客觀眞理的能力；我們簡直可以說：每個人都是天生的實在論者。但我人在哲學中却不能以這本能式的實在論為滿足。我們如果和笛卡兒一般，把「我思想」這件事實當作思考起點，那就不能一開始就說思想卽是客觀事實的反映。最合理的步驟，是開始時並不馬上肯定思想的對象是客觀抑或主觀（馬上本能地說思想的對象是屬於外界卽是獨斷），我人僅需確定思想的對象是某一種「存有物」（Being）就夠，因為卽使是純主

觀的東西，也不失為一種主觀的「存有物」。笛卡兒因為不明瞭這點，所以他因怕自己在做夢而懷疑自己的一切知識；其實，即使是夢境，也不失為某一種「存有物」，它至少並不是乾脆的「空無」。換言之，一個做了夢的人，不能說自己沒有做過夢。所以這「存有物」的概念，根本不分主觀客觀，無論是主觀或客觀的東西都是某一種「存有物」。維根什坦所說思想中的「圖像」和客觀「事物情況」也都不能脫離「存有物」範圍。總之，「存有物」是絕對普遍性的概念。有了這「存有物」的概念作為任何思想的對象，我們就可利用它建立起同一律與矛盾律等形上學的基本定律；形上因果原理的普遍性與必然性也由此成立（下文對這點將再作比較清楚的敍述）。有了因果原理以後，我人纔可證明外界事物的實有，進而說明無限創造者的實有。整個形上學都可腳踏實地建立起來。但是因為羅素的實在論是獨斷的，所以一進入形上領域就此路不通，不能不停滯在懷疑主義中。

那末怎樣才可以不在懷疑主義中打圈子呢？唯一的途徑是承認因果關係的客觀存在。我們上面曾說過，休謨把因果關係淪入主觀的聯想作用。其實這並不希奇，因為他在《人性論》與《人類理智的研究》二書中開宗明義就把任何客觀事物納入主觀的「印象」，他根本不曾明瞭在這些變動的印象之下，尚有思想的普遍對象——「存有物」。正如上文已經說起過，無論是實物也好，主觀的「印象」「夢境」也好，當它們成為思想的對象時，至少是和「空無」對立着的「存有物」。「存有物」的概念使我們知道「存有物」自身的同一性，以及它和「空無」的對立性。「存有物是存有物」，「存有物不是空無」，這就是同一律與矛盾律。有了這二個基本定律以後，我們就知道「存有物」不能從「空無」產生，有了實有的果，也就需要實有的因，這也就是因果原理。由於「存有物」的概念是絕對普遍，所以從它所產生的原理也絕對普遍。

把這因果原理貼合到休謨的例子，我們可以說：彈子乙的轉動是一種「存有物」，這個「存有物」不能從「空無」而生，需要另一個「存有物」；經驗告訴我們，這另一個「存有物」是彈子甲的推動。所以在彈子乙的轉動與彈子甲的推動間有因果關係的存在。唯有承認因果關係的事實，我們方才能從懷疑主義的泥淖中脫身出來。

討論卡納普時，我們將指出「存有物」概念的有效性，並指出它和邏輯的密切關係。

六、人生觀與政治觀

自從第一次歐戰時因反戰而被監禁以後，羅素對實際的人生問題格外注意。他的大著《西洋哲學史》的着眼處也在於此，讀者祗需一讀這本書的引言、柏拉圖的共和國以及斯伯達各章，就可知我言不誣。

羅素的人生觀在《幸福的爭取》一書中說得相當清楚。他的主張自稱與古時依壁鳩魯 (Epicurus) 大同小異，那就是「幸福的生活多半即是好的生活」。要爭取幸福，我人必須避免妬忌、好勝心、過度的疲倦、過度的煩惱與興奮等等；同時應當有生活的興趣、感情、家庭、工作、無私心等等。至於人究竟有沒有超物質的精神這個問題，羅素的答案是否定的; 他在＜死後我們還存在嗎?＞(Do We Survive to Death?) 那篇演講詞中主張人死後就一切完結。但他這種態度祗不過是懷疑主義的自然結果，並沒有充分的理由作憑藉。他的倫理觀似乎多少受了佛洛伊德心理分析的影響。

羅素自信自己的主張與我國隨遇而安的人生觀很近似，因此在他各種著作尤其是在《懷疑論文集》一書中絕對推許我國的人生哲學。同書中說起我國的未來變化，宛若預言，令人拍案稱絕。但是我以爲我國人

生哲學並不祇限於隨遇而安樂天知命的態度，而且也有「仁義而已矣」，「殺身成仁」，「鞠躬盡瘁死而後已」的忠勇精神。對此羅素似乎並不表示同意，因爲他不願在生活中有煩惱的存在，而實行「殺身成仁」當然並不是件很快活的事。

其實，要有正確的人生觀，必須有堅強的形上學作根基，有了這個，我們纔能有正確的宇宙觀並明瞭人的究竟。不知道人究竟是什麼而侈言人應當怎樣，豈非自欺欺人？上面我們說過，羅素除了知識問題中主張實在論以外，對於其他問題都抱懷疑態度；不寧唯是，他竟以爲「哲學的主要任務，恐怕祇是教人沒有確定信仰而生活下去，同時又不致因疑忌而感癱瘓。」但怎樣能夠「沒有確定信仰」而不在人生途中「癱瘓」下去，這是我所百思莫得其解的。當我來到歧路口時，必先認淸路徑以後才會放心前進，那可馬馬虎虎見路就走？行路是如此，人生的途徑更屬如此。

羅素的政治觀點是大家所熟知的自由主義，他主張政治民主，國家應尊重個人自由，不應橫加干涉。這種絕對的自由主義也許有過度的成份，但他的民主自由的基本原則卻是值得稱揚的。我這裏所願指出的一點是：羅素以爲他所主張的政治上的自由須以哲學中的懷疑主義作根基，這未免令人有風馬牛不相及之感。依羅素的說法，一個人如果不懷疑，確信自己的主張是眞理，那麼他就不能允許異己者的存在；這種態度表現在政治上就是專制，就是極權主義。但是他似乎欠注意到，在思想的領域中，一切爭執必須用理由解決，假使一個人訴諸武力，那根本是越出了自己的領域。拿羅素自己來說，他在哲學中有自己的見解，並非隨波逐流人云亦云，他對他所不以爲然的主張攻擊不遺餘力，在知識論中更主張有普遍原則的存在；這一切都充分表現出他在許多事上並不懷疑，而是確信着他自己的主張是眞理。但是我們能否說他是極權主義者？當

然不能，因爲他始終站在思想的陣線以內，並未訴諸武力。所以確信某種見解是一回事，蠻不講理用武力硬要人贊成自己的意見是另一回事。前者是任何正常的人所必具的態度，後者才是極權主義。我並且可以說，唯有確信某一種眞理的人，纔有權利主張政治的民主自由。正因爲我們確信人類與禽獸不同，確信人類有更高使命，所以我們才有權利有勇氣主張民主。假使你對這點發生懷疑，試問你還有什麼權利去反對極權主義？邏輯地說來，你祇配貼貼服服受人家擺佈，因爲你對什麼也懷疑着，什麼事也不知道究竟，包括你是否應當享受自由。

七、對宗教的反感

羅素對宗教沒有好感，這是人所共知的事，而且一遇到機會，就會肆意攻擊宗教。他對宗教沒有好感，當然宗教徒對他也不會有好感：二次世界大戰期間，羅素客居美國，曾於一九四〇年秋季被聘爲紐約市立學院哲學教授；但是正當他去紐約上任時，紐約總主教瑪寧 （W. T. Manning）提出抗議，結果羅素的任命經過法定程序宣告撤銷。瑪寧反對羅素的理由是：「他是大家所公認的反宗教、反道德的宣傳者，他更爲奸淫辯護」❼。這椿不愉快事件，足以表顯出羅素與宗教之間的衝突。

幼年時的影響　無論什麼人的性格，都脫不了環境的影響，羅素也並不例外。他的雙親盛年去世，他就由祖父母負責教養，祖父也不久過世，因此祖母對他的影響最深。羅素祖母的宗教信仰很嚴肅，生活很拘謹，家庭氣氛可以說是清教徒式的。據羅素自述，他很早就開始反抗這種清教徒的教育方式。他一生對宗教的反感，可能就在幼年時植其根。大約由於羅素不到四歲就失去雙親，童年時就爲死亡的陰影所侵蝕，無

❼Alan Wood 著，〈羅素傳〉頁二一三——二一五。

形中造成憂鬱寡歡的性格。他內心中的憂鬱很自然地就與幼年童年時的宗教生活聯想在一起。人是理智的動物固然不錯，但我人的生活趨向，事實上多半爲情緒和環境所造成的習慣所左右。羅素終其一生之所以反對宗教，幼年時的影響並不能說是唯一原因，但至少可以說是重要因素之一❽。

理性的因素 當然，幼年的影響和情緒方面的反感，不能完全解釋羅素與宗教格格不入這件事實。羅素對宗教的確曾用過一番苦思，結果幼年所遺留下的宗教信仰在他理性考驗之下站不住腳。關於這一切，羅素在一九二七年所發表的一篇演辭中說得最透切，演辭題目是：「我爲什麼不是基督徒？」

開宗明義羅素就對基督徒一詞下一註釋。他認爲基督徒最低限度應當相信創造者上帝的存在和靈魂的不死；此外基督徒對基督至少應有某種信心：要如不相信他的神性，至少也應相信他是最好而具崇高智慧的人。可是上述這幾點，羅素都覺得無法接受，既然如此，他也就無法以基督徒自居。

接着，羅素舉出五個他認爲通常用以說明上帝存在的論證，並一一予以駁斥。最先是第一原因論證，其次是自然律論證，第三是目的論證，第四是道德論證，第五是補救世間不平論證。

羅素的那篇演辭，主要不過是說明他自己的立場而已，我人不能苛求它具有高度學術價值。但就事論事，羅素所舉的五種論證中，祇有第一第三兩種可稱爲基本論證，事實上也祇有這二種論證可以直接在本體論中植其基。第四種論證極爲康德所重視，因爲他否定了基於形上學的任何其他論證；實則道德論證的基礎並不很穩固。第二種論證本來應當

❽ 《羅素回憶集》，林衡哲譯，民國五十六年，臺北市，志文出版社；頁三—四。

歸結到第三種。第五種論證雖頗易打動人的情緒，但究竟不能算是重要理由。最大的毛病是，羅素敍述這些論證時，往往語氣中帶着諷刺，譬如說到第五論證，他一開口就說：「還有一個非常離奇的（very curious）道德論證。」說起目的論證時，他說：「它有時以奇特的形式出現；例如有人說兔子有白色的尾巴，其目的是容易被射中。」假使你用這種方式把反對者的論證弄成笑話，不消說，勝利是很容易在你掌握之中了。

現在我們一述羅素所認爲最簡單容易瞭解的第一原因論證。那篇演辭在括號中輕描淡寫地拘劃出它的輪廓：「我人在此世所見的一切，人們認爲都有一個原因，當你一再推究到這一連串原因的後面，你就非走向第一原因不可，而這第一原因，你就稱之爲上帝。」羅素說自己在年靑時，頗爲這個論證所吸引。直至十八歲時，讀到穆勒（John Stuart Mill）自傳中的這句話爲止：「我的父親敎我，『誰造我』這個問題是無法回答的，因爲馬上連接下去的問題是：『誰造上帝？』」羅素認爲穆勒父子衣鉢相傳的這句話揭穿了第一原因的假面具：假使一切都有原因，那末上帝也必須有原因。接着羅素敍述了印度人的笑談：宇宙在象身上，象在烏龜身上，烏龜又在那裏呢❾？

羅素的上述論調表示他對第一原因論證並未深入研究過。其實，這個論證不能以某種認定做出發點，即認定「我人在此世所見的一切，都有一個原因」。眞正的出發點是世間有變動這件事實：世間之有變動存在，除去希臘哲學家巴梅尼得斯（Parmenides）以外，很少有人反對

---

❾ B. Russell, *Why I am not Christian* and Other Essays on Religion and Related Subjects. Edited, with an Appendix on the "Bertrand Russell Case" by Paul Edwards, Simon and Schuster, New York 1957, pp. 3–4.

過。舉幾個眼前的例，這篇文字從一無所有變成現在這個樣子，羅素從幼孩變成老人……這一切都是變動。把變動這件事實加以分析，我人就會得到「潛能」與「實現」二個概念。潛能是任何事件尚未實現以前的「可能實現」境界。例如這篇文字在未寫以前就在「可能實現」而尚未實現的境界，亦即在潛能境界。執筆至此，這篇文字已經有一部份實現了，而一部份尚未實現；也就是說，執筆至此，這篇文字一部份已在現實境界，一部份尚在潛能境界。由潛能走向實現的過程，就是變動。潛能既是實現的可能性，因此對可能實現而尚未實現的事來說，潛能本身祗是可能存在而尚未存在的東西；例如本文未寫以前祗是潛能，也就是說尚未存在，實現以後才真的存在。換句話說，潛能在未實現以前不過是虛無，是一個零。虛無和零自身無法把實在的東西給與別人，它需要已經存在之物的施與。因此潛能必須由已實現之物纔能進入實現境界，這也就是因果原理的形上基礎：變動是由潛能到實現的過程，而潛能必由已實現之物纔能進入實現境界。凡是有變動的一切，都是潛能與實現二者的混合：潛能性越大，實現性越小。譬如這篇文字在未寫以前的潛能性最大，實現性最小。執筆至此，潛能性還很大，因為尚未完全實現，但隨着實現性的增大，潛能性已經減小。這篇文字完竟以後就處在實現境界，潛能性已相對地消失。但絕對說來，還是帶着潛能性，因為寫完以後的這篇文字還可以改善可以補充，而改善與補充的可能性是漫無止境的，因此潛能性也無邊無際，已實現的不過滄海一粟。我人所見的都是有限制的部份實現，這些實現都被潛能所限制。既有潛能性，就需要更高級的實現來完成，也就是說需要更高的原因。唯有純粹的實現才是完美的無限的，不再為任何潛能性所限制，也就是說不需要其他原因。

以上所述，不過是把羅素所輕描淡寫的第一原因論證略微發揮而已，儘可能以最短最簡單的方式來說明。目的祗在於指出，羅素對他所要攻

擊的論證，未必都曾作過深入研究。至於要充分說明第一原因論證的得失所在，當然不是區區短文所做得到的事。

羅素對於靈魂和基督的看法，這裏不願費辭，因為這些問題都不是三言兩語可以解決的。羅素的＜我為什麼不是基督徒＞一文給與人的印象是，他頗有頂天立地的豪氣，對於宇宙的終極問題曾經費了不少時間和精力加以思考。但是由於他在幼年時就對宗教懷着根深蒂固的惡感和成見，他的思想往往不夠精密而多漏洞，而對某些聖經註釋方面的問題，羅素所表示的態度簡直有些輕率。例如他說基督關於地獄的宣講，是後世的人施行酷刑的原因。然而酷刑並不限於接受基督宗教以後的歐洲。假使羅素的話是事實，那末我國及全世界各地自古以來的酷刑又將如何解釋？假使沒有成見，這樣的話，大約不致出於一位哲人口中的吧。羅素甚至敢強調，教會曾經是世間「道德進步」的主要障礙，現在還是如此。他又以為宗教起源於對死的恐懼：他對詹姆士《宗教經驗》及柏格森《二個泉源》這二部名著像煞並未涉獵，或者祇是漫不經心地讀過。

宗教信徒的弱點　除去理性因素以外，羅素之所以反對宗教，往往也由於宗教信徒的某些弱點。羅素的正義感很強烈，一生嫉惡如仇：而宗教徒的某些態度和行徑，的確很足以引起他的反感。上面已提起，他的祖母之過份拘謹和思想的狹隘引起羅素對宗教的惡感。下面我們要提及宗教信徒的其他弱點。

羅素所云宗教阻止人類進步，對整個人類史來說雖是錯誤的說法，但某些個別事實卻也不容否認。例如伽里略和達爾文當代的許多基督徒，的確根據他們對聖經的錯誤解釋而反對地動說和進化論。盲目地追隨傳統原是全人類所共有的弱點，宗教徒不但不能免於這種弱點，反而有變本加厲的趨勢。宗教徒又往往會忘記仁愛的最高戒律，而以強力壓

制異己，也就是沒有寬容精神。中古時代的若干教會人士，甚至曾以酷刑來強迫人就範：他們以為讓人肉體受點苦甚至致人於死命是合理的，因為這樣可拯救靈魂於萬刼不復的境地。宗教徒又往往太注重個人靈魂的得救，而對社會的關心不够。

以宗教徒所懸的崇高理想而言，他們之不免於人類共有的弱點，實在是件值得惋惜的事。這件事實表示，宗教徒是整個人類的一部份，他們也是各個不同時代的產物，隨着時代而變遷而進化。生活在某一時代某一環境中，宗教徒也會沾染那一時代那一環境的優點與缺點。盲從傳統、不寬容、太強調個人得救，以及許多其他惡習，是過去某些時地的產物。例如，就宗教自由這點來說，直到一九六五年梵蒂岡第二次大公會議行將結束時，天主教才正式宣佈人類追求真理時應享受自由，而每個人良心所昭示的宗教行為，不容任何人間權力（包括教會權力）加以命令或禁止（梵蒂岡第二次大公會議宗教自由宣言，臺北市天主教教務協進會印行）。這個問題在歐洲歷史中，應溯源到君士坦丁大帝在三一三年所頒佈的「米蘭詔書」，經過了整整十六個世紀多的漫漫長期，天主教方才完全認可宗教自由的普遍原則（參看《現代學苑月刊》一卷六期王任光著＜從歐洲歷史看宗教自由問題＞）。這件事實充分表示出，宗教徒是隨着時代變遷、進化的。

宗教徒固然也有各時代所有的缺點，但宗教對各時代所起的領導作用和安定力量又豈可否定？羅素因為自幼年就反抗家庭中拘謹的宗教氣氛，所以他有些「數典忘祖」的傾向，否定了基督宗教對歐洲文化的無比貢獻。

私生活　羅素的私人生活可能也影響到他對宗教的怨懟。如所週知，他對性生活是採取絕對放任態度的。他一共離婚三次，結婚了四次：第二次結婚在民國十年訪華以後，第三次在民國廿五年，當時已六十五

歲，第四次在民國四十一年，這時他已是童顏鶴髮的八十歲老翁。這還且可，他公然主張自由通姦：他自己與人通姦，也讓他的太太與人通姦。而他所反對的基督宗教的一貫態度是強調家庭生活和一夫一妻制的，主張婚姻有其社會意義。

八、對若干哲學家的態度

在結束這篇文字以前，我願意略述羅素對幾個重要哲學家的態度，使讀者對他有進一步的認識。

在知識問題中，羅素直接是師承劍橋大學敎授摩爾（C. E. Moore）的見解，間接則受了笛卡兒尤其是柏拉圖的影響。但他所云的「時間以外的宇宙」卻並不完全和柏拉圖的「天上世界」（或稱觀念世界）相同。羅素不願像柏拉圖一般走入極端，他之所以主張「時間以外的宇宙」，祇是要解釋思想對象的實在性。至於這「時間以外的宇宙」究竟以如何方式存在，羅素就不願置問。

關於外界事物的性質，羅素的主張多半採自萊普尼玆的單子論（Monadology）。他在二十八歲時已發表關於萊普尼玆的研究。除去敎過萊普尼玆哲學以外，他之所以對萊普尼玆發生興趣，是因為萊氏是一位大數學家，並且曾經想把哲學數學化。萊普尼玆以外，羅素所受影響最深的是休謨。

上面是幾個羅素所師承的哲學家。現在也來說一個他所蔑視甚至有些憎厭的哲學家，這就是多瑪斯・亞奎那（Thomas Aquinas）。羅素對於中古的士林哲學（或稱經院哲學）一向沒有好感，而多瑪斯・亞奎那正是十三世紀士林哲學的巨子，至今尙有相當潛力。多瑪斯之所以受到許多人重視，是因着他治學態度的嚴密：言必有據，一字一句絕不馬

虎，而說理又非常清晰、細到。他在哲學中的特殊功績，是把古希臘哲學與中古敎父哲學以及阿剌伯哲學諧和地融爲一爐；再以他獨具的慧眼加以周密的評價與系統化。他在哲學中的創造性也許比柏拉圖、亞里斯多德、康德等稍遜一籌，但他繼往開來的功績則非常偉大。對於宗敎信仰與哲學的關係，多瑪斯始終主張二者不但不衝突，而且是相輔相助；但卻並不如羅素所云把宗敎信仰硬生生地放在哲學上面。相反地，在討論哲學問題時，多瑪斯所用的方法是最嚴格的哲學方法，絕不是用宗敎信仰證明哲學理論，再用哲學理論來證明宗敎信仰地來回兜圈子。他堅定主張，凡是用嚴密哲學方法所獲得的眞理，都會與宗敎信仰的基礎不謀而合。當然，每個人的智力都是有限的，多瑪斯也並不例外，因此他的話並非沒有破綻，他的思想也並非登峯造極，不能再有所發揮。但是對西洋哲學若干重要代表人物的著作加以比較，如柏拉圖、亞里斯多德、奧古斯丁、多瑪斯‧亞奎那、笛卡兒、巴斯噶、霍布士、洛克、柏克立、休謨、萊普尼玆、康德等，我委實覺得像多瑪斯‧亞奎那這般的清晰與腳踏實地，眞是不可多得。許多其他哲學家往往辭華而浮，話說了一大篇還摸不到中心思想，而多瑪斯則始終一針見血，你贊成也好，不贊成也好，但他的理由終是清清楚楚擺在你眼前。從文學價值來說，我更喜歡休謨、霍布士、洛克、柏克立等英國哲學家的著作，因爲他們的文筆輕鬆易喻，讀之如吃豆腐，毫不費力（羅素的著作也有這個優點）；但從純粹的哲學觀點來說，那末像多瑪斯那一類的著作就遠勝休謨這一流作品。但是因爲多瑪斯篤信宗敎，今日推許他的人也多半信仰宗敎，相信有關宇宙觀人生觀的確切眞理，並不像羅素一般地懷疑，所以就不合他的胃口。他以爲有宗敎信仰者堅持自己把握住眞理，所以都是極權主義的擁護者；有宗敎信仰的人一旦如握住政權，今日在鐵幕中所實現的，那時又會一一重現。上面我們已指出擁護眞理與極權主義

的不同，所以這裏不必重覆。我們願意讀者注意的是：中古教會有時因為和政治混在一起，因此純粹的宗教信仰問題，竟會鬧到政治圈子中去，由是而釀成監禁處死的慘劇。但這是歐洲中古的人所造成的錯誤，當時的人誰也都是如此(連宗教改革的首領路德也並不例外)，並不限於教會中人，更非宗教的本來面目。羅素因為反對宗教，所以與宗教多少有些關係的東西也不由自主地反對，他對多瑪斯的態度，就是這樣。其實他對士林哲學與多瑪斯・亞奎那卻並沒作過嚴肅的研究。譬如他在婚姻不可分離這個問題對多瑪斯的批評，就充份表現出他並沒好好念過原文，因為他所引＜駁異大全＞第三編第一二二章的兩個論證，並不是討論婚的不可分離，而是討論婚姻的合理性。至於婚姻的不可分離，多瑪斯是在一二三章才討論，其所舉理由甚夥，決不止於「父親對教育子女有用」（因為他比母親更理智；又更有力量，足以用體罰對付子女）一個理由。作者曾不憚煩地細細比較過原文，所以敢大膽指出（見羅素著≪西洋哲學史≫＜多瑪斯＞一章倒數第四段，及多瑪斯著: *Summa Contra Gentiles Lib. III*. Cap. 122, 123.）。

九、對真理與人類的熱愛

羅素的哲學思想不易說清，而且據桑他耶那說，羅素的思想不息地在改變：「他的每一種新著作和每一次新發表的談話，都變換了他過去思想的一部份。」除此以外，羅素在哲學上的成就，可能祇在於提出疑問而不求解答，至少≪羅素傳≫的作者艾倫・伍德是這樣想。羅素在這本傳記的序言中說：「有三種單純而強烈的熱情曾經支配了我的一生：它們是對愛情的渴望、對知識的追求和對受苦受難的人類所懷抱的情不自禁的同情。」

羅素對於男女間愛情的看法似乎太忽視其社會意義，這點上文已經提及，不必再費辭。

但是我人卻不能不敬佩這位九十八高齡纔離開人世的哲人對眞理的熱烈愛好。他從幼年開始就以追求眞理自許，當時他追求的眞理是以數學形式出現，以後他的興趣轉向哲學和政治。假使我們從羅素於一八九五年第一部公諸於世的著作開始，追蹤到他最近的著作，他興趣的廣泛和求知慾之深，實在是值得我人驚奇的 ❿。對於一項他所確信爲眞理的事實，羅素對任何人都不肯屈服，即使因此失去珍貴的友誼也在所不惜。例如第一次世界大戰以後，羅素曾一度成爲社會主義者。但是自從一九二〇年訪問了蘇聯以後，他的信念就完全改觀：從此他抨擊共產主義不遺餘力。第一次大戰時期他因主張和平而進入牢獄，也表現了同一態度。

愛好眞理是否就能免於錯誤呢？那又未必盡然。人由於情緒、習慣等的影響，很難避免成見；這是任何人的弱點。而且天下又豈有盡知一切的人？每個人的知識都有漏洞，因此也就不能免於錯誤。由於英國人傳統的經驗主義，羅素的眼光未免有些偏差。他對眞理的熱愛有時也會帶着一些狂熱和不寬容的色彩。但是這一切不能抹煞羅素愛眞理這一基本事實。

羅素卻不是一個關在象牙寶塔中的哲學家，他對政治和社會問題一向感到濃厚的興趣。這種興趣基於他對整個人類的愛，他衷心希望人類都能度「好的生活」，也就是「爲愛所啓發及爲知識所領導的」生活。他在＜我的信仰＞一文中再三闡明這點。羅素認爲愛包括二種成份，一是在所愛的人或物身上獲得喜悅之感，二是願所愛者幸福。祇是盲目的

---

❿ *The Philosophy of Bertrand Russell*. Edited by Paul Arthur Schilpp, Harper & Row, New York, Evanston and London, 1963, 2 voll.

愛而無知識，往往適足以加害於所愛者。

羅素之希望人類度「好的生活」，並不祇口中說說或在紙上寫寫而已，並且很積極地表現於行動。譬如死前十餘年中，羅素力竭聲嘶地主張廢除核子武器。他雖然還是反對共產極權政治，但是為了要挽救人類於毀滅，曾於一九五七年上書給艾森豪與黑魯曉夫 ⑪。他認為美國參與越戰會引起足以毀滅全人類的第三次世界大戰，因此在斯德哥爾摩模擬法庭，把美國總統詹森判為戰犯。他一生中喜歡過火的特質，於此又復表顯無餘。但是骨子裏我人不容否認，羅素之所以出此下策，是因為他以為必須挽救人類於毀滅的厄運。

臨死前四個月，羅素在德文《Universitas》雜誌（一九六九年十一月份）發表＜人類前途與科學文明＞ ⑫一文，對整個人類當前的命運表示最熱烈的關心。他的結論是：由於科學已把無與倫比的力量交給人類，道德、哲學及宗教過去所昭示的仁愛已不祇是一項義務，而是人類繼續生存的必具條件；否則整個人類會淪於滅亡。這一新的情勢應當促使全人類同舟共濟，互相尊重。

十、對分析哲學的影響

現代分析哲學的特色之一是強調數理或符號邏輯，而羅素正是符號邏輯王國的首號功臣，他和懷海德合著的《數學原理》（一九一○——一三）大大地促進了人類對理則學的知識。上面介紹羅素著作時，曾提及他在一九一四年發表的《我們對外在世界的知識》。羅素在此書中已相信邏輯是哲學研究工作的核心，並認為哲學當應用邏輯分析方法。正

---

⑪*The Basic , Writings of B. Russell, pp.* 726-8.

⑫見＜現代學苑月刊＞第七卷（一九七○）第四期，頁一三三——一三五。

在這時期，羅素第一次在劍橋三一書院和維根斯坦密切接觸。維氏在《邏輯哲學論叢》的序言中就坦白承認，他的思想之大部份是受傅雷格及「他的朋友羅素」二人所引發。當然，這並不表示，羅、維二人的思想完全相同：事實上，羅素不贊成維氏關於不可言喻之奧秘的說法❸，而維根斯坦也不喜歡羅素把 Elementarsatz（基要命題）譯爲 atomic proposition。然而，維氏之強調哲學係利用邏輯方法分析及批判語言的一種活動（Tractatus 4. 112，見本書討論維根斯坦一章），則顯然受羅素影響。

維根斯坦視形上學爲無意義（T. 6.53），視因果關係不存在（T.5. 136, 5.1361），幾乎可以說是重覆休謨的說法。羅素本人雖並未決然接受休謨對因果律的拒絕，但他的態度還是比較靠近休謨❹。

方才所提到《我們對外在世界的知識》一書，另外還對卡納普發生了決定性的影響（請參考本書討論卡納普一章）。維根斯坦對當代分析哲學產生了不可替代的衝擊力量，卡納普則是這一思想運動的中堅份子；而這二人可以說都和羅素有關係：維氏是羅素的得意門生，卡氏則是他的私淑弟子。

然而羅素卻並不對任何形上命題予以否定，也不贊成維根斯坦「哲學非學理」（T. 4.112）的意見；他認爲我人對世界的結構還是知道一點❺。羅素也並不完全同意邏輯經驗論的「一切綜合知識均基於經驗」這個原則。羅素對「綜合知識」（Synthetic knowledge）的消極定義如下：「不是數學及演繹邏輯一部份、而且不能從數學或演繹邏輯的任何的命題演繹出來的命題」。換句話說，「綜合知識」是數學及演繹邏輯以外

❸同書，頁二四六。

❹B. Russell, *History* of Western Philosophy, pp. 641-3.

❺*The Basic Writings* etc., pp. 250-1.

的知識。休謨在《人類理性之探究》一書中早已把思考對象歸為二類，即觀念的關係和實際情況（relations of ideas and matters of fact）⑯。前者即羅素所云屬於數學及演繹邏輯的知識，後者即所謂綜合知識。休謨認為前一類知識與實際情況無關，後一類知識全賴經驗。維根斯坦幾乎完全接受休謨的知識分類，稱前者為「異辭同義」（Tautologie），而稱後者為「事物情況」（Sachverhalt）。卡納普更把經驗知識限於「事物語言」或「物理語言」所能表達的經驗範圍。羅素則久久不願放棄邏輯及數學真理為永恆的想法，一直到八十歲以後始接受維根斯坦的邏輯與數學命題僅「異辭同義」的玩意兒。羅素又認為個別知識來自經驗，但不屬於演繹推理的前題卻未必來自經驗。例如「有些事沒有人經驗到」或「有些物質沒有人知覺到」等命題並非由經驗而知⑰。

羅素本人雖從未完全接受邏輯經驗論或哲學祇有分析語言的功用等觀點，但從這一運動的起源而言，羅素實不愧稱為分析哲學的先驅。

---

⑯David Hume, *An Inquiry Concerning Human Understanding*, p.598.

⑰B. Russell, *Human Knowledge*, Its Scope and Limits, Simon and Schuster, New York 1964, pp. 496-506.

第六章 分析哲學的先知
——維根斯坦

一、緒　言

凡是談到邏輯實證論與分析哲學，維根斯坦（Ludwig J. J. Wittgenstein）是不能不提到的人物。據邏輯實證論大師卡納普（Rudolf Carnap）所云，維氏的思考態度非常特殊。「他的觀點和他對人對問題（甚至理論問題）的態度，與其說屬於一位科學家，倒不如說像具創造力的藝術家；幾乎可以說，他像一位宗教性的先知或神視者。」維根斯坦要說清白己對某一問題的看法時，他的富表現力的臉上浮現出內心的戰闘：他一定要衝破黑暗到達光明。當他終於說出了所要說的答案時，他的那句話斬釘截鐵，就像是「剛製造出的藝術品或神的啓示」一般。這並不是說維根斯坦態度獨斷，而是他內心覺得這是他所「頓悟」的眞理，任何批評或分析都屬多餘❶。

卡納普和維根斯坦二人在「維也納集團」（Wiener Kreis）的討論會中也曾有過數度接觸。他們二人的性格雖似乎有些格格不入，卡納普却坦白承認，除去羅素與傅雷格（Gottlob Frege, 1848-1925）二位哲

---

❶Rudolf Carnap, *Intellectual Autobiography*, in: *The Philosophy of Rudolf Carnap*, P. A. Schilpp (ed), Library of Living Philosophers, The Open Court Publishing Co., Evanston Ⅲ., 1963, pp. 15-26.

學家以外，維根斯坦對他的思想影響最深。

方才已數次用到「分析哲學」「邏輯實證論」二個名詞。正如 Robert R. Ammerman 所說，這二個名詞並非異辭同義，「分析哲學」（Analytic Philosophy 也有人稱之為解析哲學） 從分析語言或概念着手去研究哲學問題。分析哲學家大部份都認為形上學的問題根本無意義，這就是邏輯實證論或邏輯經驗論（Logical Positivism 或 Logical Empiricism）；另一部份則視語言分析與某種形上學之間並無矛盾。後者祇是「語言分析者」（Linguistic Analysts），而非邏輯實證論者❷。卡納普很明顯是邏輯實證論者，維根斯坦一方面也主張邏輯實證論，另一方面似乎也相信人能够和形上領域接觸。

本文先敍述維根斯坦的生平、著作與個性，以後介紹他的二種最重要著作，卽《邏輯哲學論叢》與《哲學研討》。

二、生平、著作及個性

路易‧維根斯坦生於一八八九年，屬猶太血統，祖父從猶太教轉入基督教，是一位毛線商人，首先遷居至維也納❸。父親嘉爾（Karl）意

---

❷Robert R. Ammerman 著：《解析哲學簡史》，《現代學苑月刊》第七卷第三期，五—十三頁。原文見 R. R. Ammerman (ed.): *Classics of Analytic Philosophy*, New York 1965, Introduction.

❸這篇文字關於維根斯坦生平的敍述，除卡納普自傳及 Arne Naess, *Four Modern Philosophers*, (Chicago 1968) 的若干資料以外，以下列書籍為依據：

Norman Malcolm: *Ludwig Wittgenstein, A Memoir, With a Biographical Sketch* by Georg Henrik von Wright, Oxford University Press, New York 1967.

志力極強，幼時對古典教育發生反感，十七歲時竟單身逃至美國。二年後歸維也納，受了短時期的工程師訓練以後，卽加入一座鋼鐵廠作設計師，未幾任經理，十年後成爲一座大鋼鐵工廠的廠長。母親是銀行家的女兒，信天主教；因此路易在天主教會中受洗。他有四個兄弟，三個姊妹，都有很高的天賦。父親酷愛音樂。維也納原是音樂首都，著名音樂家都喜歡和維根斯坦一家往來：Johannes Brahms 卽其中之一。路易的一位兄弟保祿是一位著名的鋼琴家。

　　直至十四歲爲止，路易都在維也納受教育。他對學校的功課興趣不高，對機械顯露出最大興趣。父母遂把他送至林芝（Linz）一所沒有古典課程（指拉丁文希臘文）的中學，讓他專心於數學物理等課。三年後，維根斯坦進入柏林的一所工業專科學校學機械工程。一九〇八至一九一一年，他在英國的曼徹斯特大學研究飛行工程。這時，他的興趣由工業轉向純數學，尤其喜歡研究數學的哲學基礎。新的興趣使他接觸到羅素的數學原理。從英國回奧途中，他大約拜訪了對符號邏輯有決定性貢獻的傅雷格。經傅氏勸導，維根斯坦決定進劍橋大學攻讀哲學。

　　一九一二年初，他進入劍橋的三一書院。羅素敍述他當時對維氏的印象，頗令人發噱❹。羅素覺得維氏很怪，不知道他究竟是天才呢還是神經失常。第一學期終止時，維根斯坦向羅素提出問題：「請告訴我，

―――――――

（續）Norman Malcolm: *L. J. J. Wittgenstein*, in: Paul Edwards (ed.), *Encyclopedia of Philosophy* (New York 1967) Vol. VIII.

K. T. Fann (ed.), *Ludwig Wittgenstein: The Man and His Philosophy*, Dell Publishing Co., New York 1967.

C. A. van Peursen, *Ludwig Wittgenstein: an Introduction to His Philosophy*, Dutton, New York 1970.

❹ Bertrand Russell, *Memoirs of Wittgenstein* in: K. T. Fann (ed.): opus citatum, pp. 31-32.

我是否純粹的白癡?」羅素說自己不知道，而且不知道維氏爲什麼要這樣問。維氏說:「因爲如果我是純粹的白癡，我將成爲飛行員；但是如果不是，我將成爲哲學家」。羅素叫他暑期中寫些哲學題材。第二學期開始時，就把寫好的東西交給羅素；羅素祇看了一句就說:「你不必做飛行員。」維氏專心研究邏輯，不久就有了驚人的進步。他與羅素、摩爾（George E. Moore, 1873-1959）、懷海德（Alfred N. White-head, 1861-1947）三位英國哲學家，很快就做起很精深的討論。同時他開始大規模閱讀哲學著作；出乎他意料之外，他覺得哲學家們「愚蠢、不誠實、錯誤得令人噴飯」。一九一三年底，他在挪威的 Skjol-den 一個農莊中搭一間小屋子，完全與世隔絕，開始著述他的《邏輯哲學論叢》（*Logisch-philosophische Abhandlungen*)。

翌年，第一次世界大戰爆發。維氏自願加入奧地利陸軍。他奉命進入軍官學校，以後曾在東部戰線及底洛爾南部（Süd-Tyrol）砲兵部隊服務。暇時，他繼續思考撰寫他的《論叢》，至一九一八年八月完畢。同年十一月，他成爲意大利人的俘虜；幸虧手稿在他身邊。從 Monte Cassino 附近的集中營，他寫信給羅素；透過外交人員，終於順利地把稿件寄給羅素。

在東部戰線時，維氏在書舖中買了一本托爾斯泰論福音的書，閱後印象極深。在意大利集中營內，他閱讀了福音的標準譯本以後（大約這是第一次過目），據說反而覺得非常失望。

一九一九年，他從集中營被釋放，八月回維也納；急於見到《論叢》問世，遂把手稿交給出版家。他認爲此書已解決了他與羅素一起努力解決的問題。然而，從羅素的信件判斷，他覺得羅素並沒有瞭解他的基本觀念，他甚至怕沒有人會瞭解他。爲了從詳討論此書，一九一九年十二月他們二人相遇於荷蘭。之後，羅素替此書寫了一篇序。一九二〇

年五月，維根斯坦寫信給羅素，指出羅素的序對《論叢》頗多誤解，因此不打算附在一起發表。不久，書商拒絕出版他的書。七月間，維氏寫信給羅素，說自己已無意再採取行動使《論叢》出版，羅素可以隨意處置。一九二一年，德文版在 Wilhelm Oswald 的《自然哲學年鑑》(Annalen der Naturphilosophie) 中問世。翌年，同書加上英文譯本一起在倫敦出版，書名則用拉丁文，稱爲 *Tractatus Logico-Philoso-phicus*, 此書遂以拉丁文名稱傳聞於世。新的英文譯本於一九六一年出版。

　　撰寫《論叢》時，維根斯坦曾應用了一些筆記。這些筆記均已因維氏要求而焚毀，祗有一九一四——一九一六年的三本筆記偶然遺留下來，並於一九六一年與英文譯本一起出版。

　　退伍以後，維根斯坦馬上決定要當小學教員。參加教育訓練班以後，一九二〇年秋天，他就開始在一所鄉村小學中教九歲至十歲的兒童。他與同事相處得不很好，往往抑鬱寡歡。不久他被調到另一鄉村。這裏有一位名叫 Rudolf Koder 的老師是頗有天份的鋼琴家。他們倆往往一起奏樂，渡過許多歡愉的下午：Koder 彈鋼琴，維根斯坦吹豎笛或吹口哨。爲了幫助小學生，一九二四年，維氏編了一本六千至七千字的字典，於一九二六年出版。同年他辭去了教職。

　　父親於一九一三年逝世後，維根斯坦繼承到一筆巨大的遺產。次年夏季，他寫信給《*Der Brenner*》文藝雜誌，請編者把一筆可觀的款子寄贈給需要錢用的奧國詩人及藝術家。里爾克 (Rainer M. Rilke) 與土拉克爾（Georg Trakl）二人就這樣從不知名者獲得了接濟。退伍以後，維氏把全部財產贈給他的二位姊妹。

　　正在維根斯坦安然當鄉村教師的時期，劍橋的一位青年數學兼哲學家蘭姆西（Frank Ramsey）於一九二三年翩然來訪。他剛替《論叢》

寫了評論，非常希望與作者討論一番。蘭姆西發覺維氏的生活極其簡陋。討論時，維根斯坦開始又對問題發生極大興趣，但他認爲自己的頭腦已「不再具伸縮性」，不能再從事哲學工作。他相信沒有人會理解《論叢》一書；但他猜想以後會有人自動發現同樣思想，此人再讀他的書，才會因「吾道不孤」而感到快慰。

辭去小學教師職務以後，維根斯坦曾考慮進入隱修院，並且曾打聽入院的可能性，然而，隱修院院長却勸他自動打消這個主意。一九二六年夏季，他在維也納附近 Hütteldorf 的一座隱修院中當園丁的助手。正在這時，他的一位姊妹委託建築師恩格門 (Paul Engelmann) 替她在維也納造一幢房屋。恩格門原是維根斯坦的朋友，遂請他合作一起建造房子。維氏居然也答應了，二年之間就把心力用在這所建築上，據說式樣非常突出。

約在同一時期，維也納的一位教授石立克 (Moritz Schlick) 深受《論叢》的影響。經過一再的請求，維氏二次參加石氏所創「維也納集團」的討論會。卡納普提及自己與維根斯坦相晤，就是指這件事。

一九二九年一月，維根斯坦終於又重新回到離開已十五年多的劍橋。大學歡迎他提出論文考取博士學位。他把《論叢》當作論文交卷，學校就委派羅素與摩爾 (G. E. Moore) 二人爲口試的主考人。這項考試於六月間完成後，三一書院給了他一份研究補助金。翌年一月，他開始授課；直至一九三六年夏季，他都住在劍橋。然而，一九三〇年開始，維根斯坦思想已轉至另一方向。這時，他特別喜歡讀托爾斯泰、叔本華與李希登貝 (Georg Ch. Lichtenberg, 1742-1799)。他的見地之所以帶悲觀色彩，這大約也是原因之一。同時，他在《論叢》中所堅信的若干觀點，和劍橋的幾位朋友討論以後，已全部搖動。尤其是蘭姆西與斯拉法 (P. Sraffa) 二人，「使他覺得自己像一株割去全部椏枝的

樹」。一九三六年夏季，他再度獨自在挪威鄉村小屋中住了一年，專心撰寫他的《哲學研討》(*Philosophical Investigations*)。一九三七年回到劍橋，二年後，他繼摩爾為劍橋大學哲學教授。

維根斯坦的學生敘述他上課時的情況，頗與卡納普和他討論時所得的印象相似。維氏上課時在苦心尋求問題的解答：他似乎自言自語，與自己的思想交戰着。他的話並不流利，但却極富說服力。臉上的表情十分嚴肅，如臨大敵。

一九三三—三四年，他用英文給學生口述了一些講義；一九三四—三五年又給兩個學生口述了另一些講義。這些用藍色（一九三三—三四年）及棕色（一九三四—三五年）封面裝釘的筆記當時輾轉謄抄，流傳頗廣。一九五八年，《藍色與棕色的書》印行成書，可以作為《哲學研討》的導引。維氏並不很重視《藍色的書》，對《棕色的書》估價較高。

一九三八年三月十二日，希特勒出兵佔據維也納，併吞了奧國，維根斯坦遂取了英國籍。第二次世界大戰時，他覺得自己不應袖手旁觀，竟到倫敦一座醫院去當看門的人；從一九四一年十一月至一九四三年四月，他就在這裏消磨了時間。這時他被調到新堡 (New-Castle) 的王家維克多利亞醫院 (Royal Victoria Infirmary)，在醫務研究實驗室中當一名侍役，一直到一九四四年春天為止。他對醫療問題也如同對哲學問題一般深入思考，使醫生為之驚異不止。

一九四四年，他重新回到劍橋上課，但對教授的地位日益不滿：他甚至想自己祇「播種了一些意義不清的專門名詞」，對世人不但無用，反而有害。他對大學發生很強烈的反感；當教授在他眼中成為一件可怕的事，他稱之為「活着受死」。也許他怕自己會因當教授而在思想上失去活力、自發和誠實。當他的朋友馬爾康 (Norman Malcolm) 被聘

爲普靈斯頓大學講師時，維根斯坦寫信給他，祝他幸運，並警告他，在他這項職務中，「自欺的誘惑將是壓倒性的」。

一九四七年，他終於辭去敎職，遂在愛爾蘭都柏林附近海邊住了幾年，專心著述。一九四九年夏天，他應馬爾康的邀請，去美國 Ithaca 住了三個月。秋季回英國時，醫生發覺他生了癌症。維根斯坦說自己並不難過，因爲他原來就不想再活下去。一九五〇年，他去維也納拜訪親友。以後去牛津住在一位朋友家中；又再度到挪威走了一趟。由於他不喜歡死在醫院裏，一位醫生就請他到家裏住。維氏自知不久於人世，却繼續工作得很緊。他逝世於一九五一年四月二十九日。

上面已說起他的幾本著作，玆列舉如下：

1.《邏輯哲學論叢》，一九一三～一八年寫完，德文於一九二一年發表，翌年德文英文一起問世，稱爲 *Tractatus Logico-Philosophicus*。

2.《一九一四——一六年的筆記》，一九六一年出版，德英文對照。

3.《藍色與棕色的書》（*Blue and Brown Books*），一九三三～三五年口述，一九五八年出版（全部用英文）。

4.《哲學研討》，（*Philosophical Investigations. Philosophische Untersuchungen*），第一及第二部份各於一九三六～四五年及一九四七—四九年所撰。德英文對照，一九五三年問世。

維氏自從一九二九年回劍橋以後至死爲止，寫作甚勤。開始幾年中所寫的，是打字機寫的二巨冊。第二本約八百頁，係一系統著作，一九三〇～三二年所寫，未出版。第一本則是一九二九～三〇年所寫，已經付印，卽：

5.《哲學評述》（*Philosophische Bemerkungen*），發表於一九六四年。

6.《對邏輯形式的評述》(*Some Remarks on Logical Form*)，發表於一九二九年。

7.《倫理學講義》(*A Lecture on Ethics*)，撰寫於一九二九或一九三〇年，發表於一九六五年。

8.《對數學基礎的評論》(*Remarks on the Foundations of Mathematics*)，一九三七～四四年之間所寫，一九五六年出版。

9.《討論美學、心理學及宗教信仰的講義及談話》(*Lectures and Conversations on Aesthetics, Psychology and Religious Belief*)，一九三八年講述，一九六七年編印。

10.《片斷》(*Zettel*)，其中一部份於一九二九年所寫，最後是一九四八年八月。大部份是一九四五～四八年之間所口述。發表於一九六七年，德英文對照。

11.《論確實》(*Über Gewissheit*)，此書是維根斯坦去美國時，因好友馬爾康建議而寫的，成書時間大約在一九四九年底至一九五一年四月之間。維氏在稿件中所記最後日期為一九五一年四月二十七日，即他死前二天。

上面我們已從他的生平約略窺見維氏的性格：這是很不平凡的哲學家的典型。他不但與常人不同，而且和我們所知的其他哲學家相比，也非常突出。最令人傾心的，是他絕對缺乏任何野心，真像是不食人間煙火的人：既不求名，也不求利。他之不求名利，完全是誠於中形於外，把豐厚的產業送給別人，甘心當鄉村小學教師，當園丁助手，甚至以大學教授身份去做門房，做實驗室侍役。他自己當過戰俘，因此在第二次大戰時，他特別關切劍橋外圍的德國戰俘。他得到准許與俘虜的代表談話，以後還替他們置辦了一些樂器。他覺得自己必須替別人服務，職務高低榮辱，真的毫不計較。甚至連劍橋大學的博士學位，也不是他自己

要的。他的唯一興趣似乎就是藝術和眞理；而這一切似乎都出之他的天性，一絲不加勉強。這樣高貴的性格，實在是很少見的。他不像沙特那樣追求著作家的榮譽，不像黑格爾那樣喜往上爬，愛好舒適富足的生活，不像康德、齊克果、叔本華那樣祇知冥思而不做別的事；最後這點可以說是大哲學家所不可避免的通病，而維根斯坦却並不如此。

依他的天資和家境而言，維根斯坦本來可以說是幸運的天之驕子。然而，他却坦白向人承認，他的幼年青年時代非常痛苦。可能這是因爲他父母的個性都太強，太忙於事業及社會交際，而不理解子女的個性。他在劍橋求學時有一位好友品森（David H. Pinsent），曾和他一起赴冰島及挪威渡假；維根斯坦的《論叢》卽獻給品森。他告訴品森說，和羅素一起研究哲學是他的救星；以前幾年中，幾乎每天想自己會自殺。他以後喜歡讀叔本華，傾向悲觀主義，可能都是幼年、青年時期種的種籽。

卡納普說維根斯坦像一個藝術家。事實上維氏具有音樂天份，本來就很有藝術家的氣質。他與品森的友誼卽起源於音樂；他們二人熟悉四十首舒伯特的歌曲，二人常常一起奏樂；旋律由維根斯坦吹口哨或吹豎笛，品森則用鋼琴伴奏。品森在大戰時陣亡，維氏遂在《論叢》前面冠以「紀念我的朋友大衞‧H‧品森」等字樣。要如卡納普觀察準確的話，維根斯坦的感情生活與理性生活之間有很強烈的內在衝突。理性方面他認爲宗教與形上學的許多陳述是無意義的，感情方面他愛好宗教與形上學。《論叢》中所提到的「神秘之物」（das Mystische）及「不可言喻者」（Unaussprechliches, 6.522）卽形上學的代名詞。卡納普說他自己與石立克對形上學絲毫沒有好感，因此否定它毫無遺憾；維根斯坦却完全不同❺。

卡納普的觀察很可能合乎事實。維根斯坦的生活方式就與否定形上

---

❺Rudolf Carnap, *Intell. Autobiography*, p. 27.

觀念的實證論 態度不相調和。 他對宗教信仰的 要求似乎超過一般人以上, 他所要求的不是浮泛的基於理性推理的信仰, 而是一種「存在的眞實」和「誠」。維根斯坦的下面這句話很能表顯他的眞態度: 「假使我們有信仰, 在若干情況中我們一再訴諸某些理由, 但同時我們冒險得很少——要如爲了這信仰需要對生命作冒險的話。……我們如何能對不同心境作比較呢? …… 第一, 你所說的話是否可以作爲堅強信仰的尺度呢? 然而, 舉例說, 你會接受什麼冒險呢?」的確, 維根斯坦始終是爲了一種他所堅信的理想而生活。幾乎可以說, 他存在地肯定了道德的至高價值❻, 並因此肯定了形上和宗教的價值。但是他從羅素所接受的實證論, 却使他的理性否定上述價值。這內心的尖銳衝突可能是維根斯坦一生的最大悲劇。

三、《邏輯哲學論叢》

《邏輯哲學論叢》(下面簡稱《論叢》)原是維根斯坦的處女作: 他開始寫這本書時, 還祇是正式研究哲學的第二年。維氏在序文中對這本書所持的態度, 一方面似乎一無所求: 唯一目的是讓那曾有這些或類似思想的人看了稱心滿意。另一方面, 這本小書幾乎是對整個哲學的宣戰書, 更好說是宣告哲學死亡的喪鐘: 「哲學問題的提出基於言語之邏輯的誤解。……可說的東西, 可以清楚說出: 不可說的東西, 我人應三緘其口。」他認爲語言已替我們的思想判定界限: 「界限以外的根本不屬於意義範圍」。他用這句話幾乎否定了整個哲學的意義。他並且想這

❻L. Wittgenstein, *Lectures and Conversations on Aesthetics, Psychology and Religious Belief*. Berkeley and Los Angeles 1967, p. 54. 關於存在眞理, 請參考本書第十四章。

本小冊子的思想具有決定性，不可修改；以為已把哲學的基本問題徹底解決❼。

維根斯坦一九二九年重回劍橋以後，對≪論叢≫不但已採批判態度，而且發展出截然不同的一套新思想。可是，維氏在≪論叢≫序文中所說的中心思想，已被「維也納集團」及劍橋大學的哲學界人士無條件接受。因此稱≪論叢≫為分析哲學的經典著作，實非過言。

現在讓我們對這本艱澀的小書內容加以分析介紹。維根斯坦在這本書中採用十進法代替章節。全書用七個號碼分成七章，但長短懸殊：第一章祇有七句，第七章則以一句了事。每個號碼可附加解釋的號碼，這附加號碼的句子再可以有解釋子句，餘類推；維氏此書中最長的號碼是六位數字。例如第一章首句的號碼是 1，一句有二個解釋句，即 1.1、1.2; 1.1 有三個解釋子句，各冠以 1.11、1.12、1.13。1.2 則祇有一個子句，即 1.21。下面我們引用≪論叢≫時，即在括號中寫出相應的號碼。

1. 世 界

≪論叢≫開天闢地就說：「凡是實況的一切，就是世界」(Die Welt ist alles, was der Fall ist, 1)。依照權威性的 Duden 德文字典，Fall 可指情形、降下、次數，也可指實況 (Tatbestand)。≪論叢≫第一句中的 Fall 則以譯為「實況」為佳。英文譯為 Case，依舊令人莫名其妙。≪一九一四——一六年的筆記≫中的 Fall 一字，似乎也都可譯為「實況」❽。

什麼是「實況」呢？答案是：「全部事實 (die Gesamtheit der

---

❼L. W., *Tractatus Logico-Philosophicus*, Routledge and Kegan Paul, London 1963.

❽L. W., *Notebooks 1914-1916*, Blackwell, Oxford 1961, pp. 5,51.

Tatsachen）決定什麼是實況，什麼不是實況」（1.12）。另一句話的意思大同小異：「世界可分成（許多）事實」（1.2）。

維根斯坦立刻又解釋「實況」與「事實」二詞：那就是「事物情況的實在」（Bestehen von Sachverhalten, 2），「事物情況」則是「對象之連接」（Verbindung von Gegentänden, 2.01）。對象不能與空間（Raum）分開（2.013）。

世間的對象未必互相連接，例如手錶可能在或不在我的手臂上；因此事物情況可能是實在或不實在。實在與不實在的「事物情況」加在一起，維氏稱之為「實際」（Wirklichkeit, 2.06），而「實在的事物情況之全部就是世界」（2.04）；「世界卽實際的全部」（2.063）。

唯心的氣息　到此爲止，維根斯坦的「世界」可以說完全是客觀的。然而，《論叢》的後面部份頗不乏視世界爲主觀的說法。例如「世界是我的世界」（Die Welt＝meine Welt, 5.62, 5.641），「我是我的世界」（5.63）。這兩句話的意思大約是：我之能够知道實在的「事物情況」及「實際」，是因爲有我。但這個作爲主體的我，照維根斯坦的說法，並不屬於「世界」，而是「世界的界限」（Grenze der Welt, 5.632）。這句話相當費解，主觀的意味非常濃厚；主體不屬於「世界」，因爲主體觀察世界以內的「實際」，但這所謂「實際」又不能擺脫「我的世界」。這裏的維根斯坦幾乎有些像主張「一切唯心所造」的柏克立（G. Berkeley）。

維氏用「實況」、「全部事實」、「實在的事物情況之全部」、「實際的全部」這些大同小異的名詞解釋「世界」，令人感到煩瑣無比。可能，這和他所主張的「圖像」理論有關。然而，究竟世界是否獨立的呢？這樣的問題，也許維根斯坦說是屬於不可言喻之「奧秘」的範圍（6.45）。但他也明顯說過：「死亡時世界並不變化，而是停止」（6.431）。這似乎

是說：我一死亡，「我的世界」也就停止，其他一切則輪不到我去管。

2. 圖　像

圖像理論的重要　據馮・賴特（G.H. von Wright）的維氏傳記所敍述，維根斯坦在第一次大戰時獲得圖像（Bild）這一理論的構想。有一次他翻閱雜誌，見到解釋某處摩托車出事的一幅圖。驟然他領悟，那些圖原來就是句子或命題（Satz），表示發生了什麼事情❾。圖像理論在《論叢》中所佔的位置非常重要：幾乎可以說，全書以此為骨幹。維氏在《筆記》中說自己的「全部任務在於剖析命題的本質。這就是說，講出一切事實的本質，而命題卽事實的圖像」❿。因此從第二章後半截開始至第六章，維氏所討論的題材幾乎都與圖像有關。試譯其重要命題如下：

1.2.我們替自己造成事實的圖像。

3.事實的邏輯圖像就是思想。

4.思想卽有意義的命題。

5.命題是基要命題的眞理函數（Wahrheitsfunktion der Elementarsätze）。

6.眞理函數的普遍形式是：$[\bar{p}, \bar{\xi}, N(\bar{\xi})]$

上面這五句的後面三句討論命題，命題代表思想，而思想就是事實的圖像。卽此可見圖像在《論叢》中所佔的位置。現在我們介紹維氏對圖像的看法：

圖像反映實際　《論叢》中的「世界」由「事實」所組成，「事實」是「事物情況的實在」，「事物情況」是「對象之聯接」，具見上

❾Arne Naess, *Four Modern Philosophers,* Chicago 1968, p. 84.

❿L. W., *Notebooks*, p. 39.

文。我們替自己所造的圖像，卽在邏輯領域中反映出對象之間的關係 (2.13, 2.14)，反映出「事物情況」是否實在(2.11)；總之，「圖像卽實際的模型」(2.1)。

既然如此，圖像所描寫之物當然應當與事實相同 (2.16)，而圖像和所描寫之物自應有共同性 (2.161)，這共同性就是「描寫的形式」(Form der Abbildung, 2.17)，亦卽「邏輯形式」、「實際情形」或「邏輯圖像」(2.18, 2.181, 2.182)。

圖像既反映實際，因此它可能表示實在或不在的「事物情況」(2.201)，換言之，視其是否反映實際，圖像可能是正確或不正確，真實或錯誤 (2.21)。圖像自身則祇代表「描寫的形式」(2.22)，亦卽它的意義 (Sinn, 2.221)；從它自身不能知道它的真僞 (2.224)。

兩種意義 這裏所說的真僞，明顯地指點是否與「實在的事物情況」相符；因此是指傅雷格所云的 Bedeutung。傅氏稱字面的意義爲 Sinn，稱所指的事物爲 Bedcutung。例如「晨星」與「晚星」的字面意義不同，但所指的事物相同，卽金星。有的名詞本身有意義，但所指的事物並不存在，這樣的名詞就只有 Sinn 而無 Bedeutung。例如「中國皇帝」是有意義而且下無所指的名詞❶。維根斯坦在≪論叢≫中所用的「意義」一詞，却不像傅氏那樣一目了然：他用 Sinn 一個字代表傅氏的兩種用法，因此有時未免混淆不清。最明顯的例子是他用 sinnlos 示一個句子所指的「事物情況」不實在，可以譯爲「無意義」；他又用 unsinnig 表示一個命題由於不懂「言語的邏輯」而不屬於意義範圍，可以譯爲「非意義」或「不屬於意義」。

3. 思 想

---

❶Arne Naess *Four Modern Philosophers*, p. 77.

　　上面已提及第三章的首句：「事實的邏輯圖像就是思想」。「邏輯圖像」一詞表示此句所云的圖像並不指外面的圖像。明瞭這點以後，可以把上句簡化成：「事實的圖像就是思想」。因此上文有關圖像所說的一切，一律可以應用於思想。

　　《論叢》中討論思想部份，一共祇包括十個小節，其論點頗接近西洋哲學中的傳統觀念。譬如說：「思想包括所思事物情勢（Sachlage）的可能性。可思想的，也就是可能的」（3.02）；「我們不可能想出不邏輯的東西」（3.03）；「可能性決定其眞實性的思想，纔是先驗地正確的思想」（3.04）。最後這一句簡直有些安瑟倫的口吻。

4. 命　題

　　一如上文所言，維氏視剖析命題爲其整個任務。我們也已見到「思想卽有意義的命題」這句話。另一句話也許更具體一些：「思想在命題中以可感覺方式表達自己」（3.1）。因此，在討論命題時，以上關於圖像及思想所說的一切全部適用。

　　命題既是用可感覺方式表達自己的思想，因此也就有聲音、文字及其他符號所造成的種種命題（3.11）。無論在怎麼樣的命題裏，祇有事實（事物間彼此的關係）表達出意義來，代表個別事物的名詞則否（3.142）。譬如一幅圖中如有椅、桌、書籍等，用以表達它們的名詞還不能形成句子的意義；事物之間的關係才表達出命題的意義（3.1431）。維氏這句話的意思與另一句連在一起才相得益彰：「祇有命題有意義（Sinn）；與命題連在一起，名詞才有意義（Bedeutung）。」這裏，維根斯坦所用的二個德文字，似乎都是「有所指」（英文通常稱爲 reference）的意思，並沒有像傅雷格那樣劃清二字的意思。

　　一個字在命題裏往往有不同的表示：例如 ist 可以表示主詞與賓詞

間的繫動詞，也可以表示相等，又可以表示一件事物的實在（3.323）。
維根斯坦認爲整個哲學中充斥着許多最基本的混淆（3.324），因爲表面
相同的一個字，可能具有不同符號的功能，就如上面所說的 ist，又如
Grün ist grün 這句中的第一字是人名，第三字是形容詞：這兩個字因
此是不同的符號，不僅具有不同意義。維氏因此希望有一種「邏輯語法」
（Logische Syntax），其規則會使人弄清每個記號指示什麼（3.334），
他甚至希望有一種合乎「邏輯語法」的「記號語言」（3.325）。卡納普
大約因受維氏影響才寫了二本專門討論「邏輯語法」的著作。

5. 語言與哲學問題

《論叢》對語言的剖析也從「圖像」──「思想」──「有意義的
命題」一氣呵成；「全部命題就是語言」（4.001）。語言的目的是表達思
想；但是正如同我們發音時自己不知道如何發出這樣的音，同樣地，我
們也不能直接弄清語言的邏輯。這一來，語言往往會使思想僞裝起來；
語言的外形往往不能表達原意（4.002）。準此，維根斯坦作了下面這些
革命性的肯定，替「邏輯實證論」及「語言分析」奠定了基礎：他認爲
哲學的「大多數命題及問題並非錯誤，而是不屬於意義（unsinnig）。
因此我們不能答覆這類問題，而祗能指出它們的非意義性。哲學家們的
大多數問題及命題均由於不懂語言的邏輯」（4.003）。「一切哲學都是
『語言批判』。……羅素的貢獻在於指出，命題的表面邏輯形式未必是
眞的形式」（4.0031）。「如果有人要說一些形上的東西，應指出他語句
中的若干記號沒有意義」（6.53）。

維根斯坦的這些大原則，可能有人會指責缺乏根據，因爲他不曾而
且不能證明哲學的「大多數」命題及問題都不屬於意義；「哲學祗是語
言批判」這句話也同樣地沒有根據。維氏似乎有先見之明，因此他用以

下這些話劃定「眞實命題」(Die Gesamtheit der wahren Sätze) 的範圍: 「命題描寫事物情況的實在與不實在」(4.1)。「眞實命題的全部卽全部自然科學 (或各種自然科學的全部)」(4.11)。「哲學並非自然科學之一」(4.111)。換言之, 維根斯坦認爲唯有自然科學能說出事物間的關係是否實在, 而哲學對此則無能爲力; 這樣它就不能不以「語言批判」爲自己的固有領域;「哲學並非學理 (Lehre), 而係一種活動」(4.112), 也就是指語言批判的活動。哲學的任務是在自然科學領域發生爭辯時予以定奪 (4.113), 從內部劃定可思可言的範圍, 從而圈定什麼屬於不可思不可言的領域 (4.114, 4.115)。可思可言的東西能够清楚想出說出 (4.116), 不可言的東西則祇能因表達可言之物而表顯出(4.115)。

我們以後會說到, 後期的維根斯坦自己也認爲《論叢》對語言的看法太鑽牛角尖。語言中的眞實命題難道只限於自然科學? 日常生活中, 難道我們無法見到事物情況的是否實在? 哲學思考之多半命題難道眞如同維氏所說是無的放矢? 哲學的對象不像自然科學的對象一般可以看、聽、觸到, 也不能利用統計數字來表達, 這是眞的; 但事物間的關係難道就祇限於可感覺的範圍? 事物究竟又是什麼呢? 什麼是對象 (Gegenstand) 呢?維根斯坦祇在《論叢》開始時說「事物情況」即「對象之連接」, 並未說出「對象是什麼」這一類基本問題。他對哲學的看法因此也未免囫圇吞棗, 沒有作更切實的思考。用維根斯坦自己的說法, 他用字就陷於混淆; 他說「命題描寫事物情況的實在與不實在」, 這句話中的「事物情況」是全稱的, 指所有事物情況; 接着的一句馬上毫無理由地把眞實的「事物情況」限於自然科學。後面的一句既非前一句的「眞理函數」(見下文), 亦非「反映實際」的自然科學所揭示的「圖像」。

6. 符號邏輯

自然科學所揭示的眞實命題，維根斯坦都包括在「基要命題」裏面：「最簡單的命題，卽基要命題（Elementarsatz），肯定事物情況的實在」（4.21）；因此，「說出全部眞實的基要命題，亦卽完整地描寫了世界」（4.26）。

除去這些「眞實命題」以外，還有一些命題祇說出「眞實可能性」（Wahrheitsmöglichkeiten），也就是符號邏輯中的命題。我們用 p、q、r 代表三個基要命題；如果只有 p 句，那末它的眞實可能性有二個，卽眞與假；p、q 二句的眞實可能性就有四個，p、q、r 三句的眞實可能性有八個，如下圖（4.31）：

p	眞	假

q	眞	眞	假	假
p	眞	假	眞	假

r	眞	眞	眞	假	眞	假	假	假
q	眞	眞	假	眞	假	眞	假	假
p	眞	假	眞	眞	假	假	眞	假

符號邏輯中的命題不必描寫「事物情況」，而祇需符合抽象的「眞實可能性」（4.4）；這時的命題祇是「眞實條件的表現」（Ausdruck seiner Wahrheitsbedingungen, 4.431）；這樣的命題或者是恆眞式（Tautologie），或者是矛盾式（Kontradiktion）：前者在任何條件（卽無論代入什麼變項）下都眞，例如～(p・～p)；後者在任何條件下都假，例如 p・～p（4.46）。恆眞式與矛盾式的命題是無意義的（4.461），因爲指不出「事物情況」（4.462），但不是非意義的，因爲它們是符號（4.4611）。

7. 眞理函數

數學中的函數（Function）的意思如下：一個式中的變數如果由另一個或多數個變數所決定時就是函數。例如：

$y = 5x - 1$ 則 y 卽 x 之函數，因為 y 的值由 x 所決定：x 是 1 時，y 是 6；x 是 2 時，y 是11；餘類推。又如：

$z = 3x + 2y - 1$　　　則 z 卽 x、y 之函數。

邏輯學中的複合或否定命題的眞理值也是由原來命題（維氏所稱的基要命題）所決定，因此也稱為眞理函數（Wahrheitsfunktion）。可由下列二表表達之：

q	p	q 和 p
眞	眞	眞
眞	假	假
假	眞	假
假	假	假

p	非 p
眞	假
假	眞

左表的意思是：複合命題「p 和 q」係 p、q 二命題的眞理函數。右表則指：「非 p」是 p 命題的眞理函數❷。

維根斯坦說「命題是基要命題的眞理函數」(5)就是指上面這些事實。接着他說：「基要命題是命題之眞理論證」(5.01)。既然如此，不消說，眞理的推演卽在於從基要命題獲得眞理函數（5.3）。維根斯坦而且還寫下一個「眞理函數的普遍形式，卽〔$\bar{p}$，$\bar{\xi}$，N($\bar{\xi}$)〕(6)。羅素在此書引言中（xv）對這公式加以解釋：p 代表一切基要命題，$\bar{\xi}$ 表示從上述基要命題隨意選擇的一系列命題，N($\bar{\xi}$) 表示這一系列命題的否定。據羅素的解釋，這一公式所代表的事實是，有了基要命題，其他肯定與否定命題均可造成。

在第五第六章中，維氏討論了許多符號邏輯的專門問題，這裏不必介紹。我們祗願意提及他對邏輯命題的基本觀念：邏輯命題描寫世界的骨架（das Gerüst der Welt），而不涉及世界之是否如此。邏輯命題假

❷A. H. Basson and D. J. O'Connor 著（張景松譯）：＜符號邏輯＞，臺北市廣文書局，民國五十四年六月初版，上册二六—二九頁。

定名詞與基要命題都具意義（6.123, 6.124）。邏輯學的命題本身沒有實際內容（6.1, 6.11），但它「所研究的是普遍規律，邏輯以外一切是偶然」（6.3）。連「明天太陽會出來」也祇是一個假設：我們不知太陽究竟會不會出來（6.36311）。由於一件事的發生，未必就會發生另一件事，這樣的必然性並不存在；這也就是說因果律並不存在，相信因果關係是一種迷信（5.136, 5.1361）。唯一的必然性祇在邏輯中出現（6.37）。所謂自然律祇不過是錯覺而已（6.371）。

維氏之所以否定自然律和因果律，大約是受羅素及休謨影響。如所週知，休謨以習慣解釋因果律，也就是用心理因素去解釋；維氏也以類似方式解釋歸納過程（6.3631）。

8. 奧　秘

上面一切可以總括成下面幾句話：維根斯坦認為我人能夠對世界的事物關係獲得圖像，而圖像就是思想，思想則以命題表達出來。這樣的命題既反映實在的事物情況，所以是有意義的。邏輯命題（《數學是邏輯的一種方法》 6.234）則並不反映事實，而祇表達抽象的「真理可能性」；這樣的命題既是異辭同義，因此是無意義的；但因它們是表達「真理可能性」的符號，所以並不是非意義的。表達實在事物情況的圖像及命題與邏輯命題都是語言的範圍，我人可以清楚地想到並且說出（4.116）。在語言範圍以外的東西，就祇能被表顯出（4.115）；可表顯出的東西，不能用語言說出（4.1212）。這種不可言喻的東西，維氏稱為奧秘（das Mystische, 6.522）。維根斯坦認為世界的實在就是一個奧秘（Nicht *wie* die Welt ist das Mystische, sondern *dass* sie ist, 6.44），世界為有限制的整體之感覺也是一個奧秘（6.45）。視世界為「有限制的整體」大約與斯比諾撒的思想有關係，因為維氏同時用了「在永

恆形式之下」(Sub specie aeterni) 這句話; 他也許把世界視爲斯比諾撒式的自立體 (Die Substanz ist das, was unabhängig von dem, was der Fall ist, besteht, 2.024)。無論如何, 這一切都屬於奧秘的領域。同樣地, 倫理與審美也屬於不可言喻的奧秘範圍 (6.421)。宗教當然在這領域之中, 因此他在一九二九年曾說, 他很能够想像一種什麼話也不說的宗教⓭; 但他似乎並未聽說過禪宗。

維根斯坦具有極豐富的審美禀賦, 他的一生也顯示, 他的責任感與道德意識非常強烈。因此他所說的奧秘決不表示虛無縹緲, 而是表示一種不可言喻的特殊領域。也許這奧秘領域與雅士培所說的「包圍者」(das Umgreifende) 相似⓮。無論如何, 奧秘決不代表上帝, 因爲維氏在《筆記》中說得很清楚: 我們覺得自己是從屬的; 我人所從屬者, 可以稱之爲上帝。「就這一意義而言, 上帝不過是命運, 或是——實際上是一樣——不從屬於我們的意志的世界。」接着他又說: 「上帝有兩個: 世界及我的獨立的我。」⓯這裏, 很明顯地可看到叔本華的痕跡。維氏覺得願望的主體是實在的, 而且是極深的奧秘: 「我用客觀態度面對一切。面對我自己則不然⓰。」筆記又表示, 《論叢》的作者感覺到「對奧秘的衝動」(Der Trieb zum Mystischen): 他深深體會到, 即使科學的問題全部解決, 「我們的問題還根本不曾碰到」⓱。根據上述一切, 我們可以肯定, 《論叢》中所說的奧秘實在就是形上領域, 祇不

⓭ C. A. van Peursen, *L. Wittgenstein: an Introductory to His Philosophy,* p. 22.

⓮ Karl Jaspers, *Einführung in die Philosophie,* Piper, München 1969, S. 30.

⓯ L. W.: *Notebooks,* S. 74.

⓰ 同書, 八十頁。

⓱ 同書, 五一頁。

過他以爲這領域不可言喩而已。

四、《哲學研討》

維根斯坦在序言中說這是他十六年(一九三〇——一九四五)思考教學的結晶。他的好友馬爾康指出，《哲學研討》中的若干思想，已經被他的一些學生剽竊，儘自發表。而那些已發表的東西，往往又誤解、沖淡或支割了他的思想。他又怕以後也許有人以爲是他抄襲別人的吐餘，曾鄭重其事地要求馬爾康替他辯護。這些不愉快的事幾乎逼迫他提早出版此書，然而，結果他仍決定等他死後才發表⑱。

上面我們曾經提到，一九三〇年，維氏與蘭姆西、斯拉法二人討論結果，改變了《論叢》中的幾個重要觀點。他的初步思考結果可以見之於《藍色與棕色的書》。《哲學研討》則可以說是維氏的成熟之作。其實他並未否定《論叢》的基本看法，祇不過視《論叢》所討論的語言爲許多「語言遊戲」(Sprachspiele) 之中的一種。此書分上下二部份：上部份分成六九三節，各節之間有的互相連貫，有的毫無關係；下部份則分成長短相差極大的十四節。引用上部份時，我們將寫出各節號碼，下部份則祇寫頁數。

對《論叢》的批判　維根斯坦很巧妙地引用聖奧古斯丁懺悔錄的一段話，作爲此書的開場白：「當他們（成人）稱呼一件事物，又依此聲移動身體至這件事物時，我看着就認爲他們所發出的聲音表示他們所要指點的事物。……這樣我多次聽到各不同語句中不同部份的單字，慢慢

---

⑱N. Malcolm, *Ludwig Wittgenstien*, A Memoir, p. 58.
L. W., *Philosophical Investigations* (*Philosophische Untersuchungen*), Basil Blackwell, Oxford 1958, ix-x.

學會這些單字是什麼事物的符號……。」奧古斯丁在這裏回憶自己如何牙牙學語，如何透過語言的運用而進入「風雨飄搖的人生社會中」⑲。

　　維根斯坦之所以引用這段話，重點完全在「單字……事物的符號」(Verba……rerum signa) 這幾個字。他在第三節中馬上說：「奧古斯丁描寫的，我們可以說，是理解的一種系統；祇不過我人所稱的語言並不都是這個系統。……這正如有人聲明：『遊戲卽依照某種規律把一些事物在平面上移動……』──我們會回答：你所想的似乎是走棋的遊戲；但這並非一切遊戲。」

　　其實，把任何語言都視爲事物的符號，正是維氏自己在《論叢》中的立場。試重溫《論叢》的說法：世界是構成全部事實的「實況」，「我們人替自己造成事實的圖像」，「事實的邏輯圖像就是思想」，「思想卽有意義的命題」，而「全部命題就是語言」(Tractatus 1, 2, 1, 3 4, 4.001)；歸根結底，可以說語言卽事實的圖像。不寧唯是，《論叢》中的維氏還主張有一切命題所共有的「邏輯常數」，亦卽構成「命題之本質」的「普遍之命題形式」(die allgemeine Satzform)；「說出命題之本質卽說出一切描寫的本質，也就是說出世界的本質」(Tractatus 5.47, 5.471, 5.4711)。語言旣是全部命題，而命題之本質卽「描寫的本質」及「世界的本質」，也就等於說語言祇有描寫、反映事實的唯一功能。

　　不消說，《哲學研討》中的維根斯坦否定了以前的「普遍之命題形式」，祇承認語言間「家屬的相似」(§65，以後再解釋這名詞的意義)。視一切命題爲事實的圖像，現在被譏爲視走棋爲世間唯一遊戲。但如視邏輯語言爲語言遊戲之一，其本身當然尚不失爲一種「語言遊

───────────

⑲S. Aurelii Augustini, *Confessionum Libri XIII,* Societa Editrice Internazionale, Torino 1949, 1/8, pp. 17-18.

戲」。就這一點來說，《哲學研討》並未取消《論叢》，而是包括《論叢》❷。

語言是生活方式　文法上結構相同的句子實際所表達的意義可能全不同：例如「今天的天氣不是很好嗎？」文法上說來是疑問句，實際却不是；「你要做這件事嗎？」文法上也是疑問句，實際可能是命令句；當然還有眞表示疑問的疑問句。「你明天做這件事」並不是預言，而是命令；同樣的意義可以用不同的文法結構來表示（§21）。正如遊戲有許多種，同樣地，語言也有許多種。「語言遊戲」這名詞要強調的是，語言是活動的一部份（ein Teil der Tätigkeit），或者是一種「生活方式」（Lebensform）。生活旣是多方面的，語言遊戲也就有許多種；維氏指出二十三種，包括：命令、執行命令、報告、假設、表演、歌唱、開玩笑、講故事、翻譯、請求、感謝、咀咒、問安等等（§23）。

因此，實際生活上的用途決定一個字在語言中的意義（Die Bedeutung eines Wortes ist sein Gebrauch in der Sprache, §43）。但在實際生活上，言語的意義未必確定（§71），正如同遊戲也未必有一定的規則；卽使有規則，也可以隨時變更，例如我們在遊戲時，一回兒可以把皮球漫無計劃地向上丟，一回兒把球投向別人身上開玩笑（§83）。語言也是如此，沒有不變的規律。語言未必代表「實況」，未必反映「世界」，因爲我人可以思想一種非「實況」的東西（§§95, 96）。語言與語言之間，充其量祗能够說有親屬關係，也就是家屬的相似（Familienähnlichkeiten, §67）。維氏對「家屬的相似」作如下解釋：家屬中人一部份可能在面容上相似，另一部份走路態度相似……，

---

❷N. Malcolm, *Wittgenstein's Philosophical Investigations,* in: George Pitcher (ed.): Wittgenstein, *The Philosophical Investigations,* Doubleday, New York 1966, pp. 91-92.

大家所相似之處各各不同。遊戲也是如此：走棋、玩牌、玩皮球、賭博……都稱爲遊戲，但彼此性質很不相同。這種交錯的相似，維根斯坦稱之爲「家屬的相似」。

理論上我們可能認爲數學語言的確切性很高。但在實際生活上，一個人頭痛可能是同樣確切的一件事，雖然我們擧不出數學式的理由（二二四頁）。「什麼事也不能使我把手放入火中」，因爲我相信過去發生的事（火會灼痛），現在也會發生；我對這事完全堅信無疑（§§473, 474），根本不需要什麼理由（§477，請參閱上文第三節之7「眞理函數」）。因此「語言遊戲」不能限於邏輯思考，而應當視爲一種「生活方式」。維氏又說語言是工具，是興趣的表現，同時操縱我們的興趣（§§569, 570）。

語言的蠱惑與哲學 維根斯坦視語言爲一種「生活方式」的看法非常重要，對他後期的整個哲學思考都發生影響。「語言（或思想）是一種奇特的東西」，他以爲這句話是由文法所引起的迷信；哲學中許多「深不可測」的問題卽由文法的迷惑所產生（§§110, 111），因此祇需要描寫每句語言的眞性質，許多問題都會迎刃而解。維氏認爲「哲學就是反對理智受語言蠱惑的鬥爭」（Die Philosophie ist ein Kampf gegen die Verhexung unsres Verstandes durch die Mittel unserer Sprache, § 109）。

怎樣能避免語言的蠱惑呢？維根斯坦的答覆很簡單：「我們要在應用語言的知識上造成秩序：一種針對某一目標的秩序，許多可能秩序中的一種，而不是獨一無二的秩序」（§132）。他的意思是：語言既是生活方式，必須透過具體生活情況纔能理解，而沒有一成不變的規律可循。他的用意非常接近當代聖經註釋家所強調的語言在「實際生活中所佔的位置」（Sitz im Leben）；不注意這點，往往會斷章取義，曲解語言的

眞意。維氏用西洋棋的子與單字相比較（§108），就是這個意思：西洋棋的子脫離它在西洋棋中所佔的位置就毫無意義，同樣地，一個單字必須在具體生活情況中取得意義。

避免與治療語言的蠱惑，這也就是維氏心目中的哲學（§133）；「哲學家視問題如一種病」（§255）；「哲學祇是把一切揭露出來，什麼也不解釋，什麼也不推論；一切被揭露，也就用不到解釋。因為，如果有什麼隱蔽的東西，那對我們無關」（§126）。維氏所云「揭露一切」的法寶，大約就是上面所說「在應用語言的知識上造成秩序」，不再曲解語言，而依構成每句話的實際生活情況去理解。

我人之所以曲解語言，往往由於文法並不給我們鳥瞰的一目了然（Übersichtlichkeit）。鳥瞰的展示會使我們瞭解前因後果及彼此的聯屬（Zusammcnhänge）。這種聯屬關係不明顯時，必須去找中間所缺乏的連貫。維氏特別指出「鳥瞰的展示」對我們的極端重要性（§122）。文法既不足以造成鳥瞰的一目了然，迷信語言者就會受到蠱惑：他們不自量力，要從語言中獲得它所無能為力的東西；這樣又何怪乎會錯誤百出。哲學在維根斯坦眼中的使命，就是揭示出理智因誤用語言所鑄成的贅疣及「非意義」之處（§119）。

回到日常生活　既然維根斯坦相信哲學的毛病出在濫用語言上，因此他給它開的藥方是好好理解語言，不再脫離實際生活情況去曲解語言。因此他要把「知識」、「存有」、「對象」、「我」、「命題」、「名字」這些名詞都引歸語言的故鄉——日常生活，不讓它們應用在形上學中（§116）。《論叢》中的反形上學態度，這裏又以另一方式出現。

語言既是一種生活方式和工具，應用這一工具的目標不同時，語言的意義也就不同。語言並非高高在上的女神，而是極普通的工具（§97）。

有了這一認識，才不會被語言所惑，而在日常生活中尋找它所表達的平凡意義。《哲學研討》的大部份都是維根斯坦在這方面所作的努力。譬如：如果有人說「這個在這裏」（說時指着某一事物），此命題的意義祇由那人說話時的特殊情況始能明瞭（§117）。又如：假使你說「我有意要動身」時眞有意動身，這句話的意思和你重覆這句話嘲笑他人的意思不同（§592）。「我的假期已經終止；明天我就動身」，這句話說出我的意向。如果我在吵架後意氣用事地說：「好，那末我明天就動身」，這句話表示剛拿定主意，意思和上面一句不同（§588）。

語言不清的實例 假使「回到日常生活」是後期維根斯坦的積極「命令」，「驅除語言不清」也就可以說是他的消極「禁令」。《哲學研討》與它的前身《藍色與棕色的書》都舉出語言不清所造成之「非意義」的許多實例。

三十年代所爭論的有否「無意識」（unbewusst, unconscious）的思想和感情，維根斯坦認爲就是語言不清的一個實例。反對者似乎祇願意把有意識的思想稱爲思想，贊成者則不僅認爲已發現了新的心理反應，而且有一種「無意識的有意識思想」（conscious thoughts which were unconscious）。實則反對者也無意否認心理分析所發現之新的心理反應。雙方彼此不同意的，祇是語言問題而已❷。維氏這項分析實在是一針見血。

維氏又指出一些非意義的問題或陳述。例如有人問我：「這房間有長度嗎？」這一句子文法上沒有問題，實則毫無意義可言。反之，說這房間有幾尺長，則是有意義的命題❷。同樣地，「機器能思想麼？」亦係

---

❷L. W., *The Blue and Brown Books*, Basil Blackwell, Oxford 1958, p. 57.

❷同書，三十頁。

非意義的問題: 維氏指出「機器思想（知覺、希望）」屬於非意義的命題, 恰如同我們問: 「三的數字有否顏色？」❷ 。

表面上似乎沒有問題的事, 實質上可能毫無意義: 譬如我的右手可以寫一張贈錢的文件交給左手, 左手可以寫收據給右手。然而, 這樣的事有意義嗎？（§268）

步維根斯坦後塵, 萊爾（Gilbert Ryle）寫了一連串「系統地令人誤解的表達方式」。例如: 「誠實逼迫我這樣說」, 這句話的意思是: 「因為我是誠實的, 而且不願意不誠實, 所以我必須如此說。」如果把「誠實」看成代表實物的名詞, 也就是犯了柏拉圖的毛病❷ 。

五、尾　聲

我們在上面已經指出, 維根斯坦的《論叢》影響了維也納集團,《論叢》的主要思想尤其在邏輯實證論大師──卡納普身上發生力量。《哲學研討》則引發了語言分析學派。今日這一代的分析哲學家, 無論是在英國或是美國, 直接間接都受到他的啟發。大家都覺得, 維氏思想具有開創性。閱讀他的著作, 也會使你不期然而然地獲得這一印象。當然, 他的思想或討論的問題並非都是新的: 哲學經過了二千多年的歷史, 已經很難找得到全新的問題了。但他的確是用新的眼光去觀察舊問題。正如他所說的, 「事物的最重要面, 因其簡單與日常性而成為隱蔽。……最引人注意及最強烈的事, 引不起我們注意」（《研討》§129）。維根斯坦的一生都在用全力追尋這些最簡單而引不起常人注意的事。

---

❷同書, 四七頁。

❷Gilbert Ryle, Systematically Misleading Expressions, in: R. Rorty (ed.): *The Linguistic Turn*, The University of Chicago Press, Chicago 1967, p. 91.

語言之應在日常生活具體情況中找得意義，就是最簡單而爲許多人所忽視的一件事。法國的一位著名漢學家 M. Granet（葛讕）研究了詩經中的三千個單字，發現其中沒有一個抽象名詞，於是他懷疑中國人有否邏輯思考能力❷。這就是忘記了詩經在古代中國社會生活中的具體情況。中國人喜愛具體思想是一回事，在詩經中去找抽象的字是另一回事。這樣脫離實際，當然無法理解語言的眞意。然而脫離實際的「哲學家」與「學者」却屢見不鮮。

至於哲學是否如維根斯坦所說祇有批判語言的功用（前期與後期的維氏對這點的意見並未變更），那是值得進一步研討的懸案。

---

❷M. Granet, Quelques particularités de la langue et de la pensée chinoise, in: *Revue philosophique de la France et de l'Etranger*, 1920, pp. 98–128, 161–195.

第七章　卡納普與哲學語言的意義

一、導　言

　　要如羅素是分析哲學的先驅、維根斯坦是先知的話，卡納普似乎可以稱爲分析哲學及邏輯實證論的使徒。誠然，這三位人物都舉足輕重，但此一潮流的形成，亦有其歷史背景。

　　當代西方哲學的重要潮流，都多少和黑格爾（G. W. F. Hegel, 1770-1831）發生關係：目前統制着蘇聯、整個東歐、中國大陸、北越、北韓、古巴……等地區的馬克思主義，是從黑格爾思想一脈相傳改頭換面而成；而存在思想和分析哲學則起因於對黑格爾思想的不滿。因此，如果說當代西方哲學從黑格爾開其端，實非過甚其辭。

　　現代存在思想祖師齊克果（S. Kierkegaard, 1813—55）對黑格爾抨擊不遺餘力：他最討厭黑氏的抽象系統，認爲足以湮沒個人的「存在」。法國哲學家馬賽爾（G. Marcel, 1889-1973）開始時服膺新黑格爾主義者英哲柏得利（F. H. Bradley, 1846—1924），以後發覺柏氏的「絕對實在」（Absolute Reality）低抑了每一自我的「主體」之價值而放棄柏氏思想。親自受敎於柏得利的摩爾及羅素二人則從另一角度反對黑格爾思想。摩爾覺得柏得利所說不同於「外形」（Appearance）的「實在」太不合乎「常識」（Common Sense），他認爲哲學不可脫

離語言的日常意義，並主張對哲學詞彙及語句作詳盡分析，切不可在意義未釐清之前即貿然思考❶。羅素則從邏輯觀點駁斥柏氏「實在唯一」的說法❷。

除摩爾與羅素二人以外，對分析哲學影響最深的是維根斯坦。他一方面繼承了摩爾對日常語言及分析哲學詞彙意義的興趣，同時也採取了羅素的實證主義和他的符號邏輯，作爲剖析哲學詞彙及語句的工具。本書第六章已詳述《邏輯哲學論叢》一書的影響及其觀點❸，它主張「哲學的目標即在於以邏輯方法釐清思想」，哲學自身「並非學說，而是行動」(keine Lehre, sondern eine Tätigkeit)，其功用不在於說出哲學語句，而在於澄清語句 (4.112)。《論叢》又認爲唯有全部自然科學足以代表那反映事實的眞實語句 (Die Gesamtheit der wahren Sätze ist die gesamte Naturwissenschaft, 4.01, 4.11)；自然科學語句以外，「邏輯圖像」也算是思想，即有意義的語句 (3, 4)；哲學中的大多數語句及問題並非錯誤，而是無意義；哲學家之所以說出無意義的語句，是因爲不懂語言的邏輯；所以最深奧的問題根本不成問題 (4.003)；哲學的正確方法是除自然科學語句以外什麼也不說，如果有人要說一些形上學的東西，則應指出他語句中的若干記號沒有意義 (6.53)。

————————

❶Norman Malcolm, *Moore and Ordinary Language, in: Richard Rorty (ed.), The Linguistic Turn, Recent Essays in Philosophical Method,* University of Chicago Press, Chicago 1967, pp. 111-124.

❷Robert Ammerman, *Classics of Analytic Philosophy,* McGraw-Hill, New York 1965, Introduction. 可參考葉新雲譯: ＜解析哲學簡史＞，現代學苑月刊七卷三期，頁六一八。

❸Ludwig Wittgenstein, *Tractatus Logico-Philosophicus, Routledge and Kegan Paul,* London 1963. 可參考第六章。作者撰寫本章時，維根斯坦這一章原稿不在手邊，亟思參考而不得。因此本章中的《論叢》各句均係重譯。

　　石立克（F. A. M. Schlick, 1882—1936）於一九二七年與維根斯坦相識後，就安排維也納集團和維氏晤談。維氏對維也納集團的影響極深：石立克本人在＜哲學之未來＞（一九三二）一文中所代表的重要觀點，幾乎均與維根斯坦雷同❹。本文所要討論的卡納普，當時也參加維也納集團與維氏的晤談，自承除傅雷格（G. Frege, 1848—1925）與羅素以外，受維根斯坦的影響最深❺。事實上，卡納普所承受於傅、羅二人者是符號邏輯方法和經驗主義，其他如認形上學語句爲無意義、哲學以澄清語言爲唯一使命等基本態度，均直接受之於維根斯坦❻。當然，說到最後，分析哲學祖師的交椅還應該歸於休謨（David Hume, 1711–1776），他早就說要把神學與形上學的書付之一炬，因爲裏面沒有關於量、數學及經驗事實的推理❼。

　　卡納普一生的哲學工作，所包括的範圍相當廣，其中一部份涉及科學方法論，另一部份則屬於理則學和語意學的專門題材。本章對這些專題祇偶然提及，而着重於哲學語言的意義及與此相關的問題。我以爲這一問題旣已提出，而且已爲許多知名的當代哲學家所響應，任何哲學上作者卽不應再自圍於象牙寶塔中而不予理會。而且，語言的濫用，一向就是哲學的極大威脅；亞里斯多德之創理則學，卽因詭辯者大行於希臘思想界所引起；他早已深深體會到，語言的含混不淸必然會導致思想的

---

❹Moritz Schlick, *The Future of Philosophy, Linguistic Turn*, pp.43-53.

❺Rudolf Carnap, *Intellectual Autobiography, in: Paul Arthur Schilpp (ed.), The Philosophy of Rudolf Carnap, Open Court, Evanston Ill*, 1963, pp. 24-25.

❻Rudolf Carnap, *On the Character of Philosophical Problems, in: A. Schilpp, The Philosophy of* R. C., pp. 54-62.

❼David Hume, *An Inquiry Concerning Human Understanding, in: Edwin A. Burtt (ed.), The English Philosophers From Bacon to Mill*, The Modern Library, New York 1939. p. 689.

不清。因此，卡納普一生致力於追究語言的意義，實在是值得欽佩值得注意的。當然，這並不是說應視卡納普爲天經地義，不加批判地全部接受。本來，這樣的盲從根本就不是哲學態度；卡納普本人可能最不願自己扮演被人盲從的權威角色。

二、略傳及主要著作簡介

從出生至博士論文（一八九一──一九二一） 路道夫・卡納普（Rudolf Carnap）一八九一年生於德國路爾工業區巴爾門以南的隆斯道夫（Ronsdorf b. Barmen 今日的巴爾門則已屬於 Wuppertal 市）。父親於一八九八年逝世後，他隨母親搬至當時的巴爾門市，在那裏修完中學課程。一九〇九年遷至耶拿（Jena），一九一〇～一九一四年在耶拿及福賴堡大學讀哲學、數學及物理學。哲學領域中，他的興趣集中在認識論與科學哲學，數學也是他所熱愛的學科。他覺得哲學各派聚訟紛紜，而數學的成果則可確切證明，沒有爭論餘地。大學中聽課，卡納普受益最大的是傅雷格的課。傅氏當時年已六十，却祗是耶拿大學的一位「額外教授」。他的兩本《算術之基本法則》竟沒有書商肯出版，不得已由他自己出錢付印；結果，數學家旣掉以輕心，哲學家也並不重視它，亦云慘矣。一九一〇年秋天，卡納普偶然因好奇而聽他的「概念文字」的課，從此，符號邏輯就成爲卡納普的終身嗜好。一九一四年第一次大戰時服軍役，一九一八年戰事終止，他在福賴堡大學完成考試，以後就開始從事哲學研究。一九一九年研讀羅素與懷海德（A. N. Whitehead, 1861—1947）合著的《數學原理》。一九二一年，他以＜空間＞（Der Raum）這一論文獲取博士學位：論文指出數學家、哲學家、物理學家對空間的理論之所以互相矛盾，是因爲同一名詞所指的事實

完全不同。卡氏自稱，他的哲學工作以博士論文開其端。我們在這篇論文中可以見到他從數學和物理學做出發點研究哲學的基本方向；他喜歡用邏輯方法討論哲學的一貫作風，亦已昭然若揭❽。

　　世界的邏輯結構（一九二一——一九二五）卡納普當時的興趣本來已傾向邏輯。那一年他閱讀羅素《我們對外面世界的認識——哲學中運用科學方法的場地》（一九一四）一書，序言說起「哲學的邏輯分析方法」，並提及傅雷格的著作，目之爲完全運用此方法的模範。書中最後幾頁稱邏輯已成爲哲學研究工作的核心；羅素希望造成一個同時兼具科學訓練和哲學興趣的新學派，並認爲這樣的哲學會獲得前所未有的成就。卡納普把羅素的這些話視若對他個人的呼籲。事實上，他的一生始終向這一方向努力着。於是，卡納普和賴亨巴哈（Hans Reichenbach, 1891—1953）二人立刻就熱烈討論這一問題；經過一九二二～二五幾年間的苦學深思,卡氏遂完成《世界的邏輯結構》（Der logische Aufbau der Welt, 1928）一書。此書內容大致如下：我們周遭的事物，其可觀察的各種特性及其彼此關係，造成日常語言的概念，這些概念都必須以經驗爲依據。卡納普利用符號邏輯替這些概念造成比較清楚易喻的定義，並設想建造這些概念的全部形成過程；卡氏稱各種概念的形成過程爲「邏輯結構」。他以完型心理學（Gestalt Psychology）所云整體性的「基要經驗」（Elementarerlebnisse）爲出發點，慢慢替彼此相似以及在時空上相關聯的經驗建立起邏輯步驟；三度空間構成以後，進而建立「我自己的身體」和別人的身體之概念；下一步是從自己的心理經驗推想到別人的心理狀態，當然這有賴於別人的外在行爲表現。上述粗淺輪廓足以顯示，卡氏此書從主觀經驗出發，建立起用以表達整個世界的各種概念，其出發點有些和笛卡兒相似。卡氏稱主觀經驗爲「現象基礎」

❽Rudolf Carnap, Autobiography 此段及下文取材於卡氏自傳甚多。

(phenomenalistic basis)，以別於後來所改用的「物理基礎」(physi-calistic basis)。

參加維也納集團（一九二六——一九三五） 一九二二年，石立克接受了維也納大學「歸納科學哲學」講座以後，逐漸形成了一個非正式的學術討論集團，參加討論的除大學同事以外，也有一些高年級的學生；這就是以後國際知名的維也納集團（Wiener Kreis），它隨石立克開始，也隨着石立克一九三六年爲神經失常的學生所殺而驟然終止。一九二四年，賴亨巴哈介紹卡納普和石立克相識；石氏很賞識卡納普，立刻請他到維也納執教。一九二五年，卡納普在維也納作了短期勾留，並在石氏的哲學集團中做了幾次演講。一九二六年秋季至一九三一年夏季，卡納普正式在維也納大學講授哲學。

卡納普立刻就把「世界的邏輯結構」手稿拿出來讓維也納集團討論，引起了極高興趣。透過維也納集團他經常與一些出類拔萃的頭腦接觸；其中影響他最深的要算諾伊拉特（Otto Neurath, 1882—1945）和維根斯坦。諾伊拉特是社會學者，却主張運用「物理語言」把自然科學與人文科學融爲一爐；經過許多次辯論以後，卡納普終究接受了諾氏的觀點，放棄了「邏輯結構」中所用的「現象語言」。維根斯坦並未加入維也納集團，但他的《邏輯哲學論叢》在集團中曾逐句被討論。一九二七年，石立克認識了維氏，邀請他來集團中作了多次討論，直至一九二九年初爲止。卡納普和維根斯坦二人的性格雖格格不入，但卡氏思想受他啓發者極多。整個維也納集團也都受到維氏影響。

一九二八年，《世界的邏輯結構》終於問世，翌年又出版《符號邏輯概論》（*Abriss der Logistik*）。一九三〇年，早於一九二三年爲賴亨巴哈所建議的哲學雜誌以「知識」（*Erkenntnis*）之名創刊問世，由卡、賴二人主辦。

一九三一至一九三五年，卡納普在捷克斯拉夫首都普拉哈（Praha）德文大學任自然哲學教授，但仍頻頻去維也納和集團保持聯繫。這時他集中精力於《語言之邏輯語法》（*Logische Syntax der Sprache*）一書的撰寫，此書於一九三四年出版，英文譯本則於一九三七年問世。

一九三四年秋季他應邀去英國，首次與羅素會晤；在倫敦大學作了三次演講，以比較通俗的語言闡釋他數年來所致力的思想。這些演講於一九三五年以《哲學與邏輯語法》（*Philosophy and Logical Syntax*）爲名出版於倫敦。

一九三三年，希特勒獲取德國政權後，納粹思想日漸擴展，德、奧等國的政治氣氛一天比一天惡劣。卡納普透過他在倫敦的演講，已爲英語世界所熟諳。二位美國哲學家於一九三四年親赴普拉哈拜訪卡納普，卽芝加哥大學的摩里斯（Charles W. Morris, 1901-）與哈佛大學的奎因（W. V. Quine, 1908 ），經他們二人的幫助，卡納普於一九三五年十二月遷至新大陸。

邏輯語法簡介　上面已說起卡納普在維也納時期受到維根斯坦的影響，邏輯語法卽其明證。維氏於《論叢》中，已頻頻把「邏輯」與「語法」二詞連在一起：他認爲必須有一種僅服從邏輯語法的記號語言（3.325）而不受記號所代表的意義所限制（3.33）。卡氏這方面的模範是希爾白（David Hilbert, 1862—1943）及塔斯基（Alfred Tarski, 1902一）二氏對數學的類似構想。所謂邏輯語法卽對語言表達方式的理論（theory of the forms of the expressions of a language)，開始時，卡納普一度曾稱之爲「後設邏輯」（metalogic）。所以稱之爲「邏輯語法」的理由，一方面是爲能別於語言學中的語法，另一方面表示祇講邏輯結構，與記號所表達的意義無關。

卡納普在一九三四年出版的《語言之邏輯語法》及翌年發表於倫敦

的《哲學與邏輯語法》二書中表達了他一生的基本思想。卡納普這時已放棄了《世界的邏輯結構》中所採用的「現象語言」，而接受諾伊拉特所主張的「物理語言」。以後他雖修改了「邏輯語法」時代的過激經驗主義，但主要思想已於那時定型。

卡納普「邏輯語法」的基本主張是：哲學的唯一職責是對有意義語言的邏輯分析，而有意義語言則限於㈠分析性的邏輯與數學命題，㈡可以用經驗證實的自然科學事實。後者卽著名的「可證實性標準」(criterion of verifiability)，卡氏自稱取自維根斯坦的《論叢》：當然，可以證實爲眞的命題也可能證明爲錯誤 (falsifiability)。卡氏所說的意義，據他說是指「理論意義」及「認知意義」(theoretical, cognitive meaning)，而不指表情及其他意義；他所說的經驗，是外界感覺經驗，如紅、黃、黑各種顏色，輕重、冷熱等等，也就是物理學所討論的各種物性。這樣的語言是大家所能共同控制的「主觀際」(intersubjective)語言，亦卽「物理語言」。

上述主張的自然結論是：卡納普認爲倫理學及形上學問題不屬於認知範圍，這些問題只是些「似問題」，沒有理論及認知意義，而祇有表達感情的意義。

「邏輯語法」所區分的下列三種命題，最明顯地表達了卡納普的基本思想：

第一種是「語法命題」(syntactical sentences)，那就是純屬語言之邏輯形式的命題，卽一點不牽連語言意義內容的命題。這樣的命題可能由一句或數句形成 (formation)，也可能由一句推論出第二句 (trans-formation, inference)。譬如我們說「球或是紅或是非紅」。這樣的命題卽純屬邏輯語法，它之眞僞祇繫於句子的邏輯形式（故稱爲 formal theory)，也就是說祇遵照邏輯規律 (logical rules＝L-rules)，

因此，這樣的命題可以輕而易舉地用符號表示，譬如：用 p 與 -p 表示「球是紅」與「球非紅」，即可把上句改成「p∨-p」(讀成「p或非p」)。凡因邏輯形式而正確、有效的命題，卡氏稱之為「邏輯有效」(L-valid ＝L有效)，上述命題即其一例。反之，即稱為「邏輯無效」(L-contravalid＝L無效)；譬如「p・-p」(讀成「p 且非 p」)，即屬L無效，一稱矛盾。有效或無效的命題均為「固定」(determinate)，而既非有效亦非無效的命題則稱為「不定」(indeterminate)。例如用 a 與 b 表示任何人名，用 S 表示兒子的地位，則 aSb (讀如「a 是 b 的兒子」)即不定命題，因為根據邏輯形式無法知道此句的真假。

第二種是「實物命題」(real-object-sentences)，即基於經驗(外界感覺經驗)始能知其真偽的命題。這樣的命題就語言本身的邏輯形式而言是不定的，其有效性或無效性需視物理規律而定 (physical rules ＝P-rules)，因此稱為「P有效」或「P無效」。

第二種是「似實物命題」(pseudo-object-sentences)，它們可以說是兩棲性的，其形式猶如實物命題，其內容則猶如語法命題。卡納普所舉的實例如下：「玫瑰花是紅的」係實物命題，因為指稱玫瑰花的實物。「玫瑰花一詞是指物名詞」係語法命題，因為所陳述者係語言表達方式。「玫瑰花是事物」則係似實物命題。它看去像是實物命題，因為以實物——玫瑰花為主詞；其實是語法命題，因為其真實性可由句子本身的邏輯形式而確定，不必觀察任何玫瑰花；這一句子的真意義是：「玫瑰花」一詞屬於指物名詞 (thing-word)。

卡納普認為第一第二種命題有意義可言，第三種命題則否。一如上述，卡氏認為形上學及倫理學均屬於似實物命題❾。

❾R. Carnap, *The Logical Syntax of Language*, in: Thomas M. Olshewsky (ed.), Problems in the Philosophy of Language, Holt, Rinehart and Winston, New York 1969, pp. 45-56.

美國時期（一九三六—七〇）　一九三六年初，卡納普即開始在芝加哥大學執教；從一九三六年秋至一九五二年，卡氏係該大學的正式敎授。一九一四年，他成爲美國公民。

《語言之邏輯語法》德文本發表以後，他的一些朋友（如賴亨巴哈）指出，祇以觀察爲憑藉之可證實性標準未免太窄，因爲普遍性的科學定律根本無法證實；時間與空間所包含的無數事件，我人僅能觀察到極少部份。自然科學不過從事實的縝密觀察建立一些普遍性假設，從這些假設推演出來的個別命題可以用實驗判別是非。經實驗證明合乎普遍假設的個別命題越多，假設的科學定律也逐漸增加其「佐證」（confirmation）力量。這樣，在一九三六年發表的＜可測驗性與意義＞ ❿ 這篇文字中，卡氏放棄了以前的「可證實性」（verifiability）原則（也有人譯爲「檢證原則」），而代之以比較寬大的「可佐證性」（confirmability）。「逐漸增加的佐證」這一觀念以後演變爲「或然率」，爲一九五〇年所出版《或然率的邏輯基礎》 ⓫ 之濫觴。

在芝加哥期間，卡納普與諾伊拉特及摩里斯一起主編《統一的科學之國際百科全書》 ⓬。計劃中的百科全書包括範圍極廣，實際上從一九三八年開始以小册方式出版，至一九五二年完成了第一編；第二編至今已出版的有九小册，最後一部份尚未問世。

---

❿R. Carnap, *Testability and Meaning, Philosophy of Science*(*Baltimore*)., vol. 3, no. 4 (Oct. 1936), pp. 419-471; vol. 4, no. 1 (Jan. 1937), pp. 1-40.

⓫R. Carnap. *Logical Foundations of Probability,* The University of Chicago Press, Chicago 1950.

⓬O. Neurath, R. Carnap and Ch. Morris (eds.),*International Encyclopedia of Unified Science*, Vol. I, Nos.1-10, The University of Chicago Press, Chicago 1955.

此外，那時期卡氏問世的著作有：《語意學導論》（*Introduction to Semantics,* 1942），《邏輯的形式化》（*Formalization of Logic,* 1943）以及《意義與必然性》（*Meaning and Necessity,* 1947)等。

卡氏於一九五〇年所發表的標題爲＜實證主義、語意學與本體論＞（Empiricism, Semantics, and Ontology）一篇文字專門討論抽象名詞的意義問題，曾引起廣泛注意。我們在本文中也將討論這篇文字的某些觀點。

一九五二至一九五四年，卡納普在普靈斯頓高級研究所中從事純粹的研究工作。一九五三年，洛杉磯加里佛尼亞大學的哲學講座因賴亨巴哈的死而出缺，卡納普遂以賴氏好友資格於一九五四年塡補了這個缺額。一九六一年，他退休不再任敎。一九六六年，《物理學的哲學基礎》（*Philosophical Foundations of Physics*）出版，這是很清楚易讀的一本書。卡氏逝世於一九七〇年秋季。

三、意義與經驗

語言的意義　卡納普從維根斯坦繼承了語言的意義問題：語言的意義遂成爲卡氏畢生所致力的研究範圍。本文一開始就提到維根斯坦把意義與經驗連在一起講。本來，維氏口中的「意義」得自傅雷格，而傅氏則區別「所指事物意義」（Bedeutung）與「語言本身意義」（Sinn）。例如「晨星」與「晚星」所指的事物意義是同一顆金星，但「晨星」「晚星」二詞本身仍有其意義。維氏在《論叢》中不很注意傅氏的區分，因此他所說「哲學中大多數語句及問題無意義」(4.003, 6.53) 究竟是指那種意義，並不很清楚：是說哲學語句缺乏所指的事實呢？還是說哲學語句本身無意義呢？我覺得維氏所說的無意義固然也指不屬意義範

圍的語句，但多半指前面一種，因爲他以爲「唯有事實能够表示意義」(3.142)，而唯有全部自然科學，代表那反映事實的眞實語句 (4.01,4.1, 4.11)。維也納集團和卡納普大約卽由這些話引伸出「可證實性」(verifiability) 標準⓭，卽祇有可以用觀察 (observable) 證明爲事實與否的語句才有意義，否則就是無意義的命題。而所謂觀察，很明顯是指外界感覺經驗，就是「主體際」(intersubjective) 卽大家都能察覺的經驗，譬如可以見到、聽到、觸到的石塊；至於祇有一個人能察覺的主觀經驗，如痛苦、愉快等等，則不屬於這一範圍。

一如上文所述，卡納普認爲除去主觀經驗所達到的事實以外，純粹的邏輯命題亦不失爲有意義；而且從經驗及純邏輯兩種性質不同的有效命題，可以推論到新的有效命題，卽所謂「推論命題」(sentence C＝ consequence)⓮。例如：

P_1：A物體有三公分的質量。

P_2：B物體有六公分的質量。

這二經驗命題與純邏輯的數學命題 (6:3＝2) 共同作爲前題，得結論如下：

C_1：B的質量是A的二倍。

上述二命題再與力學定律（P規律）共同作爲前題，得如下結論：

C_2：同樣的力施於A與B，A的加速是B的二倍。

有些經驗論者反對任何先驗的推理，對任何理論都要求經驗基礎。卡納普和另一些經驗論者則相信邏輯分析有助於科學。邏輯和經驗綜合在一起，就成爲「邏輯經驗論」(logical empiricism)，或稱「經驗理

⓭R. Carnap, *Testability and Meaning* (1936), p. 422. R. Carnap, On the Character of Philosophical Problems, p. 55–56.

⓮R. Carnap, *The Logical Syntax of Language*, pp. 50–51.

性論」(empirical rationalism)⑮。

至此，我們可以充分明瞭，卡納普所說的意義，祗限於維根斯坦所云的「事物情況之有無」(Bestehen und Nichtbestehen der Sachverhalte。見≪論叢≫ 2, 4.2, 4.21, 4.25, 4.3)，也就是卡氏所常說的「理論意義」及「認知意義」。卡氏曾說：「任何有意義語句對可觀察之物質事物有所陳述」(Every meaningful sentence says something about observable, material things)⑯，此語在這裏始能獲得充分了解。純邏輯語句對「事物情況之有無」雖並無陳述，但對之大有裨益；因此雖是異辭同義的語句，尚不能謂無意義。形上學語句則是由於語言不清而產生，因此根本無意義可言。哲學的目標不過是澄清語句，亦即澄清有關經驗事實的科學語句。因此卡納普與賴亨巴哈等都主張祗有科學哲學才是眞正的哲學。他們兩人不約而同寫了一本有關科學哲學的書，決不是一件偶然的事。

物理語言與經驗之全部 上述主體際經驗所觀察的事物或事件都在時空之中 (spatio-temporally localized things or events)，能爲大家共同操縱。表示主體際經驗的語言稱爲事物語言 (reistic language＝thing-language)⑰。日常所用的「冷」「熱」「輕」「重」「紅」「藍」「大」「小」「厚」「薄」等字都屬於事物語言，也就是可觀察事物的科學以前之語言；它所用的性質述語，科學語言則用量來表達之⑱。事物語言經特殊方法加以量化，就成爲科學語言。物理語言則是科學語言

---

⑮Otto Neurath, *Unified Science as Encyclopedic Integration*, in: International Encyclopedia etc., pp. 1, 17.

⑯R. Carnap, *My Views on Ontological Problems of Existence*, in: Schilpp, The Philosophy of Carnap, pp. 868-873/869.

⑰同上。

的一支，卡納普對之作如下定義：「除去邏輯及數學名詞以外，包括的名詞都是而且祇是物理學名詞的，可以稱爲物理語言」[19]。另一定義說得更清楚：「科學的記錄或報告語句，是確定時空點之量的描寫」(protocol or report sentences of science as quantitative descriptions of definite space-time points)[20]。

物理學絕不接受任何不能用觀察去確定的名詞，同樣地卡納普認爲生物學名詞也應當間接可歸原到事物語言名詞 (reducible to terms of the thing-language)，例如肌肉可用代表刺激、反應等的語言來表示。心理學也應當用表達外面可觀察可測量的「形態」(behavior 一般譯爲「行爲」，我認爲現代心理學所研究的人體生理變化等，不能稱爲「行爲」) 之語言，智商就是最典型的例子。社會科學更不必說，它必須「行爲化」(behavioral)、「運作化」(operational)。事實上，這兩個觀念於現代心理學及社會學中早已廣泛被應用到。總之，卡納普認爲一切人文科學最後必須都能歸原到事物語言名詞，這也就是諾伊拉特所創導的「科學的統一」(unity of science)。卡納普又說目前正有人努力用物理學與化學定律去解釋生物學定律，他認爲可能有一天心理學及社會學定律可由生物學及物理學去解釋[21]。總之，卡氏主張一切科學的語句都可歸原到物理學的記錄語言。

---

[18] R. Carnap, *Philosophical Foundations of Physics,* an Introduction to the Philosophy of Science, Edited by Martin Gardner, Basic Books, New York 1966, pp. 51-61.

[19] R. Carnap, *Logical Foundations of the Unity of Science,* in: International Encyclopedia etc. pp. 46, 52-54.

[20] Norman M. Martin, Rudolf Carnap. in: Paul Edwards (ed.), The Encyclopedia of Philosophy, Vol. II, Macmillan, New York 1967, p.28.

[21] R. Carnap, Logical Foundations of the Unity of Science, pp. 54-61.

以上所云各點足徵卡納普對「事物語言」和「物理語言」的極端重視。這二種語言所牽涉的是事物世界，亦卽「可觀察事物及事件之時空排列系統」(the spatio-temporally ordered system of observable things and events)；物理語言所不同於事物語言者，是前者加上測驗與測量因素，而後者則沒有。卡氏、賴亨巴哈和石立克等都認爲，未來的哲學祗能走科學哲學的路線，因爲唯有能歸原成物理語言的科學（人文科學或自然科學並無差別）語句，纔能對「事物關係之有無」有所陳述而獲得認知意義，因爲一如上文所引，卡納普主張任何有意義語句必須對「可觀察之物質事物有所陳述」。其實，物理語言就是較精密的事物語言；事物語言的認知意義對卡納普從未成爲問題。這樣說來，物理語言或事物語言卽成爲「意義」的標準，無法歸原到物理語言或事物語言的語句卽無認知意義可言。視事物語言足以應付科學全部需要的看法，稱爲「物理主義」(physicalism)❷。

然而，卡納普却告訴我們，事物語言僅係我人自由選擇的語言❸。事實上，事物語言祗代表「主體際經驗」；要知道他人的經驗，我人必須透過自己個人的觀察，卽聽或看他人的「報告」。換言之，主觀經驗或「自身心理基礎」(eigenpsychische Basis) 比「主體際經驗」範圍更廣；先有前者才會有後者。這一切都爲卡氏所清楚意識到❹。但卡納普立刻指出，卽使是純屬主觀經驗的思想或情緒，也能夠用「形態」(behavior) 表達出來，如用表情、言語、筆錄等等，這時就成爲主體

---

❷同上，五五頁。

❸R. Carnap, Meaning and Necessity, a Study in Semantics and Modal Logic, Phoenix Books, The University of Chicago Press, Chicago 1958, pp. 207–208.

R. Carnap, Intell. Autobiography, p. 51.

❹R. Carnap, Testability and Meaning (1936), pp. 423–424.

際經驗㉕。這裏卡氏說能够用語言表達主觀心理境況；現在問題是：陳述主觀經驗的語句有否認知意義呢？譬如我說自己已瞭解某一問題，我已決定做某件事，或者我說自己對某件事痛心，這樣的語句既非純邏輯的，亦非對「事物世界」的陳述，而是對主觀經驗的陳述。照卡納普的一貫說法，這樣的語句應當是沒有認知意義的。是的，描寫情緒的句子還能够透過生理現象予以證實而成爲物理語言的報告句子㉖，但指出自己意向的句子則根本無從證實。譬如，「我有意繼續寫完這篇文字」（甲）這句話不過描寫我的主觀狀態；但我對此語反省一下，確知這句話代表事實，而「我無意寫完這篇文字」（乙）不代表事實。當然，以後人們看到這篇文字已經完成，可以用「物理語言」證明甲命題的眞，及乙命題的僞。但此時此刻唯有我一個人認知甲乙二命題的眞僞，因爲唯有我一個人經驗到我的主觀狀態。我以爲卡納普的「物理主義」(physicalism) 命題之一無從接受：「凡可獲主觀佐證的，主體際也可獲得佐證」㉗。這句話的意思不外乎：主觀經驗都可以用「形態」表達於外，而成爲主體際經驗的對象。但在未用「形態」表達以前，就祇有我自己能認知我的主觀狀態。本書作者認爲，主觀狀態之有無也屬於維根斯坦所云的「事物情況」。卡納普要選擇比較精確的事物語言或物理語言，這是他的事；實際上，這一類語言的確已大大促進了現代科學的進步。但他絕不能否認，事物語言祇代表我人所經驗到的世界之一部份。我認爲他毫無理由把「認知意義」限於事物語言所代表的那一部份經

㉕R. Carnap, Logical Foundations of the Unity of Science, p. 58.

㉖R. Carnap, Psychology in Physical Language, in: A. J. Ayer (ed.), Logical Positivism, Free Press, Glencoe, Ill. pp. 1959 165-198/191.

㉗R. Carnap, Herbert Feigl on Physicalism, in: P. A. Schillpp, The Philosophy of R. Carnap, pp. 882-3.

驗，也不應像維根斯坦那樣把眞實語句限於自然科學。貝格曼說形態主義者對思想內容的見解不能令人滿足，我也有同感❷。認知的對象應該包括全部經驗所揭示給我們的事實才是道理。

四、邏輯規則與形上學

形上學的克服　這是卡納普於一九三二年發表於《知識》雜誌的一篇文章，題目全文是<用語言的邏輯分析克服形上學>。這篇文章大旨不外乎說形上學是由於邏輯語法上的錯誤而成，例如海德格（Martin Heidegger, 1889—1976）把 nichts（無物）寫成 Nichts 當名詞用，笛卡兒（R. Descartes, 1596—1650）的「我思故我在」句中，從「我思」祇可結論到「思想的某物存在」❷。二、三年後發表的<邏輯語法>中，卡納普反對形上學的理由益形精巧：形上學命題係「似實物命題」，形式像實物命題，內容則像語法命題，因此沒有認知意義。

美國的分析哲學，目下大多仍步隨維根斯坦和卡納普後塵，否認任何形上學的價值。英國自艾葉（Alfred Jules Ayer, 1910—）的《語言、眞理與邏輯》❸一書於一九三六年出版以後，反形上學的氣氛也盛極一時。但維根斯坦之徒維斯屯（John Wisdom, 1904—）却在追究

❷R. Gustav Bergmann, Logical Positivism, Language and the Reconstruction of Metaphysics, in: R. Rorty (ed.), The Linguistic Turn, pp. 63-71.

❷R. Carnap, The Eliminations of Metaphysics Through Logical Analysis of Language, in: A. J. Ayer (ed.), Logical Positivism, pp. 60-81.

❸Alfred Jules Ayer, Language, Truth and Logic, Dover Publications, New York, pp. 41-45.

「事實之最終結構」❸。斯屈老松（P.F. Strawson, 1919—）則認為許多哲學問題誠然由於誤用語言而產生，但如仔細分析語言，則可導致形上學的建立。斯氏對康德非常傾心，說康德是他自己所從事「描述形上學」的模範❷。

我對於哲學史中所列的許多形上系統並無好感，因此很能體會到卡納普的反感。我個人既不能接受斯比諾撒、黑格爾、叔本華、柏得利或馬克思的形上體系，也不能不加選擇地接受西方中古哲學那套天衣無縫的「真理大全」或理學家的「太極圖說」。每一家每一派都有可取之處，但一構成形上系統，就難免穿鑿附會。然而形上學與形上學系統不同。形上學的許多問題的確是邏輯語法不清的「似問題」（Scheinprobleme），一部份問題因語言不清而混淆，但這無損於語言清楚的一部份形上學陳述之具有認知意義。

本體論與認識論　卡納普一九五〇年撰寫之＜經驗主義、語意學與本體論＞一文備受注意，為編撰有關教科書及參考書者所必錄。卡氏在此文中討論抽象語詞問題：「究竟它們存在於語言系統以內，還是在語言系統以外獨立存在？」這個問題頗與歐洲中古時代之普遍名詞的實在論或唯名論相似。那篇文字題目中的「本體論」即指此一問題❸。其實，我人如依亞里斯多德（Aristotle, C. 435--356 B.C.）τὸ ὄν ἧ ὄν那些話作為本體論（ontology 更好譯為「存有學」）的出發點，則普遍名詞的實在與否和本體論並無必然關係；最多可以說是一項比較接近知識論的形上學問題。

❸Judith Jarvis Thomson, John Terence Dibben Wisdom, in: P. Edwards (ed.), The Encyclopedia of Philosophy, Vol. 8, p. 326.

❷P. F. Strawson, Analysis, Science and Metaphysics, in: R. Rorty, The Linguistic Turn, pp. 329-339.

❸R. Carnap, Meaning and Necessity, pp. 214-215.

儘管那篇文字的題目用詞欠清，卡納普對語言內在及外在問題的解釋却很有意思，值得深入討論。他認爲抽象名詞如「時空點」（space-time-points）、「電磁場」、「通貨膨脹傾向」等等，在語意分析時，實際上證明有用，它們祇存在於語言系統以內，它們並不指稱任何事物（there are no entities designated by them）。至於抽象名詞整個系統的實在性，那是語言以外的無意義問題。卡納普所說的「實在」也和普通意義的「實在」不同；通常所說的「實在」是指客觀世界的實在，卡納普所說的則是語言內部的實在：「這些內在問題中所遇到的實在觀念是一個經驗的、科學的、非形上學的概念。承認某件事是實物或實在事件，意思是成功地把它納入事物系統之特殊時空位置，以致它和其他依照語言系統規則被認爲實在的事物適合。」至於那事物究竟是否實在，那是哲學家聚訟紛紜的無意義問題❷。卡納普這些主張，和康德所云的現象與眞相若合符轍；他所說的「語言系統」（framework＝system of linguistic expressions）如改成「現象世界」，簡直可以納入康德口中。總之，他把「語言系統」內外劃成二個不同世界；一個可知而有意義，另一個不可知而無意義。

維根斯坦的說法更徹底，他把語言歸結到思想：「事實的邏輯圖像就是思想」，「思想是有意義的語句」，「語句的全部卽語言」（Tractatus 3,4,4.001）。語言以思想爲後盾，是人所盡知的常識事實，卡納普對此也不會有所異議。準此，卡氏所云語言或思想內外問題，其實就是知識論中哲學探究之認識出發點及標準問題。他在這方面的態度未免自相矛盾：一方面他似乎主張語言系統是封閉的，不需要也不能向「客觀世界」開放，這近乎唯心論的說法。另一方面，卡納普雖然再三強調「

---

❷同上，頁二〇六、二二一、二一九、二〇七。

外面世界是否實在」是形上學無意義的「似問題」❸，但他仍承認有一種「依照語言系統規則」的實在事物，這「語言內部的實在」究竟不失為一種實在。卡氏對「事物語言」及「物理語言」的說法，表示他和維根斯坦一般地主張天真的實在論。甚至有些像洛克一般承認「主性」事物特徵（密度、伸延性、形狀、運動）為客觀。當然，這裏所說的實在論，並非常識的感覺問題：我們都直覺地本能地把外界感覺所經驗到的事物視為實在，視為在我們以外。但如我們要對認識的出發點作哲學反省，上述假定就必須暫時虛懸（希臘哲學家及當代人 Husserl 稱之為 $\acute{\epsilon}\pi o\chi\acute{\eta}$），而找尋一個不作任何假定的經驗作出發點❸。

也許卡納普會說上面這些言詞都是沒有意義的廢話，因為知識論既非邏輯語句又非事物語句。可是，假使這些是廢話，卡納普所說什麼屬於認知什麼不屬於認知的話也將是無意義的廢話了。很明顯地，我們沒有辦法用事物語言去測量認知或不認知。

亞里斯多德的形上學與邏輯　上文說卡納普的知識論是獨斷式的，另一方面又接近唯心論，需要一個不作任何假定的經驗作出發點；它既不假定知識對象在主體以外，也不肯定知識的對象在主體以內。這樣的經驗可以在亞氏形上學第四書中找到。亞氏此書的偉大處，是在於能夠對知識出發點問題防患未然，並且能溶形上學與邏輯學於一爐。

---

❸R. Carnap, The Logical Structure of the World and Pseudoproblems in Philosophy, University of California Press, Berkeley and Los Angeles 1967, pp. 282-3, 332-4.

❸Gustavo Bontadini, La funzione metodologica dell'unità dell'esperienza, in: M. F. Sciacca (ed.), Filosofi Italiani Contemporanei, Marzorati, Milano 1946, pp. 165-168, 181-185.

G. Bontadini, Indagini di Struttura sul Gnoseologismo Moderno, La Scuola, Brescia 1952, pp. 15-16.

卡納普的著作幾乎沒有一種不談到邏輯，他對這方面的不朽成就不必我來廢辭。但有一點却未免令人驚奇，就是他似乎始終視邏輯規律完全是形式規律，它們有些像柏拉圖的「觀念世界」，不食人間烟火，和實在世界不發生關係。假使真不發生關係的話，那末它們又如何能與「事物語句」湊在一起造成合乎事實的「推論語句」呢？（見上文第三節＜意義與經驗＞）可見邏輯規律也是事物規律，它們不僅與實際世界有關，而且是事物的普遍（因此成爲抽象）規律。卡納普當然很明瞭這層道理，祇是他的反形上學偏見使他永遠無法想像邏輯規律會與形上學發生關係。

亞氏形上學第四書（Γ）劈頭劈腦就說要討論 $\tau\grave{o}\ \grave{o}\nu\ \mathring{\eta}\ \grave{o}\nu$「及因其自性而屬於它的特質」。$\grave{o}\nu$ 是動詞 $\varepsilon\hat{\iota}\nu\alpha\iota$ 的中性分詞（陽性陰性爲 $\H{\omega}\nu$, $o\hat{v}\sigma\alpha$,）；因此，歐洲其他文字翻譯時，就換湯不換藥地把同意義動詞的分詞（有中性時則用中性）拿來就是：拉丁文譯爲 ens，英文作 being，德文則是 Seiendes。中文譯這個字，就會遭遇到困難：因爲 $\varepsilon\hat{\iota}\nu\alpha\iota$ 一詞同時可作爲繫詞「是」用，同時又有「在」之意；中文翻譯時，往往就不能管到繫詞這層意義，而譯爲「物」、「有」、「實有」、「存有者」等等。我個人喜歡用「存有者」，因爲「實有」加強了原意，「物」太具體，「有」這樣的單字不易作爲術語。然而「存有者」也沒有表達出原字的繫詞意味。過去我一直在懷疑，究竟是歐洲語言欠清呢？還是中文的缺點？直到閱讀維根斯坦《論叢》的三・三二三，才欣然見到，西方也早已有人發覺，希臘這個字及歐語同義字本身欠清楚。維根斯坦提出 "ist" 或 "is" 一字同時是繫詞，同時又指「相同」及「存在」，至少有三種不同意思。我們且把「相同」這層意思暫置一邊；其他二層易生混亂的意思，中文可用「是」與「在」二字清楚表達出來，絕無含混餘地。

由於語言本身的雙層意義糾纏不清，亞氏本人似乎也並未覺察，從一層意義倏忽轉到另一層有什麼不邏輯之處。起初他說凡是健康之物都對健康有關，凡是屬醫務之物，都與醫術有關；一件事物可以從多種意義被稱爲是，但都與某一出發點有關，甚至我們可以說空無是空無。屬醫務的事物爲一種學問所包括，其他事物亦然。因此，亞氏認爲也應有一種研究「存有者之爲存有者」的學問㊲。然而「存有者」在中文中既可分解成「是者」、「在者」兩種不同意義，就不應該由「是者」結論到「在者」。亞氏上述此段文字中動詞 εἰμί 大部份作爲繫詞的用法。然而 τὸ μὴ ὄν 則已有「不在者」——空無之意；這就是意義轉變的一個實例。

歐語中的動詞如「說話」「閱讀」「覺察」的分詞，既可譯成「說話者」「閱讀者」「覺察者」，那末動詞「是」的分詞自可譯爲「是者」。譬如ἤγγειλαν αὐτὴν τύραννον οὖσαν（他們報告了她是暴君）句中最後一字即「是」的分詞，而以前面一字爲其述語。正如亞氏所云，事物都因某種關係而「是」這個或那個，中性分詞「是者」則包括我人所能問「這是什麼」的一切，因此是絕對超越的最普遍概念，連「空無」也在「是者」範圍以內，因爲我們可以問：「空無是什麼？」（當然，我也承認，嚴格說來，「空無」既是沒有的東西，所以不可能代表一樣實在的事物。然而，「是者」係最普遍的超越概念，其「外延」包括「不實在的事物」）說得更清楚一點，「是者」包括一切語句中的主詞與述詞，主詞與述詞都可以用繫詞「是」的分詞「是者」來表示。用「是者」做基礎，可以構成整套對實際世界不問不聞的形式邏輯，而這也正是卡納普對形式邏輯的想法。「是者」包括一切思想的及實在的存

㊲Aristoteles Graece, ex recensione Immanuelis Bekkeri, Vol. II, apud Georgium Reimerum, Berlin 1831, 1003a33–1003b23.

有者，「在者」則祇指實在的存有者。

然而我們如果進一步反省一下「是者」這一概念的形成過程，就會知道它不能須臾脫離實在世界；它從實在事物產生，並對實在事物有所陳述。

柏拉圖說得好，哲學家的特徵是知道驚奇❸。事實上每個小孩都有哲學家的特徵，都知道驚奇；每個人意識開始發展至某種程度時，就會對他的直接經驗採取某種距離而予以反省。但在反省產生以前，小孩子已有了實在事物的經驗；他所經驗到的形形總總五花百門之實在事物，至少有一個共同點，那就是它們都是在的，而非不在。於是他向自己向他人頻頻提出問題：「這是什麼?」 他所經驗到的一切都爲問題中的「這」字所代表，都成爲「是者」。但一切成爲問題的「是者」都以某一種「在」的經驗爲先決條件。這也許就是西方語文中的 εἶναι ,esse, Sein, être, to be, essere 等字都同時兼有「是」與「在」的意義的理由之一吧。

現在我們且撇開小孩子，回到亞里斯多德的 τὸ ὂν ἧ ὂν 之形式邏輯、知識論及形上學三重意義。我把 τὸ ὂν 譯成「是者」即強調它的邏輯意義，具如上述。但當我們說「甲是乙」這樣的語句時，我們都是從實在經驗爲出發點：換句話說，甲與乙成爲「是者」以前已被經驗爲「在者」，至少對我們的經驗來說，甲與乙是「在者」。邏輯經驗論者酋於說「存在」不足爲命題中的述語❸。其實，「在」與「不在」矛盾，而一件事或物的「在」與「不在」很明顯屬於經驗範圍。假使上文的描寫

---

❸ Plato, The Collected Dialogues of Plato Including the Letters, edited by E. Hamilton and H. Cairns Bollingen Foundation, 1963, Theaetetus 155d.

❸ R. Carnap, Introduction to Symbolic Logic and Its Applications, Dover Publications, New York 1958, p. 34.
劉順德: 綜合邏輯，臺中市（著作者兼發行人），民國六十年十月初版，頁二九〇、三〇四。

成立，那末「是者」即以「在者」爲先決條件，邏輯規律即存有規律，二者不能分割。「同一物不能同時以同一觀點屬於又不屬於同一事物」（形上學 1005b 19-20,23-24）實兼具邏輯及存有二種意義。因此數學或邏輯語句對實在界也作了很確切的陳述；譬如:「三加四等於七」這一語句的意思是: 無論什麼事物（不拘是指頭、筆尖、戰事……），祇要是三件加四件，就成爲七件。這一語句雖是抽象的普遍的，卻可能對實在事物有所陳述；正如維根斯坦所說，邏輯語句描寫「世界的骨架」（Gerüst der Welt, Tractatus 6.124）。維氏所云之「恆眞語句」（Tautologien）雖然說不出新花樣，卻不能說一無陳述。」一物不能同時是又不是」這一規律也不僅是邏輯規律，它對整個實在界作了最普遍的陳述。

上面我們說「是者」這一超級概念由實在經驗爲出發點，「是者」與「在者」不能分割；但必須注意，這裏所說的「實在經驗」和「在者」，並不對經驗作「內」「外」及「眞相」「現象」等二元假定。卡納普在講語言的內在與外在因素時，很明顯地也作了這樣的二元假定。我一經驗到「在者」，立刻知道「在者」是「在者」，「在者」非「不在者」，與「不在」不可並存。邏輯與形上學的存有規律應當先於知識論「內」「外」的二元假定以前成立；我們把這些最高規律配合經驗事實，可以推衍出若干其他形上學原則。有了這些基本原則以後，纔可以證明「在者」（或稱「存有者」）之中的一部份繫於我人的思想，因此祇「在」思想以內，祇是「思想存有者」；另一部份不繫於思想，它們是「實在存有者」。卡納普說抽象名詞不指任何 entities；確切一點，應該說抽象名詞所指非「實在存有者」，而指「思想存有者」；「思想存有者」之中，一部份有實在世界爲根據，一部份沒有；「存在」一詞則最好留着去指「實在存有者」。我們現在對存有者的區分應當用經驗事實

及邏輯暨形上原理證明，它不應是一項假定。卡納普自己則並未意識到自己的內外二元假定。

五、科學人文觀、道德信念與意義

從宗教信仰到泛神論　卡納普在自傳中說他的父母具有深刻的宗教信仰，他們的整個生活都爲信仰所籠罩。幼年時的路道夫因此也受到宗教的薰陶，尤其承受了母親對道德所持的高尚態度。進大學以前幾年中，卡氏開始對宗教懷疑；進大學以後，他認爲宗教信條與現代科學的成果不能並存，尤其不能與生物學中的進化以及物理學中的決定論（determinism）並存。他之離棄宗教是逐步的；開始時否認了宗教的超自然成份，基督不再被視爲神，而祇是道德生活的促進者；繼而，位格神也逐漸爲泛神思想所替代。卡氏自稱，他的思想爲歌德所影響，歌德的《生命智慧》（*Lebensweisheit*）一書對他衝擊甚深。放棄了神的存在以後，卡氏也不再相信人死後還有具自我意識而不死的靈魂。他自己雖然不再相信宗教，但是由於他在父母身上經歷到宗教信仰對人生所產生的積極力量，對有宗教信仰的人卻始終懷着敬意。

人生觀與道德觀　卡納普失去宗教信仰，卻並不因此而失去道德信念，這是他再三強調的一點。他認爲「一個人的主要使命是發展自己的人格，並造成人與人之間有實效而健全的關係」。要達到這個使命，必須大家合作，尋求社會與全人類每一個人的幸福。人雖然難免一死，但生命依舊有其意義：人自己替生命給予意義，替自己指定目標，而每個人的目標爲人類偉大目標的一部份；整個人類的目標則超過個人生命的有限期間。他又認爲唯有科學方法足以改善人類的生活。上面這些雖未逐字翻譯卡氏的話，卻準確地代表他對人生觀的見解❹。

卡氏認爲他的道德態度繫於自己的個性，而他之所以能培養成這樣的個性，得力於母親不少。他以爲道德根本沒有理論基礎，而祇有情緒或動機因素；從卡氏經驗主義立場看來，肯定什麼行爲是善是惡是沒有認知意義的。當他撰寫自傳時（約在一九六三年），卡氏否定道德理論基礎已歷三十年之久，但他的道德態度並未變更。對道德的哲學看法未必影響人的道德態度，至少卡納普是個實例❹。

一個人道德態度如何，的確不繫於他對道德的抽象思考，而繫於他所養成的個性、習慣和存在實現。關於存在實現，本書第十五章＜仁的經驗與仁的哲學＞中將予詳細討論，這裏不必贅述。以卡納普爲實例來說，他對道德客觀標準的看法是抽象的，而他對「發展一己人格，造成人際健全關係」的思想則是具體的、對他行動發生效力的，構成了他的存在實現（不消說，這裏的「存在」，其意義與符號邏輯中所云的迥異）。後者這一類思想，就是雅士培（Karl Jaspers, 1883—1969）所云影響人行爲的「存在哲學」。因此，對道德的看法和實際生活無關，此語也需要斟酌；抽象的看法的確如此，存在的看法則不然。

從純理論觀點而言，卡納普否定了道德基礎的認知意義。但上面所列舉的卡氏的道德信念，卻又肯定人與整個人類的共同目標。就卡氏經驗主義的一貫主張，他這些話都沒有認知意義；因爲，所謂「生命的意義」、「人類的目標」均非由經驗而來的觀念，尤其不能用「事物語言」去表達。換句話說，依卡氏說法，他的話祇表達他的情緒和動機。依據這種觀點，那末，他有權利表達他「建立人際健全關係」的情緒和動機，張獻忠、李自成也有權利表達殺人的情緒和動機。兩者之間不過情緒和動機不同，沒有是非之分。不知卡納普能够承擔這樣的後果否？

---

❹R. Carnap, Intellectual Autobiography, pp. 3,7,9.

❹同上，八一一———八二頁。

我個人認爲道德以人性爲基礎；而我人對人性的確切認識，還需借重形上學的若干觀念。

維也納集團對人生的信念　卡納普在自傳行將結束時，說出維也納集團對人生的共同信念；他無以名之，姑稱之爲「科學人文觀」（scientific humanism），其內容包括下列三點：

1.人沒有超自然的保護者或敵人，因此凡能用以改善人生者皆屬人自身的責任。

2.人類有能力改變其生存條件，使今日的許多痛苦得以避免。個人、團體及整個人類的生活之內外情況均能够有根本的改善。

3.一切審愼的行動均以對世界的知識爲前提，而科學方法係獲得知識的最佳方法；因此科學應被視爲改善生活的最有價值工具之一。

「科學人文觀」用心良苦，其中三點的措詞方式良莠不齊，試述管見如下：

第三點措詞最佳，因爲說「科學應視爲改善生活的最佳工具之一」，這樣就沒有排他性。的確，科學是改善人生的最有價值工具之一。但科學也有限度，並非萬能；許多問題可能不在它的領域以內。第二點說「個人、團體及整個人類的生活之內外情況均能够有根本的改善」，如果不否認人的限度，也非常正確。第一點中「人沒有超自然的保護者或敵人」這一命題至少包括無神論；而「無神論」屬於形上學語句，維也納集團中人以不提爲妙。一方面卡納普說形上命題無認知意義，另一方面又作「神不存在」的形上學命題，豈非自相矛盾？何況結論與前題沒有必然連繫；因爲有神論者也相信神把改善人生的責任放在人肩上。

六、尾　聲

　　行文至此，我益信維根斯坦對維也納學派尤其對卡納普影響之深。卡納普對維氏性格雖略有微詞，但基本觀點幾乎盡與維氏《邏輯哲學論叢》雷同。維氏說哲學中的許多問題無意義，尤以形上學命題為最；卡納普所說的「邏輯語法」即發揮此一見解。維氏又說邏輯命題係異辭同義，對實際事物並無陳述（Tractatus, 4.461-4.462），對事物有所陳述的「基要命題」（4.2-4.21）及自然科學（6.53）纔眞有意義。卡氏繼續發展此義，結果把「意義」限於諾伊拉特所云的「物理語言」。他關於語意學、物理學的哲學基礎、或然率等著作，目的都在於建立祗應用「物理語言」（包括「實物語言」）的科學哲學。當然，科學哲學祗不過是科學思考方法而已；而哲學的成就不在於所陳述的哲學命題，而祗在於命題意義的釐清，這也是維根斯坦的看法（4.112）。

　　然而，我認為邏輯命題不反映事實（4.462）這句話本身需要解釋。其實，邏輯命題雖非經驗所可證明，卻可以應用於經驗。維根斯坦所云的「事實」（Wirklichkeit, reality）祗是指某時某地的具體事實。能夠應用於一切事實的「骨架」（6.124）至少與事實有關。

　　亞氏從「是者」及「存有者」這一概念所推廣的最高原理適合整個存有界，而無邏輯世界及實物世界之分，這是哲學語言意義的關鍵所在。

　　最後，我覺得還有一件饒有興味的事值得指出：卡納普及分析哲學家要用經驗做哲學語言的基礎，這也正是當代存在思潮對道德及宗教哲學所作的努力。過去，西方的道德及宗教哲學往往偏於抽象而不切實際。今日的主要趨勢則是：重新回到實際人生經驗。思考不脫離人生經驗，也許正是當代哲學彌足珍貴的特徵之一吧。

下編：向未來發展的人性
與中國傳統思想

第八章　從心理學走向人類哲學

一、曾是哲學一部份的心理學

說起心理學，許多人以爲它是一種發人隱衷的魔術。做生意的人往往有一種特殊的本領，他們見人一進門，馬上就意識到進來的人的服裝態度，馬上猜想到是怎樣一類型的人物：立時他靈機一動，對人就說人話，對鬼就說鬼話。這是否就是心理學呢？不是，最多可以說這是一種迎合人心理的本領。心理學是一種科學，嚴格說來是僅以研究心理現象爲目的，不必求其實用，正如同愛因斯坦創相對論時，並沒有想到以後對原子分裂會有所貢獻。數學也就是這樣的一門科學，它並不急於求實用，但是事實上任何實用科學都離不開它。老子所說的「無用之用，是爲大用」就是這個意思。心理學也是如此，它祇是一門學問，其本身的價值並不繫於它的是否能夠致用。雖然如此，我人卻不妨把心理學分爲理論與實用二部份；理論部份以研究心理現象爲目標，實用心理學則把理論施諸實際。

涉及心理現象的我國古代著作很多，王秀谷教授在＜論心＞這篇文字中❶曾列舉中國古代文獻中提到「心」的地方，使我們明瞭中國古代的人對心理現象已經有很深刻的體會；印度哲學和西洋哲學也類是。但

---

❶現代學人（臺北市，民國五一年）第五期，一五二一一七八頁。

是把有關心理現象的問題作系統化研究的，要推希臘哲人亞里斯多得爲先。亞氏的老師柏拉圖在《對話錄》中，已有數篇討論有關靈魂的問題。可是柏氏對於人的思考有些支離破碎，而且一部份近於怪誕。他的弟子亞里斯多德則對靈魂作了有條理的學術性研討。他的理論之大部份爲中古時代的士林哲學所接受。

士林哲學無疑地也曾注意到心理現象：這是因爲歐洲中古時代的哲學被目爲「神學的使女」（Ancilla theologiae），神學則無論在理論與實際上均不能不注意靈魂問題。因此中古哲學頗側重靈魂的精神性與不死性的證明，此外也注意人類的理智、意志、情緒、感覺相互間的關係。我人如細讀士林哲學巨子如多瑪斯‧亞奎那有關情緒意志各種問題的著作，不能不承認士林哲學確曾積聚了許多來自反省的心理經驗。像善惡習慣如何形成如何破壞種種，都是不折不扣的心理經驗。

正式用心理學——Psychologia——這個名詞的是十八世紀時的一個德國哲學家伏爾夫（C. Wolff, 1676-1754），他在一七三二年出版了《經驗心理學》（Psychologia Empirica）一書。但是他所講的經驗心理學並不曾脫離哲學範圍。

自從培根（Francis Bacon, 1561-1626）在＜新工具＞（Novum Organum）中建立了實驗科學的理論基礎以後，科學在歐洲突飛猛進，尤其是天文、物理、化學、生物學等等。實驗科學的方法是盡可能把某一種因素孤立起來研究，用以發現它的前因後果．發現了以後再用實驗去證實。這樣的實驗可以隨時隨地重複，任何持反對見解的也可以利用實驗來反駁。隨着生理學的進展，慢慢地人們注意到與生理現象相聯繫的心理現象，實驗心理學也就逐漸形成❷。

---

❷E. G. Boring, *A History of Experimental Psychology*, New York 1950.

二、心理科學的產生

實驗心理學的產生　要使心理學成爲實驗科學的企圖已在十九世紀初葉開始，一八二四——二五間，赫爾巴特（Johann Friedrich Herbart, 1776-1841）發表了《作爲科學的心理學》一書，志在以經驗、形上學與數學把心理學重新建立起來。一八二三年，貝納克（F.E. Beneke, 1887-1940）發表了＜作爲自然科學的心理學導論＞。貝納克與赫爾巴特實際上還不曾創立實驗心理學，他們可以說是實驗心理學的先驅。以後有韋柏（E.H. Weber, 1759-1878）與費希納（G. Th. Fechner, 1801-1889）研究外界刺激與感覺之間的量的關係；費氏發現，外來刺激發生幾何級數的變化以後，才會使人感覺到算術級數的差異。費希納把這項韋柏定律（一種相對定律）以更精確的數學公式來表示，更由此建立他的「精神物理學」（Psychophysik），他以爲這樣可以用數字來表示精神與物質間的關係。費氏的理論早已成爲陳跡，但韋柏與費希納二人以實驗方法確定了刺激與感覺間比例的常數，可以說是實驗心理學的先鋒。

繼費希納而起的馮德（Wilhelm Wundt, 1832-1920）在一八七三年發表了劃時代的《生理心理學概論》一書。馮德在此書中建立了實驗心理學的方法；因此大家都公認他是實驗心理學的鼻祖。六年後他在萊比錫創立了第一座實驗心理學研究所。著名的心理學家如德國的鳩爾培（O. Külpe, 1862-1915）、克呂格爾（F.E. Krueger, 1874-1948）、美國的凱特爾（J. Mckeen Cattell, 1860-1944）、斯坦里·耗爾（G. Stanley Hall, 1846-1924）均爲馮德高足。馮德以爲單純的心理現象可以用對於反省的實驗來研究，複雜的心理現象祇能藉民族心理學來研究；因此他最後出版的巨著即《民族心理學》。

　　自從馮德在萊比錫創心理實驗室以後，不久德國各地心理實驗室接踵而至。比較最有名的是威斯堡的心理實驗室，在這裏鳩爾培與他的弟子格外注意研究人類的思考步驟。威斯堡的心理實驗室對反省做了許多實驗，證明思想並不繫於某種具體的心象。鳩爾培的弟子阿哈(N.K.Ach與米曉特(A.E. Michotte)繼續以反省方法研究了意志的作用。米曉特以後在比國魯汶大學教心理學，同時繼續研究。另一位鳩爾培的弟子哲美里(A . Gemelli) 則創立了意大利米蘭聖心大學中的心理實驗室。

　　完型心理學　大約是因為馮德太受生理學影響的緣故，他把心理現象分割成各種元素，以為明瞭各部份以後卽能明瞭全體；因此後來人們稱這種看法為「心理的原子論」。魏太麥耳 (M. Wertheimer, 1880-1943) 起而反對，首先創立「完型」(Gestalt) 的理論。所謂完型是由二種以上的外界刺激所產生，而不能再分割成個別 「元素」 的整體知覺。例如在黑暗中映射一線， 停止後在其旁再映射一線； 這樣繼續下去， 如果速度不高，我人會看到二條不同的線：一會兒在右邊，一會兒在左邊出現。但如速度增至某一程度，二條線就變成向左右移動的一條線。這一條線移動的知覺已不是起初二條不同線的感覺所能解釋， 而是一種新的知覺，魏太麥耳名之為「完型」(Gestalt，也有人音譯為格式塔)。繼魏太麥耳有考勒 (W. Köhler) 研究動物心理中的「完型」， 他格外研究完型在猴子心靈中的構成。這一研究趨向就是所謂完型心理學(Gestalt-psychologie)。

　　行為主義　上文曾說起鳩爾培學派僅以反省當作實驗對象，用以研究思想與意志。美國的凱特爾與英國的麥杜加 (W. McDougall) 則主張除研究反省以外，還應當以客觀行動為心理學的研究對象。這種主張經動物心理學與巴甫洛夫 (I.P. Pavlov) 的「條件反射」理論日漸有力。如所週知，巴甫洛夫以實驗方法研究狗的胃液分泌。巴甫洛夫的實

驗證明，不但食物本身會刺激胃液，任何能使狗聯想到食物的事物或聲音都會引起胃液的分泌。巴甫洛夫稱食物本身刺激所生的反應為無條件反射，因聯想作用所刺激而生的反應為條件反射（一稱交替或制約作用）。凡此一切都可以用客觀方法與以實驗，不必求諸反省。

對反省方法攻擊最烈的是瓦特生（J.B. Watson），他在一九一二年首創行為主義（Behaviorism），以別於利用反省的心理學。他以為意識不是科學研究的對象，唯一可以研究的是外面的行為（Behavior）。瓦特生格外研究白鼠找迷津的學習能力，以為可以用刺激與反應二個步驟解釋任何心理現象，並且認為人類的心理也並不例外。可是祇看外面的行為，我人絕不能理解人類的高級動作與行為的動機，這是行為主義的最大弱點。今日的心理學雖仍繼續研究可觀察可測量的「行為」，但很少有人絕對不應用反省的。

心理分析與治療心理學　心理分析（Psychoanalyse）係維也納的佛洛伊德（S. Freud）所首創。他治療精神病的久長經驗告訴他，精神病態往往起源於孩提時被壓抑的心理因素，而這些心理因素都可歸結到性慾。佛氏的《夢的解釋》一書顯示他對夢的瞭解的確具有天才，但他以性慾二字概括了心理動力，甚至以為任何高級精神活動都不過是性慾的昇華。他的弟子阿德勒（A. Adler）就糾正了佛洛伊德以性慾解釋一切的偏執之論。阿氏認為被壓抑的權力慾纔是精神病的起源。瑞士人榮格（C.G. Jung）更乾脆地以「心理動力」（Psychische Energie）概念代替了佛洛伊德的性慾。由心理分析所形成的這一派心理學稱為深度或深層心理學（Tiefen-psychologie）。本書十二、十三、十五各章還會繼續討論心理分析與中國傳統文化的關係。

心理分析雖為一部份心理學家所歧視，但它對精神病治療的貢獻是任何人所公認的，已成為治療心理學（Medizinische Psychologie）的

重要部份。

　　就實際應用而言，以治療精神病為目的的治療心理學當然值得重視。此外各種不同的心理測驗、職業輔導等等，都是當代心理學中的熱門。

三、現代心理學的得失

　　人類關於自己的思想感情等亦卽所謂心境的觀察，原都以經驗為基礎。把這樣的觀察筆之於紙的，中外古今代不乏人，文人、哲學家等尤其喜歡作這樣的描寫。但是把思想、記憶、感覺等心理現象作為實驗對象，則是上世紀纔開始的。自從一八七九年萊比錫第一座心理學實驗室創立以來，不容否認的，我人對許多心理現象已有更清楚的明瞭，譬如學習過程、記憶規律、潛意識（或無意識）心理狀態的存在等等。其實一部份的成就倒不是實驗心理學所得，譬如心理分析根本就不是實驗心理學，最多可以說是經驗心理學。實驗的特點之一是可以無限制地把一件事重複，用以觀察它是否準確。這在心理分析或深度心理學中是一件不可能的事：因為每個人的內心經驗便祇有那麼一次；一個精神病患者經過某種步驟而獲得治療，我人不能再讓他把過去一切重新再經歷一次。別人的經驗可能與他的相似，但終究有些不同。深度心理學雖沒有實驗為基礎，但他所揭示的許多心理事實卻已不容人置疑。此外，現代心理學利用統計方法，已經能够研究許多不能直接實驗的現象：社會心理學之興起，多半就靠這個。

　　正如上文已經說起，現代心理學者運用了許多卓著成效的方法，其中一部份祇涉及智力，另一些則有關整個人格。此外心理學對教育、職業輔導、工業管理等的實際應用，也都有很卓越的成就。

　　但是現代心理學卻也犯了一些到現在還沒有完全脫除的毛病。現代

心理學創始時，幾乎完全以意識爲研究對象，所用的方法是反省，具見上文。以後美國人瓦特生創行爲主義，把反省與意識根本撤去不用。行爲主義幾乎把人看成一具機器，以爲祇要知道它怎樣發動、進行就是，其他一切可以不問不聞。是的，現代科學的特點之一是分門別類，每部門研究自己範圍以內的東西。假使行爲主義者僅研究自己範圍以內的「行爲」，倒也無可厚非。但可惜他們往往接受了實證主義哲學，以爲除行爲以外，其他一切均屬子虛，這就自絕於錯綜複雜的眞的人生。

蘇聯與共產主義國家的官方心理學也有些和行爲主義彷彿，把高級心理現象都歸結到巴甫洛夫的「條件反應」。用這樣簡單的概念想要解釋一切，當然是緣木求魚。

無論是美國的行爲主義或俄國的「條件反應」（制約反應），這些理論對人的看法始終是偏面的。現代心理學一開始就犯了這個毛病，因爲馮德原來是研究生理學的，他的心理學受到英國哲學家休謨（David Hume, 1711-1776）、洛克（John Locke, 1632-1704）等的聯想說的影響，以爲應當先分析出心理現象的「元素」，以後研究這些元素相連接的方式——聯想作用，最後纔能確定聯想作用的規律。上文已提及「完型心理學」起而推翻這種「元素心理學」或「原子心理學」；完型心理學者認爲心理現象不能分成最基本「元素」，各種「元素」原來已經在一種「完型」（Gestalt）中不可分地連在一起。例如一個旋律、簡單的中國字等等知覺，再也不能把它們分成「元素」，分開以後就與原來的知覺無關。完型心理學者已一針見血地把心理學孩提時期的幼稚病指出。

馮德和許多當代心理學家所犯的另一個毛病是祇注意心理現象而不管這些心理現象的主體。心理現象不息地在變動着，這些川流不息的心理現象究竟發生在什麼地方呢？因此，克呂格爾（F. Krueger, 1874-1948）指責馮德的心理學是「沒有靈魂的心理學」。克呂格爾接受完型

心理學的說法，主張構成知覺的是不可再分割的「完型」；但「完型」隨知覺一瞬卽逝，保存它的是一種持久的「結構」(Struktur)，而結構以上還需要有一個位格 (Person)。克呂格爾的理論稱爲整體心理學 (Ganzheitspsychologie)，這個命名就表示與馮德的元素心理學針鋒相對。克呂格爾主張心理現象的整體比任何元素更爲重要。

儘管克呂格爾及其徒衆大聲疾呼要強調人的整體，從而瞭解人的本質所在，原來起步於德國的心理學，其重心已逐漸轉移到美國。而瓦特生所創的行爲主義則決定了美國心理學的研究方針。美國人心目中的心理學，其目標不外是研究人如何適應他的生物性與社會性環境，讓我們在某種範圍內理解、預知並控制人的行動。根據這個目標，「人究竟是什麼」這個問題簡直可以說是莫須有的。但是我人依舊可以從一般所公認的現代心理學知識，得到這個問題的片斷答案：人的每一部份影響整體，整體又決定每一部份的活動。人有感覺、知覺和思想各種活動，用以認識外在世界。人有學習能力，而制約 (Conditioning) 卽學習的主要方法。人的活動爲種種衝動、動機和情緒所左右，人受到挫折以後會產生正常與不正常各種反應。認識能力、學習能力、動機與情緒反應的差異，構成人的不同個性，而上述差異又顯然與肉體的物質條件有關，神經系統與內分泌腺卽其主要因素。除去個人活動以外，人還有社會活動：人受他人的影響，但也能影響他人。

假使我們再要問下去的話，也許某些心理學家會告訴我們，人是動物的一種；也許還有人會說，人是需要消化系統供給能量的一具計算機；過此以往就不是他們所能知道❹。

❹Walter Heistermann, *Mensch und Maschine,* die Bedeutung der Kybernetik für das Verständnis des Menschen. In: R. Schwarz (ed.),

是的，純粹以實驗科學的立場，心理學家無從答覆「人究竟是什麼」這個問題，因為它不是實驗或經驗所能解決的。心理學家如果嚴格地保持自己的立場，他會說以下或類似的話：「我們祇運用我們的方法，而依據這些方法，我們對人的認識僅止於此。別人應用別種方法，則可能有另外的結果，這就不是我們所能預卜的了。」但是也有一些心理學家，以為我們對人的知識祇限於經驗所能告知我們的事。說這話的時候，他們就不純粹站在科學家的立場，而是站在實證論者的哲學立場了。

真的科學態度則是把自己的研究範圍局限於某一觀點，而暫時假定其他一切都不存在。譬如伽里略在比薩斜塔把大小各種物體同時丟下時，就是暫時假定空氣阻力不存在；事實上那些丟下的物體體積很小，因此空氣的阻力可以不計。但伽里略卻決沒有否定空氣阻力的存在。同樣地，「無靈魂的心理學」如果祇是暫時假定其他一切不存在，而祇研究心理現象，或者祇研究人對環境的適應，那也就無可厚非。錯誤祇在於說：除去這些研究所得以外，我們對人就不能有任何其他知識。

明瞭了這點，我們就會知道，科學的心理學與哲學的心理學不但是道並行而不悖，而且是相輔相成的❹。目下有人稱哲學心理學為哲學人類學 (Philosophische Anthropologie)，也可簡稱為人之哲學。這裏我們無意敘述這個問題在東西哲學史中所有過的各種答案，而是在前人所供給我們的思想中，設法找出一些能幫助我們解決「人是什麼」這個問題的線索。

Menschliche Existenz und moderne Welt, Teil I. Walter de Gruyter & Co., Berlin 1967, S. 783-802.

❹美國心理學家之強調這點者，除已過世的 Gordon W. Allport 以外，似乎當以馬思洛為首。請參看：Abraham Maslow 著，易水寒譯：＜心理學的哲學基礎＞，＜幼獅月刊＞卅五卷（民國六一年）五期五二—五八頁。

四、哲學對人的二種探討

二種基本不同的看法　古今中外對人的基本觀點，可以綜合成下列二大類：一種視宇宙中祇有唯一實在，而飛潛動植種種有生物都是這唯一實在的變化形態。人的智慧雖超過一切，但歸根結底不過是宇宙種種現象之一，並沒有他獨特的存在。第二種則不但承認人在萬物中佔特殊位置，而且有他永恆的獨立存在，因此有他的永恆價值；他本身自為目的，而不應祇被視為其他事物的方法。

把宇宙看成唯一實在，可以說是世間相當流行的一種哲學見解。印度在公元前一千年的吠陀（Veda）哲學，就說婆羅門（Brahman）是宇宙的唯一自立體（Substance），其他一切均係婆羅門的各種不同表現。後起的優婆尼沙（Upanishad）哲學則謂亞特孟（Atman）係宇宙之「大我」，人與神均屬之，而宇宙間之一切無非虛幻，人之「小我」卽虛幻之一，物質世界亦莫非虛幻。後世佛教所云無生滅、無增減、不變易之真如，也就是由吠陀哲學所一脈相傳的，佛教又主張真如以外的一切都是「無常」的「現相」，因此有「諸行無常，諸法無我」之說。假使我們說，主張宇宙中祇有唯一實在是印度哲學的主流，想來這句話是近乎事實的❺。

這一類型的思想，在歐洲也屢見不鮮。例如希臘哲學中的路西帕斯（Leucippus）卽主張宇宙一切均係「原子」所形成，原子間並無性質的差異。人的靈魂也是由原子所成，只不過比其他原子精細一些。近代主張宇宙祇有一個自立體之最著名哲學家是斯比諾撒（B. Spinoza），

---

❺René Grousset, *Les philosophies indiennes*. Paris, Desclée-de Brouwer, 1931.

他認爲大自然卽上帝，卽唯一自立體。謝林（F.W.J. Schelling）與黑格爾（G.W.H. Hegel）以唯心論觀點也達到相同的結果；黑格爾主張世間有所謂「宇宙精神」（Weltgeist）的存在，宇宙一切變化均遵循一定規律，卽正反合的辯證法則，而眞正實在的是宇宙精神。後來馬克思把這辯證法貼合到物質身上，造成辯證法唯物論。在黑格爾與馬克思心目中，世間實在的東西只有一種：黑格爾說這唯一實在是以正反合規則變化的「精神」或「觀念」，馬克思則說這唯一實在是以正反合規則變化的物質。《希望原則》一書的作者布洛霍對這方面的見解不過是祖述馬克思而已。

　　我國哲學也曾有類似的思想，至少宋明理學是如此的：理與氣構成宇宙間的一切，理是形而上之道，氣是形而下之器，物性成於理，物形成於氣。具體的物之成毀則由於氣之聚散：氣聚成物，氣散則物滅；這種說法浸至朱熹而集大成。根據朱熹，人之生死，也就是氣之聚散所致：氣聚則生，氣散則死❻。朱熹的這一說法，與上述各派哲學所云大同小異。這些哲學對人的看法是：人是宇宙間唯一實在的「現相」之一，他自己本身並無獨立存在，就如同大海中的微波。波不能離水獨立，它祇是水的一種變化形態，同樣地人與世間一切亦均如是；一切旣隨時代巨輪而消逝，人又豈能逃脫萬物所共有的命運呢？因此佛教認爲世間一切都是虛幻。辯證法唯物論者則以爲社會的歷史演變是唯一足以重視的事實，每一個人則無足重輕。共產主義之所以蔑視人權，其基本原因就在於此。

　　另一方面，往古來今確信人具有永恆而獨立存在的思想家也大有人在，他們相信人有永恆生存的靈魂。持此見解者，以奧古斯丁與歐洲中

❻馮友蘭：《中國哲學史》下册，民國三五年，重慶，商務印書館，八五二～九一六頁。

古期哲學家最著。他們也曾舉出許多理由證明他們的看法為準確。時至今日，那些理由往往不再為人所接受。這裏我們願意粗枝大葉地略述傳統的理由，並指出那些理由的缺點何在。

用以證明靈魂不死的某些理由 上面我們曾經說過，現代心理學被稱為「無靈魂的心理學」，因為絕口不談這些問題。恰與此相反，士林哲學的人類學則往往以靈魂的存在為出發點。這種說法的漏洞是很明顯的，因為我人所能親自經驗到的，只是有感覺、有情緒、有思想……的自我，靈魂並不是直接經驗的對象，而是由推理由思考始能想到。既如是，充其量靈魂祇能作為思考的終點，不能做出發點。

其次，證明靈魂不死的傳統理由幾乎都從「精神體」的概念着手。然而什麼是精神體呢？一般的定義都是「非物質的事物」。但什麼是物質呢？這裏所云的物質當然不是士林哲學中的「第一物質」（Materia prima），即尚未成型的「原質」（與「模式」相對），而是所謂「第二物質」（materia secunda）。這種意義之下的物質是非常不容易解決的問題：過去有人以為物質是具伸延之物（res extensa），今日這種說法早已為現代物理學所擯棄。最小的物質原素大約是沒有質量的，充其量祇可以說是一種自立體，因為它支持着其他各種性能❼。

物質的概念既然不清楚，那麼我人又怎能有「非物質的」「精神體」的清楚概念呢？

因此，要從「精神體」這個概念着手證明靈魂不死，我以為是立不住腳的：「精神體」的存在至多可以作為思考的終點，而不應作為起點。

康德認為靈魂不死等等，是不能用形上學論證加以證明的，而祇能够作為「實踐理性」的「要求」。他在「實踐理性批判」的結尾中，劈

❼Nikolaus Junk S. J., *Das Ringen um einen Materiebegriff*. In: Scholastik 16, 1941, S.521-533.

頭就說：「思考越久長，兩件事越使心緒充盈常新而增長不息的驚異與敬意，即在我上面那滿佈繁星的天空，和在我裏面那道德規律。」滿佈繁星的廣大空際使我人意識到自己的無限渺小，而道德規律使我們體會到內在的無限性。對康德而言，道德規律全憑自身的力量，它是一項「絕對命令」，它要求我們做一種「向無限的進展」（in einem ins Un-endliche gehenden Progressus）去追求聖善。但這「向無限的進展」祇在靈魂不死的情形下纔有可能❽。

　　我以為康德所認為「實踐理性的要求」的靈魂不死，還是應當用理由去證明。但他所指示的方向，我覺得是很可取的，因為他從人「向無限的進展」這一基本傾向着手。

　　人對永恒的憧憬　物理學家與哲學家巴斯噶（B. Pascal）說得好，人是自相矛盾的東西。他「生年不滿百，常懷千歲憂」。他是這樣脆弱、渺小，卻能夠思想，他是「能思想的蘆葦」❾。人追求價值，追求眞、善、美。人永遠不能滿足，一種期望剛得到滿足，馬上就想到第二種第三種……，總之，他追求永恆的愛與幸福。

　　人內心之不滿現實和憧憬無限、永恆，我想可以說是一樁普遍事實：每個人都希望能夠不死，全世界的愛情小說與抒情詩也都可以作為佐證。我們不必到全世界去做大規模的民意測驗纔能達到上述結論。

　　何以人會憧憬永恆呢？你可以鄙夷地嗤之以鼻說：這不過是幻覺。但幻覺不能解釋一切，它發源於實在事物：精神病者幻覺自己南面稱王，也是因為世間眞有南面稱王的人。

---

❽Immanuel Kant, *Kritik der praktischen Vernunft*. Philipp Reclam Jun., Stuttgart 1961. Erstes Teil, II. Buch, II. Hauptstück, IV. S. 194-197.

❾巴斯葛著：《深思錄》，臺中市光啓出版社印行，民國五七年三月初版。

在自然界中我們見到，天生的本能有客觀事物為其滿足對象。新生的嬰孩有吮奶的本能，他是否祇「幻覺」到有可吮的奶頭呢？動物界的本能有外界事實為基礎的例子更不勝枚舉。那末，人對永恆的憧憬何以會是虛幻呢？

假如你是無神論者，或者你對創造宇宙者沒有堅定的確認，你至少可以說：人對永恆的憧憬是一項普遍事實，這項自然傾向應當有兌現的可能，因為否則宇宙間就出現了一項極大的不和諧，這在整個自然界是史無前例的。

我個人是有神論者，並且自信能以充分的理由去證明神的存在。當然這裏無從詳細發揮證明神存在的論證。一個已用理性確證具有無限智慧的創造者存在的人，他可以繼續作如下的推論：無限智慧的創造者不會使一種與生俱來的基本慾望毫無意義。人既追求無邊無際的真、善、美與永恆幸福，那末這永恆幸福就應當有達到的可能。

由於創造者的存在和智慧，以及人類天性的不滿足和對永恆幸福的憧憬，我以為可以得到一個比較更合理的靈魂不死的論證。康德的「無限進展」也在說明人嚮往真、善、美與永恆的這一事實。人在有限的生命年月中既無法滿足上述傾向，那末創造者自應給他滿足這「無限饑渴」的其他可能性：那就是使他的生命不因肉體的死亡而終結。也就是說唯有靈魂不死，人纔能滿足對永恆幸福的企求。

我不敢說這個論證已是天衣無縫，但我覺得這條路還是比較可以走得通。極希望有人對上述論證提出意見與建議，這是我人走向真理所必經之途。

人的永恆與人格尊嚴　上文曾說起，辯證法唯物論視社會的歷史演變為最高原則與唯一足以重視的事實，因此把每一個人視若敝屣。其實，凡是把宇宙視為一元的任何理論，依着這理論的邏輯推衍，都不能

尊重人格尊嚴。這樣的理論，邏輯地必然會把人與其他一切視爲「唯一實體」的「變化」和「現相」。當然，我並不是說，持一元論者事實上都不尊重他人；因爲人的實際行動表現並不完全決定於理性所認定的理論，而同時受文化習尙、人與人間的同情、個人的道德修養及其他各種因素所影響。因此，持一元論者可能在實際生活上很尊重他人；但他的這項行動表現並不符合一元論思想。一元論的邏輯結論應當是：我祇認定唯一實在；無論是物質也好，觀念或精神也好，聚而復散散而復聚的氣也好，祇有這唯一實在值得我重視；個人如朝露如雜草，何足掛齒？

反之，如果我承認永恆不死的靈魂存在，那末我就應當想：任何微賤的個人，都有他的永恆歸宿，有他不可抹煞的人格尊嚴；當然他可以自由選擇向無限的眞、善、美進展，也可以停滯不前或竟開倒車投向魔鬼。但我人仍不容否認，現在存在思潮所強調的自由選擇能力正是人向無限開展的最明顯表記。相信有不死的靈魂者的行爲雖未必都盡如理想，但從理論方面說來，承認人的永恆存在，似乎是人格尊嚴的最大保障。

第九章　現代科學與哲學的人性觀

一、緒　　論

　　人性觀可以說是人類哲學的中心主題：我國二千多年以前就開始討論它，近代哲學家休謨以「人性論」作爲他主要著作的名稱，當代思想家也頻頻提及這一問題。其實這件事一點不稀奇：許多哲學家都不約而同地說：人是對自己發生問題的東西。這句話的確說中了人的基本特點。由於人對自己發生問題，他會自問究竟從何而來，往何處去，他在遼濶的宇宙中究竟佔什麼位置。尤其他對自己究竟是什麼發生疑問，這也就是古今中外所共同關心的人性問題。人性問題一向與人的行動規範結了不解之緣：「人是什麼」的看法決定或至少影響「人應做什麼」的觀點。譬如辯證法唯物論認爲人不過是以正反合辯證方式變化的一種物質，因此主張道德隨辯證變化而變：合乎此時此刻情況的行爲卽合乎道德，而時過境遷，同一行爲可能卽被目爲不道德；個人則必須絕對服從辯證趨勢。從這一立場做出發點，祇要是辯證法趨勢所要求（根據列寧，祇有共產黨掌權者被認爲對此情勢有「正確」的估價），任何欺詐、殺人甚至陷害無辜種種行爲都被目爲正當。這就是「人是什麼」的看法決定「人應做什麼」的一個例子。

　　我們在本文中無法列舉各種人性觀與倫理觀之間的關係，祇願意略

述我國與西方的傳統人性觀。以後指出現代心理學、人類學等對「不變人性」之歧見，同時也提及若干現代哲學家的意見。最後從生物進化觀點對人性的意義重新作一個嘗試。

二、我國與西方的傳統人性觀

如所週知，我國哲學思想的重點在倫理哲學，因此我國傳統哲學也特別重視人性問題。唐君毅先生在《中國哲學原論原性篇》中，從春秋戰國時代開始直至明清，分析了我國傳統的人性思想，洋洋四十餘萬言；他說：「中國先哲之人性論之原始，其基本觀點，首先將人或人性視爲一所對之客觀事物，來論述其普遍性、特殊性、或可能性等，而主要是就人之面對天地萬物，並面對其內部所體驗之人生理想，而自反此人性之何所是……」❶。我人如仔細考核秦朝以前直至明清時代各種對人性之不同見解，不能不同意唐先生的話。的確，我國傳統思想家一向不習慣對事物作客觀思考，而着重內心的體驗；而這所謂內心體驗，主要也就是道德生活的體驗。換句話說，我國二千五百多年來的人性論，都是由體驗倫理生活而得。對人生規範所抱的不同態度，使儒、釋、道各家對人性也有不同的看法：各派各家都希望在人性論中找到對人生見解的根據，他們都相信有「生之所以然」的人的天性。但在這一共同信念之下，中國傳統思想卻也有許多歧見，最著名的是孟荀的性善性惡之爭。孟子的性善說當然更能與中庸的自盡其性、自誠、自成等義相和諧，成爲儒家思想的主流。但荀子性惡說也並未在中國思想中消形匿跡：它在後世「性分上中下三品」乃至「義理之心」與「氣質之心」的區分中依

❶唐君毅著：《中國哲學原論原性篇》（中國哲學中人性思想之發展），香港新亞研究所印行，民國五十七年．三頁。

舊發生力量。無論如何，中國傳統思想對人性的看法都逃不出道德生活
的圈子。老莊的恬淡與返樸歸眞誠然是另一種人性論，但並沒有脫離行
爲規範的圈子，佛家思想也大同小異。

　　西方的思想家，誠如唐君毅先生所云，比較更趨向客觀事實。最早
的希臘哲人所討論的問題是大自然，畢達哥拉學派受到東方宗教影響，
始注意人的靈魂等問題。整整一個世紀以後，亞里斯多德在倫理學中發展
了一套與道德生活相聯接的人性論。他主張道德生活卽人之所以爲人的
眞幸福所在，也就是說道德與人性分不開。生命並非人所專有，因爲動
物植物都有生命，因此生長繁殖不足以構成人之所以爲人的眞幸福。跟
着情慾行動也不是正道，唯有利用自由意志使情慾受理智的節制，才是
人之所以爲人所應有的行徑，才是幸福之路❷。亞氏這一思想構成歐洲
中古時代倫理哲學的重點。著名的十三世紀哲學家多瑪斯・亞奎那，卽
認爲道德生活係具理性的人之自然傾向所趨，具理性的人之自然傾向就
是意志❸。多瑪斯主張，意志趨向其最後目標時，才會完成自己而達到
幸福境界❹。這一想法，和我國傳統之僅從道德體驗而來的人性論已有
很大差別：亞里斯多德及中古哲學家誠然是由反省而自覺到人的理性，
但思考時總是要與其他事物相比較（例如與動物、植物相比），並不如我
國傳統的思想家祇從道德體驗立論。就某種意義而言，西方傳統思想也
把人視爲許多事物之中的一種：卽使視人爲「理性動物」，也是把人當作
認識及研究的客觀對象❺。東西方的思考方式在這點實在有 基 本 的 不

---

❷R. McKeon (ed), *The Basic Works of Aristotle*, Random House,
　New York 1941, 1102[b], 1103[a], 1098[a].

❸S. Thomae Aquinatis, *Summa Theologiae*, Pars Ia IIae, Q. I. Art.
　2. 3. 4.

❹同書，Q. II. Art. 8.

❺唐君毅著：《中國哲學原論原性篇》，四一六頁。

同。然而，這兩種傳統卻都主張道德是人性內在的正常發展；而人性本身的不變，可以說是從未被懷疑過的「基準」(Postulatum)。

三、現代心理學、人類學、生物學對人性的疑問

現代心理學和文化人類學卻已對上述看法發生了極大的疑問。如所週知，現代心理學對哲學問題不感興趣，現代心理學祇被目爲行爲科學之一，與人類學、社會學鼎足而立。遺傳與環境對人的行爲都具決定性的影響，但心理學比較強調後天的學習。事實上，天生的本能在動物身上極其顯著。尤其如蜘蛛、蠶、蜜蜂、鳥類等。人的行爲則很少純粹是本能而絲毫不受學習影響的。麥杜加（McDougall）曾說人類有七種主要本能，卽逃避（危機）、拒絕、好奇、好戰、自抑、自舉、親情；其次是傳生、性方面的妒忌、女性的羞怯、合羣、佔有、建造等本能；此外還有同情、暗示、模仿、遊戲、氣質等一般本能❻。但這種講法，今日已很少有人同意，因爲麥氏對本能的定義稍嫌太廣。現代的心理學家則認爲人類由遺傳和成熟（成熟就是生物依一定次序的成長過程；其實它就是遺傳的繼續）而得的行爲模式卽所謂本能行爲，幾乎都經過環境改造，很少一點不帶學習成份。另一種行爲科學——文化人類學更替我們指出，不同文化所培育的人，對行動規範看法有顯著的不同。某些受心理分析影響的人類學家認爲社會制度、道德、宗教、藝術等均係育兒方式所造成：嬰兒的飼養、斷乳及大小便訓練方式的不同，造成不同的基本性格，這些性格以後在社會制度、道德、宗教、藝術上留下具體的

---

❻William McDougall, *An Introduction to Social Psychology*, Methuen, London 1950, pp. 39-103.

表達方式❼。因此，依據現代心理學、人類學的看法，所謂「人性」不過是不同環境尤其是不同的育兒方式所造成，根本並沒有「不變」的人性。

假使我們更進一步去問生物學，不變人性這一觀念就更難立足。進化在現代生物學中雖未完全證明，但如否認進化理論，則已知的許多事實都無法解釋。古生物學發現：(1)早期祇有少數簡單的有機體形式；(2)在時間過程中，有機體逐漸由簡單而趨於複雜，數量和種類逐漸增加；(3)某些原始種類已經絕跡，而由近似的種類取代。化石過程的唯一自然解釋是：有機體和生命並非一開始就有，它們都有共同根源但又隨時變遷，也就是經過了進化的歷程❽。人類既是生物的一支，當然也是進化的產物。既然如此，人類的心智也不是一蹴卽蹴的，而是逐漸進化而達到目前境界，並且依舊繼續向前進化。根據進化論，所謂不變的人性，不過是某一固定時間空間所造成的錯覺而已。進化與不變，原是不能並存而互相排斥的兩個名詞。

四、當代哲學與人性

當代哲學家中之否認有人性者首推沙特。沙特以爲人性的觀念基於創造者上帝的思考和計劃：沙氏既否定上帝，因此也否定了人性及其不變價值；正如陀斯多也夫斯基所說：「假使上帝不存在，一切都是許可的」，人祇好自由創造自己的行動規律❾。因此沙特說存在先於本質。這

---

❼M. Jacobs and B. J.Stern, *General Anthropology,* Barnes & Noble, New York 1969, pp. 126-127.

❽R. J. Nogar<進化的智慧>，<現代學苑月刊>第四卷第二期，二一一七頁。

❾J.-P.Sartre, *Existentialism is a Humanism,* in: W. Kaufmann: Existentialism from Dostoevsky to Sartre, Cleveland 1962, p. 291.

句話的意思是：「人先跳躍到存在境界，遇到自己」；他所說的存在就是自我抉擇，也就是走向未來的設計；這一設計替每人下新的定義，也就是造成自己的本質❿。沙氏心目中的本質切不可與多瑪斯‧亞奎那的本質相提並論。他一再說自己的本質概念採自黑格爾的「本質是已是之物」一語⓫。譬如，一個人尚未結婚，結婚就非他的本質。很明顯地，人必須作抉擇以後才會結婚，因此，結婚的本質後於他的存在──抉擇。沙特否定了上帝所賦與的人性，所以祇能肯定自由抉擇──存在所造成的本質。依照沙特的說法，人是自由的，而且非自由不可：他被判為自由，這也就等於說所有的人都是自由。沙特這一肯定，依着一般的用詞意義，等於肯定自由是「人性」的一部份。因為「人性」一詞，依一般的用法，未必指上帝創造時對人的構想，而是指普遍屬於人的基本特徵。沙特既說人有某些普遍特徵，也就是肯定了人性；他之否定人性是自相矛盾的。

　　另一種否定人性的當代哲學是人類學家雷味‧斯特老斯（Claude Lévi-Strauss）等所創的結構主義（Structuralism）。這一思想是對存在主義及現象學的一種反抗，認為它們都太主觀，太強調自我。結構主義則把西方的理性主義極端化，企圖應用核子科學、太空科學、操縱學等而對人得到新的理解。因此雷味‧斯特老斯說：「存有應當從它自身去瞭解，而不從它對我的關係。」這一觀點與海德格和沙特從人的「此有」「或人的實際」去研討存有的作風可以說是針鋒相對。雷氏認為世間一切都有規律，有一定的組織或構造，人不過是世界的一部份而已。組織的規律、典型及系統既可解釋一切，當然也可以解釋人的謎：心理學、社會學、民族學、語言學、歷史學正在揭示這些規律。傅高（Michel

---

❿同書，二九〇一二九一頁。

⓫J.-P. Sartre, *L'Etre et le Néant,* Gallimard, Paris, 1943, p. 72.

Foucault) 在《言語與事物》 (*Les mots et les choses*) 一書中，主張「人的思想澈頭澈尾爲未經思想的事物所貫穿」；民俗學揭示出人所因襲的習慣，語言學顯露出語言所帶來的思想型態，歷史學使我們知道，人是如何受歷史潮流所左右，人就是這一切的結晶；人自己以爲了不起，實際上他的思想和「自我」完全爲外界所支配。不消說，依照結構主義的說法，人根本就是外界組織的產物，所謂「自我」根本就是幻覺，正如雷味‧斯特老斯說：「世界沒有人就開始，它終止時也不會有人」 ❷。這一思想根本否定了人在大自然中間的重要性和特殊地位；人性的問題也就完全失去意義。要如有所謂人性的話，它也不過是某一時地的外界組織或結構所形成。結構主義者的說法，不過是反映了現代行爲科學者的觀點而已，並沒有什麼新奇。

此外，我人必須提及目下控制廣大地區的馬克思主義。馬克思主義本身雖然並不反對有普遍人性，但毛澤東心目中的馬列主義則祇承認有階級性而否定了普遍人性 ❸。

邏輯實證論者也許會說：人性是形上學問題，因此不屬於語言可及的事實及意義範圍。本書作者將指出，從科學觀點而言，人性至少應視爲已有許多事實支持的一種重要理論。

五、進化與人性

其實，一般人心目中所認爲最澈底反對「不變人性」的，並不是行爲科學，而是主張進化的生物學：生命旣由低級進化到高級，那就根本不可能有「不變」的人性了。從這一角度看來，絕對不變的人性，實在祇

❷ E. Rideau, *Der Mensch ohne Ich: Das Phänomen "Strukturalismus"*, Theologie der Gegenwart, 12. Jg. 1969, Heft 2, S. 90–97.
❸ *China News Analysis*, N. 849, July 23, 1971 (Anti-humanism).

能够是一種幻想：人性本身就是進化的產物，它還是繼續不斷在進化。

然而，整個進化過程有否某種趨勢呢？依照天文學家的觀察，天體是向着無邊無際的空間擴展着。但從物理與化學觀點視之，宇宙是有系統地捲縮着自己：它從極簡單狀態捲縮成極端複雜；根據經驗，這一複雜化與內在化的增長相關；也就是說，複雜化與心靈或意識現象相連接。簡言之，進化即走向意識的上昇過程。德日進在「人之現象」中，應用他對古生物學的稀有知識，對這一進化過程已經作了極明確的剖析。

德日進的看法是：不但生物是進化的，宇宙間的一切都是進化的。從外表看來，物質的能爲一定的量所限制，旣無新的創造，也不會消失。但從內部看來，隨着「物質能」或「切線能」(énergie tangentiale) 的複雜化，「精神能」或「向心能」(énergie radiale) 已顯露曙光，終於生命出現於世界⓮。單細胞因分裂而繁殖成多數同樣的細胞，進而成爲生物的種種不同系譜；這時，物質也逐步成爲更複雜。在高級昆蟲裏，神經中樞集合在腦部，昆蟲的行動也隨之而出奇地準確豐富；而哺乳動物中靈長類的腦尤有長足進展。終於，其中手腦並用的最靈巧的一支產生了思想和自我反省，人也就這樣應運而生⓯。

正如德日進所云，宇宙一向是在變動着，此時此刻它還在變動，明天依舊將繼續變動⓰。

旣然如此，傳統的「人性」是否就無法立足呢？本文作者同意德日進的看法，那就是「進化是走向意識的上昇過程」(L'Evolution…est une montée vers la conscience)，這一過程是不可復原的，有進無退

⓮請參考王秀谷等著：《德日進與人類的遠景》，現代學苑月刊社，民國五十八年出版，四四、七七頁等。

⓯Pierre Teilhard de Chardin, *Le Phénomène Humain, Seuil*, Paris, 1955, I. La Prévie, II. La vie, III. La Pensée.

⓰同書，二五四頁。

的。　德氏認為意識的上昇過程會到達一種「超級生命」，　即透過社會化的更高生命，但以每一自我的保存為先決條件❼。

　　且不必談超級生命的假設，德日進所說進化是不可復原的「走向意識的上昇過程」，卻是一項由歸納所得的事實。以這項事實為基礎，我們可以說，自我反省的思想能力就是人性的試金石。換句話說：有自我反省能力的動物就是人，否則就屬於獸類。人類誠然還在繼續進化，因此這種反省能力還會繼續增長；根據進化的一貫趨向，人既已有了反省，就不能倒退，祇能向更高的自我意識發展。這一來，我人就可以視反省這一事實為人性的基本特徵：由於自我反省，他始終能超越自己，永遠不會休止。視反省意識為人性特徵，就是說人性是一種相對地不變的行為傾向；也就是說：人的行為傾向雖始終會變化，但就已獲得的反省意識而言，已不再會發生倒退的變化。

　　假使我們以自我反省的意識和自由抉擇作為人性的標識，那麼，一方面我們不會以為人性像化石一般絕對不變，另一方面也不必像沙特、結構主義者和某些人類學者及心理學者一般否定人性。人的行為受遺傳與環境的影響，這是事實，但也須承認，人能夠對這一切因素加以反省，而且能夠對個別行動意識主動地採取抉擇。承認這一點，也就是承認了人性的基礎。我們認為，東西二傳統的人性觀如果把人類的現階段視為「永恆不變」，這一觀點是經不起現代科學考驗的；科學事實昭示我們：現階段是「變」的產物，它本身還不斷在變化中。然而，德日進所歸納出來的「進化係走向意識的上昇過程」這一原則，卻使人性重新有了結實的基礎。換句話說，人性觀應當放棄「不變人性」的獨斷預設，而從科學事實做出發點纔能立足。

---

❼同書，二八七、三三七、二九一頁。

六、人性的各種不同意義

　　細細考察上述各種對人性的不同觀點，會發覺大家雖都用「人性」
這一名詞，但所指的意義或者全然不同，或者至少有些出入。孟荀的人
性是「人在道德行爲上之先天的善惡傾向」。亞里斯多德與多瑪斯・亞奎
那的人性是指「能自由抉擇的理性動物」。心理學家麥杜加以爲本能構成
人性；今日的心理學及文化人類學則已證明人的多半行爲由後天因素決
定，因此否定了麥圖加的「本能」和他所認定的人性。沙特心目中的人
性是「上帝創造時對人的構想」；他旣不再相信上帝，當然也不能再承認
有人性。毛澤東的人性指「帶着階級性的人性」，因此否定不帶階級意味
的普遍人性。結構主義所說的人性是文化、社會「結構」的一時表現。
生物學則以爲「人性」不過是「進化中的人之現階段特徵」。「人性」
一詞所指的意義旣如此不同，何怪乎會意見紛紜，莫衷一是。

　　文化人類學所說的人性，往往是某種生活習慣及道德標準，譬如某
些部落以殺死年老之父減輕其受苦歲月爲孝行等等。把這些習俗視爲
「人性」，未免取義太窄。結構主義的創始人雷味・斯特老斯原是一位
文化人類學家，因此不免受到這方面的影響。以本能解釋人性，這一說
法早已不能成立；人性善惡的片面之詞，如果帶有本能意味，亦應予揚
棄。毛澤東把人性限於帶階級性的人性，也犯了文化人類學家取義太窄
的毛病。沙特對人性的定義未免杜撰，而他自己旣主張人都有自由抉擇
能力，卽承認自由抉擇屬於人性的一部份。

　　我們認爲，接受了德日進所歸納的「進化是走向意識的上昇過程」
這一原則以後，人之現階段的基本特徵——自我意識及反省，已經可以
作爲討論人性的重要出發點，因爲自我意識與反省已決定性地屬於人

類。至於透過進化所獲得的這一人性概念是否還應當包括別的因素，本書最後一章將繼續討論這個問題。

第十章　佛洛姆對人性的探索

我們在第九章中已經說明可以把自我意識及反省作為人性的一部份，但並沒有劃地自限。我相信佛洛姆的探索能夠幫助我們對人性有進一步的瞭解。

一九○○年出生於德國的佛洛姆 (Erich Fromm)，像馬古西一般是一個因逃避納粹迫害而遷移到美國的猶太人。他曾研究過社會學，以後又學心理分析。因此他的作品一方面分析今日社會的病態，同時又設法用心理因素來解釋社會處境。佛氏原非哲學家，但他的著作中往往也隱含着一些他自己似乎未意識到的哲學觀點。面對着全部毀滅和奴役的危機，佛氏始終對人性抱着極大的希望：他認為人如果能真正地發展自我，完成自己的道德人格和「創造性的愛」，纔不致於因孤獨無力而投奔到極權主義魔下（《逃避自由》與《自我的追尋》）。總之，他覺得人性還是能夠勝過當前的危機。他的想法和我國傳統的「盡性」「誠」等說法若合符節。

直到目前為止(一九七一年八月)，佛洛姆的十餘種著作中至少已有五種譯為中文(依據出版廣告，可能還有《健全的社會》)，茲列出如下：

《愛的藝術》(*Art of Loving*)，孟祥森譯，志文出版社。

《心理分析與宗教》(Psychoanalysis and Religion)，林錦譯，臺北市周宣德發行。

《逃避自由》(*Escape from Freedom*)，莫廼滇譯，志文出版社。

《自我追尋》（*Man for Himself*），孫石譯，志文出版社。

《希望的革命》（*The Revolution of Hope*），環宇出版社。

現在就依上列次序對這五本書加以介紹。透過這五本書，我們對佛洛姆的思想可以略知梗概。他的觀點對未來的思想發展可能不無影響。

一、《愛的藝術》

心理分析家往往喜歡討論一些介於本行和哲學與宗教的問題。心理分析的開山祖師佛洛伊德就是如此，繼之而起的榮格和目下維也納的傅朗克都是如此。佛洛姆也是一位對哲學和宗教問題感到興趣的心理分析學者。其實，心理分析學者之對哲學與宗教有所發揮，並不算是一樁希奇的事；因為心理分析很自然涉及人的整個內心生活，而對宇宙對人生的看法，就是構成人內心生活的要素之一。

心理分析學者討論人生問題時，有一個顯著的優點，那就是以親身的「臨床」經驗做根據，因此不會流於空洞的說教。我們且把作者看法的幾個要點綴述如下：

愛是每一個人本性中的最基本需要。 一般人以為愛是件最容易的事，不學而能，實則愛是一項極其困難的藝術。愛的首要意義是給予，而非接受。除給予以外，愛的另外幾種基本因素是：照顧、責任心、傄重與了解；而性慾不過是愛和結合的需要的表現之一。因此真的愛與驟然之間墮入情網絕非一件事。爆炸性的墮入情網不過是兩個陌生人之間的阻隔一時突然倒塌，實則二人始終是陌生。卡繆所描寫的「異鄉人」之性關係，就充分表顯出這一事實。凡此一切，都是佛氏以心理分析家資格對人生所作的寶貴體驗。

哲學思想方面，佛洛姆也正像佛洛伊德與榮格一般，一切均以心理

治療爲出發點，因此未免失之主觀。從心理治療的角度看去，佛洛依德否定宗敎的價值，視之爲病態的幻想；榮格則肯定宗敎的價值，但僅僅肯定它對心理治療的積極價值。佛洛姆雖不贊成佛洛依德及榮格的看法，但他心目中的神，祇是人對眞理和統一的渴望（八八頁）， 以及人心所希求的最高價值（七八頁）。上帝祇是一個象徵， 象徵着人類在進步途中所努力掙取的一切， 象徵着精神領域、愛、眞理與正義（八六頁）。總之， 對於佛洛姆來說， 神只能够有主觀意義， 卽代表人類進化期間的不同階段： 最初人把上帝設想成母性的， 逐漸進化的結果使上帝成爲父性的最高權威。最後， 人類纔知道上帝的象徵意義， 而這也就代表佛洛姆的觀點。他自己不以有神論的觀念來作思考（八七頁），這是他的自由。但他似乎並未意識到，他的立場純粹是主觀的。何以他採取他的立場呢？理由是因爲他一開始就認定神只能是一個象徵而非事實。以後他用我國道的觀念和印度的婆羅門哲學作爲佐證，也不過裝裝門面而已。骨子裏，他根本並未證明， 也無法證明， 神或上帝捨象徵的意義以外就沒有其他可能性。

至於佛氏說老子與莊子所用的思考方式屬於自相矛盾的「困思邏輯」（Paradoxical logic），未免有些穿鑿附會。老子與莊子喜用驚人之句，但內容卻極其合乎事實，絕非自相矛盾。同一觀點之下自相矛盾的東西，不但會使人「困思」，而且根本無從思想起： 你能說「道可道非常道」是道德經中的話而又不是道德經中的話嗎？佛氏所引用那幾句老子的話卻絕非自相矛盾。譬如，「道可道非常道， 名可名非常名」， 祇是說可道（卽可用言語說出）的道非永久不變的道， 可名的名非永久不變的名， 何矛盾之有？又如， 「吾言甚易知甚易行， 天下莫能知莫能行」，這句話更沒有半點矛盾的影子， 用不到多費解。「道常無爲而無不爲」這句話中，「無爲」與「無不爲」表面上雖似矛盾， 其實並無矛盾。假定老子所云

的道是影響萬物化育的普遍原則；那末，表面上道似乎一點不顯露自己，似乎是清靜無爲，實際上一切都因它而成。外國人往往喜歡利用我國古籍唬唬人，胡亂地解釋一番。本書就是很好的例子。

這本書聽說還有兩種中文譯本，可見它很受我國讀者的歡迎。

二、《心理分析與宗教》

《心理分析與宗教》的題材比較專門，是由「美國佛教會」發起並出資翻譯印行，作爲《漢譯英文佛學叢書》之二。這套叢書的總主持人是賓州州立大學的張澄基教授；截至民國五十八年五月爲止，已出版了三冊。

佛洛姆敍述有關心理分析的經驗頗佳，但他的無神哲學思想卻與心理分析無關。佛氏很傾心於佛教，認爲足以代表「人文宗教」。作者主張心理分析所作的心理治療，並不衹是美國一般心理學家所標榜的使人對社會完全適應，而着重於發展個人潛力，並實現個人理想（七七～七八頁）。人的理想包括他對愛、眞理與公義的追求（六五頁）。心理分析使人了解各思想體系後面的眞相；這所謂「眞相」，一般心理學家稱之爲動機。由於「合理化」，人們往往誤認慾念爲信仰，視欺詐爲審愼，視騙子爲聖者等等（八一～八二頁）；心理分析幫助人揭穿這種自我欺騙。佛氏又以爲，心理分析幫助人自由、自覺而不致自欺，使人把愛的對象由狹隘的血族、國家民族、社會階級、政治黨派等圈子擴展到「天下一家」的理想。而這也就是「人文宗教」所蘄至的目標。所謂「人文宗教」，佛氏以爲是「以人和人的力量爲中心」的（三九頁）；「人文宗教如果是有神教，那麼它的神就是人本身的力量。人生之意義及目的亦無非是要充份發揮此潛力」（四十頁）。反之，牛津字典上給宗教所下的定義，佛洛姆

認爲恰好代表「極權宗敎」：「宗敎是人類對一種不可見的超人力量的承認，這力量控制着人類的命運，人類必須對它服從、敬畏與崇拜」（三七頁）。

是的，像喀爾文所描寫的「謙遜」，的確有些蔑視人本身的力量。可是，相信創造一切的神，卻未必會使人走上喀爾文的路。誠然，有神論者相信神創造一切，但他們也相信人的力量和自由正是神所使然。因此，相信神並不等於否定人；精神病學者兼存在哲學大師雅士培卽主張唯有藉着超越界——神的助佑，人纔能達成自由，成爲純眞的人。因此，所謂「極權宗敎」和信仰創造者毫無關係。佛氏似乎並未意識到自己對這點的誤解和成見。由於這一成見，他竟像費爾巴哈一般一口咬定，神不過是人自己美德的投射。佛洛姆甚至以被虐待狂來解釋人對神的謙順。其實，佛氏對神的見解，至多代表他個人並未證明而且並未發覺眞動機的無神論，與他的心理分析經驗風馬牛不相及。而且，佛氏似乎忘記，納粹主義與共產主義都是無神主義，都像佛氏一樣，「以人和人的力量爲中心」，並以「人的力量當作神」。但是，當代最可怕的極權政治，卽由納粹主義和共產主義所造成。眼前的事實都視之不見，卻盲目相信佛洛伊德的話，豈不可歎？

佛氏對宗敎所下的廣義定義如下：「一羣人共有的任何思想體系與行爲，它給人一種行爲的南針與獻身的目標。」就這種意義而言，獻身於任何主義和事業，卽等於獻身給一種宗敎。但這祇是他的定義，不能分淸什麼是宗敎什麼不是宗敎。

佛洛姆強調愛的力量應當由小圈子擴展到全世界，這是他的主要貢獻。

三、《逃避自由》

佛氏的作品之最令人驚奇的，是他涉獵之廣，和興趣的無所不包。這大約是因爲他原來是研究社會學的，以後才轉而研究心理分析。他對社會學的見地因此影響到他對心理分析的理解。

《逃避自由》是二十多年以前的作品，頗得美國讀者歡迎。但對我國讀者而言，其中許多題材都相當陌生，格外是有關中古和近代歐洲歷史的分析。佛氏認爲歐洲由中古至近代的思想變遷，是由於西方社會經濟基礎發生劇變的緣故。經濟基礎影響到人格結構，人格結構再影響時代精神（三二～三三頁）。中古時代的人，據瑞士著名史學家 J. C. Burckhardt所說，像是在做夢似地半醒半睡，他們還不曾意識到自己是「個人」（三八～三九頁）。文藝復興時代，資本主義的興起使人解脫了全體制度的統制，使人自立和自謀發展，這樣個人就獲得了自由，宗教改革於是乎產生。佛氏有關資本主義的見解，完全得之於 Tawney 的《宗教與資本主義的興起》一書（四四～四五頁）。像這樣大刀濶斧對幾個世紀歷史的分析，粗看似乎頭頭是道，但終究有些囫圇吞棗。譬如，一般說來，歐洲文藝復興時代有些偏重個人，但一口咬定說中古時代的歐洲人都像是半睡半醒，祇知有全體而不知有個人，實在是言過其實。Burckhardt 的這一見解，早已爲晚近幾十年對中古時代的研究所揚棄。用資本主義的興起解釋宗教改革，也未免有些偏面。佛洛姆究竟不是專治歷史的人，因此祇能够抓住一二名家的意見爲依據。這些分析固亦有部份事實爲基礎，但究竟有不少漏洞，未可盡信。

《逃避自由》的主題中心，卻並不因歷史分析的不盡可靠而失其力量：人類一方面日漸獲得對大自然的控制力量，並意識到自己的自由，

另一方面，日益「個人化」的過程，卻意味着日漸的孤獨與不安全（三一頁）。這時，人就別無選擇：或者他運用愛的自發及創造性，把自己和世界聯結起來，或者以非自發及非創造性方式，投身到自己對世界的某種關係，而尋求安全感。前者是發揮人潛力和自由的正途，後者就是佛氏所云的「逃避自由」（一九頁）。

在＜逃避的心理機構＞（如係 mechanism，似可譯爲「機能」)這一章中，佛氏敍述由於不能忍受自己的孤獨及無力而放棄自由的幾種心理現象。最主要的一種是極權主義：一個人自己感到孤獨無力，就會和不相干的某人或某事結合起來，用以獲得力量（一〇二頁)。這種逃避機構卻有不同的二種表現方式，卽被虐待與虐待：前者使人無條件服從有權力者，後者使人想支配他人（一〇三頁)。二者卻有共同的來源，就是對自己不能作創造性的發展，因此依恃他人，和他人（虐待者或被虐待者)成爲「共生體」，使自己溶化於外力，而喪失自己的獨立(一一一頁)。另一種逃避的心理機構是破壞：由於自己感到孤獨無力，遂把外在的東西摧毀，用以免除自己無力的感覺（一二一頁)。第三種逃避機構是隨波逐流，完全承襲文化模式所給予他的那種角色（一二四頁)。這樣的人根本沒有自己的思想和感情，完全成爲報紙、無線電的應聲蟲。

《逃避自由》一書中所常常出現的「權力」一詞，佛氏作了相當中肯的解釋。「權力」包含兩重意義，一個是支配別人的力量，另一是做某件事的能力（一一二～一一三頁)。依據這一解釋，可知「權力」這一譯名的原文是 power。因此，中文的「權力」最好祇應用到有支配權的情況中，做某件事的能力則不應稱爲權力，最好稱爲「能力」或「力量」。譯者一律用「權力」譯 power 一字，是不妥的。powerles 本來譯成「無力」卽可，譯成「無權力」，意思反而模糊不清楚。

關於「權威」，佛洛姆把它分成二種，一種是合理的權威，另一種是

抑制性的權威；前者以愛爲基礎，後者則基於擁有權威者的暴力以及被統治者的恐懼（一一三～一一四頁）。

此外，佛氏在《逃避自由》的附錄中，談及所謂社會人格對個人人格的影響。他認爲人性極大部份爲社會所支配：社會的存在形式決定社會人格，也就是社會中大部份人所共有的反應方式；每一個人很自然地接受這些模式。另一方面，主要的社會人格特徵也能成爲創造性的力量，決定社會的演變過程（一七三頁）。

四、《自我的追尋》

這本書有另一種中文譯本（協志工業叢書出版公司），稱爲《人類之路》。《自我的追尋》可以說是《逃避自由》的伸延或補充。在《逃避自由》中，佛氏說我人在孤獨無力的情況下，往往會逃避到非創造性的反應方式，希望藉「共生體」、破壞、完全與社會習尚同化而得到有力的感覺（第五章）。《自我的追尋》中的第三章繼續發揮這一思想。這裏他對人的性格（character）所下定義是「某一個人特有的行爲常模」。依據這一定義，他把性格分成非自發創造性指向、及自發創造性指向。佛氏又把非自發創造性的指向分成四種，卽接受指向、剝削指向、儲積指向、市場指向。這四種指向與上述逃避自由的三種方式大同小異。佛氏的人生理想，是實現眞的自由和自我，也就是實現自發創造的性格。純眞的愛卽「創造性的愛」，它的基本要素是照顧、負責、尊重和瞭解被愛的人（八七～九〇頁），無條件地適應被愛者的需要。創造性的思想是尊重客觀事實整體的思想，而不拘泥於偏見及一廂情願的幻想（九〇～九五頁）。

《自我的追尋》的中心問題是倫理規範：佛氏要從心理分析觀點去

探求一種人本主義的倫理。他的結論是：人本主義倫理的最高價值既非無我，亦非自私，而是自發創造地愛自己，也就是如上文所說的，用創造的愛和思想去發展自我（四—五頁）。這種以人的成長與發展為目的之行為規範，佛氏認為是具有絕對性的，如「愛人如己」「不許殺害」等等。另一種行為規範則隨社會的文化方式而變，因此是相對性的（二一七～二二三頁）。

與人本主義相反的另一種倫理，佛氏稱為極權倫理。人本倫理以合理的愛自己為出發點，極權倫理則以擁有權力者的利益以及被統治者的畏懼、怯懦和依賴感為基礎（七～九頁）。

事實上，心理分析指出人在成長初期完全以一己為念，即以口部及肛門的滿足為念，佛洛伊德稱之為口部及肛門時期。慾力（Libido）發展到性器官階段以後，人就開始對別人發生興趣，不再侷限於一己。因此，佛洛伊德已揭示出人格發展的基本趨向。

佛洛姆認為各宗教及各種哲學的共同中心要義，都指向著人類這方面的成長（一五八頁）。人的真幸福，也在於把他的潛在能力作創造性的發揮（一七四頁）。因此，他認為愛不是落在人身上的責任，而是他本身的力量（一二頁）；這也就是說：創造性的愛屬於人的本性，不發展它就會遠離人自性。這一說法和我國「率性之謂仁」的傳統倫理以及西方的自然律基本相同，並不是佛氏的創見。早於五世紀初期，聖奧古斯丁已在他的《懺悔錄》（十二書第九章）中說：「我的愛就是我的重量」。這句話的意思是：正如其他事物因重量而向地落下，我的愛也使我傾向所愛者。聖奧古斯丁即由這點出發而建立他的倫理觀。佛洛姆所云創造性的愛屬於人的本性，不過是重彈奧古斯丁的舊調而已。

佛洛姆又指出人有信仰的基本態度，那就是對別人和對人生意義的堅定信心（一八一～一八四頁）。然而作者排斥任何相信神存在的宗教，

並一口咬定：基於神的道德觀造成極權良心（一三七～一三八頁）和被虐待狂（《逃避自由》一一○頁）。作者所引舊約中該隱（Cain）故事，也許是引起他作這一廣泛結論的原因之一。事實上，聖經中有關人與神關係的見解，有過極顯著的演變；舊約和新約也有很大的不同。聖經註釋原來就是專門的學科之一，其困難並不減於史學。實則新約尊重每個人的良心；神對人類的命令與人的眞利益和眞幸福若合符節，並非互相枘鑿。新約的觀點絕不與佛洛姆所云的創造性發展相衝突，所不同者，是它主張創造性的愛和思想不應偏限於人及此世，而應伸展到創造此世及人類的至善——神，神才是人的最後歸宿和「無限的你」。因此，對神的信仰絕不能和「極權良心」相提並論；它並不妨害自我的成長，而是創造性自我的完成。其實，聖經中最高規誡之二是「愛人如己」，而不是「愛他人超過自己」。可見應當合理地愛自己，這點也不是佛洛姆的創見。

五、《希望的革命》

《希望的革命》的另一種中文譯本稱爲《人類新希望》（志文出版社）。二種譯本都不很理想，但後者遠勝於前者。

由此書內容及所引用書籍及資料看來，其完成時間不會早於一九六八年秋季，可以說是一本很新的書。

佛氏寫此書的動機，是要替社會改革建立一些光明而充滿希望的遠景。另一位和佛氏一般從德國移民到美國的猶太人——馬古西（見本書第二章）也可能是促成此書的衝擊力之一：佛氏覺得馬古西的激進理論建立在「無望」上。他認爲希望是「一種存在的境狀」，「一種內在的準備，包涵有強烈而未發的活動性」「一種對生命及成長的心靈上的依伴」（一五～一六頁）。希望不能與信念分離，而信念則是對尚未證明的事物

所抱之堅信（一七頁）。希望、信念和剛毅都是人生命所依附的力量；希望遭到破碎就會形成「無望」和「心靈的硬化」。佛氏此書僅於第二章討論希望，裏面也提到了布洛霍的《希望原則》一書；但他對希望的形上基礎似乎不夠深入瞭解，遠不如布柏、馬賽爾、拉因三人。事實上，此書的重點並不在於說明希望現象，而是要使那把機械當偶像的當前社會重新認識人性的價值。他用華盛頓與莫斯科之間的「熱線」這一例子來說明他的觀點，非常切當而有力量。所謂「熱線」是一種電腦設備的打字通訊系統。當美蘇雙方的電腦計算出衝突要達到頂點時，雙方又回到人與人之間的交涉途徑：古巴飛彈危機就是由甘迺迪與黑魯曉夫之間用私人談判方式解決的。因此佛氏竭力警告，不要盲目依賴機械，人的互愛與責任感才是解決問題的主要因素。

　　與佛氏的幾種名著相比，這本書內容可能缺乏深度。例如他用不到一頁的篇幅談論「超越」（transcendence）問題，未免草率（九一頁）。但他一味提倡佛教而貶抑其他宗教的偏激態度，此書中已緩和了許多（（一四九頁）。

　　　　　　　※　　　　　　　※　　　　　　　※

　　佛洛姆的最大功績是把佛洛伊德那以自我為中心的慾力（libido）擴充成為「創造性的愛」：人的基本動力並不祇是滿足自己的慾望，而是以創造方式實現自我，以創造方式愛自己愛別人。假使這就是人成為自己（盡性，亦卽 Man for Himself）的唯一途徑的話，我們不妨就稱之為人性，至少可以說它是人性的一部份。佛氏著作雖光怪陸離，所牽涉題材極多，其中有關無神論及所謂「極權倫理」部份，完全屬於他個人的態度，甚至可說是他的成見，其他方面的立論也未必言言珠璣；但他對基本人性的探索，則已替我們盡了極寶貴的一份力量。

第十一章　整合與分享的行動位格

　　佛洛姆雖探索人性，却沒有對人整體作全面反省，而停留於個別題材。這裏我們要介紹的，是以意識行動爲起點，全面探討行動主體的一個嘗試，亦卽《行動的位格》一書(《胡塞爾研究論集》第十册＝*Analecta Husserliana* Vol.X,1979)。這一嘗試強調意識行動能够把情緒與潛意識整合起來，以後再使行動主體與別人分享自己的生活，旣不忽視個人，又能兼顧社會，可謂得中庸之道。

一、作者簡介

　　本書作者佛伊底瓦（Karol Wojtyla）生於一九二〇年克拉科附近的小村落中。九歲時喪母，由其父在極其拮据的情況中撫育成人。一九三九年他剛十九歲，納粹德國侵入波蘭，大學被關閉，使他不能完成學業。他很反對納粹的極權統治，遂秘密從事反納粹的戲劇工作。爲了避免被捕，佛氏曾一度成爲石礦工人，又曾在化學工廠工作。一九四二年他在地下神學院中攻讀神學；一九四六年晉鐸後在羅馬研讀哲學，二年後獲哲學博士學位。一九四八年回國後任學生指導司鐸，重新進入一度被迫輟學的亞傑羅尼安大學（Jagellonian University），並在這裏獲倫理神學及社會倫理教授資格，而以馬克斯・謝勒（Max Scheler）爲研究題材。一九五四年任路布林天主敎大學（Catholic University of

Lublin）的倫理學教授。一九五八年祝聖爲克拉科敎區輔理主教，並於一九六四年被任命爲該區主教。一九六七年他被教宗保祿六世擢陞爲樞機。保祿六世與若望・保祿一世相繼逝世後，一九七八年，本書作者於十月十六日當選爲羅馬教宗，而以若望・保祿二世爲名號。

值得注意的，是佛氏自從一九五四年就任倫理學教授到陞任羅馬教宗爲止，一直都在路布林天主教大學任課，陞爲主教及樞機都沒有使他中止教學工作。不僅如此，一九七四年以後，他對胡塞爾思想的研究與討論始終再接再厲；「胡塞爾研究論集」中一再發表他的文章，就足以證明他是如何積極地參與哲學思想的研究工作。

據作者自稱，他對謝勒（Max Scheler）價值倫理學的研究使他自問：以多瑪斯爲主的傳統倫理學中「屬人行爲」（Actus Humanus）與行動的經驗有何關係？這些問題使他從事於「行動的位格」之更綜合性的表達方式。作者承認，本書一方面繼承了前人的形上學、人類哲學以及亞里斯多德與多瑪斯的倫理學體系，另一方面得力於現象學，尤其得力於謝勒，並透過謝勒的批判，得力於康德。但作者在本書序言中一開始就指出，他無意僅僅對倫理的理論從事哲學反省，而要透過人的行動面對眞實的人之存在及生活。近年來，波蘭哲學界幾乎以著名的邏輯學派之經驗主義爲主。羅曼・印加盾（Roman Ingarden）所引入的現象學派帶來了新鮮的空氣；本書顯然受了印加盾的影響。

附帶應指出，有人把本書作者的姓音譯爲吳蒂拉或沃泰拉。但根據原籍波蘭的蒂面司卡教授（曾來台北演講）的指正，Woityla 倒數第二字母中間有一短線，發音約爲佛伊底瓦。

二、原版及英譯本

　　波蘭文原書稱爲《位格與行動》(*Osoba i.czyn*)，出版於一九六九年。一九七〇年在路布林曾舉行一次專以此書爲對象的研討會❶。參加此項研討會的天主教哲學家對此書各點曾加以嚴厲批判。但一位波裔的美籍女敎授蒂面司卡 (Anna Teresa Tymieniecka) 在一九七二年閱讀此書以後，却目之爲具創意之作。蒂敎授從一九七一年開始編輯一套《胡塞爾研究論集》，遂於一九七四年建議把此書譯爲英文，作爲該《論集》中的一册。鑒於波蘭哲學家對此書的批評，作者當時頗感驚奇及意外。譯成英文以後，編者與原作者一再在克拉科及羅馬討論並改正了許多表達方面的缺點❷，作者在英文版序言中也承認蒂面司卡敎授對此書的極大貢獻，並以英文本作爲此書的定本。事實上，英文本已加入了原文本所沒有的許多思想；英文本的許多註脚也是原文本所沒有的。

　　作者與編者合作的修定工作自一九七五年起一直延續到一九七八年三月。預定它應該在八月間問世，但又因故拖延時日。作者曾親自校對本書前半部份；但自從十月間膺選爲敎宗以後，就無暇再作校對工作，而由編者蒂面司卡敎授代勞。第七章的修訂工作也完全由編者完成，預定計劃是讓作者在校對時稍作修改。作者既已無暇校對，因此編者把未經修訂的第七章英文譯稿作爲附錄印在書尾。

　　英文定本的書名改爲《行動的位格》(*The Acting Person*)，是因爲作者一再主張位格表顯於行動。出版本書的雷德爾 (Reidel) 出版社以推出學術性書籍與雜誌聞名於世。

三、內容概述

---

❶*Analecta Cracoviensia*, Vol. 5-6, pp. 49-272.
❷*Phenomenology Information Bulletin*, Vol.3, Oct. 1979, Feature Study "On the philosophical style", pp.3-52.

全書冠以導引,分爲四部份。前三部份各二章,指出意識與行動的關係（第一部份）,位格在行動中的超越性（第二部份）及位格在行動中的整合（第三部份）,可以說完全以個人爲主。第四部份僅一章（第七章）,討論主體際性與分享,涉及團體與公益等問題。

導引　導引中本書作者揭示出他對經驗的看法。他心目中的經驗絕非經驗主義者所云的感覺或情緒,而是以人對自己的豐富經驗爲主。「人經驗到人以外的一切均與人對自己的經驗相連接；沒有同時經驗到自己,他也不能經驗到外物」,本書開始的第一段中就作了上述的肯定。作者又指出對人之經驗由我對自己及對別人的經驗組合而成；對別人與對事物的經驗由外而來,內在經驗則祇能施諸我自己；唯有我自己同時是內在與外在經驗的對象（四）。經驗所「意向的」外在性及內在經驗的主體性往往形成「存有物哲學與意識哲學」的割裂,本書導引則表示,經驗的外在與內在彼此相對,因爲對人之經驗本來就有這二層面（一九）。

由於人是經驗的首先、最接近及最慣常的對象,因此我們往往習以不察,以爲不值得深究（二二）。本書反其道而行,並以「人行動」（man-acts）這一經驗作爲專門研究的題材。本書所指的行動是人的意識行動,非意識的行爲不算是行動；而行動的主體就是位格（二〇）。傳統的倫理學先假定人是位格,以後才講人的行動；本書則是由行動走向位格：行動顯示出位格,透過行動才能看到位格（一一）。要證明人是位格及他的行動是浪費時間：二者均直接呈現於人對自己的經驗之中；人的每一行動之中包括了位格與行動,而「人行動」這一經驗則直接呈現於意識（十五,十九）。

爲了行文時的方便,在介紹本書內容時,下面不再處處應用「本書所指」或「作者的看法」等語。凡是屬於思想內容這一部份,將是清一

色的介紹，絕不參加我自己的意見。

第一部份，意識與行動的效力　這一部份的重點在於指出我人經驗到自己身上的二種迥然不同的動力方式。二者均係人之潛能性的實現，但人的主體在第一種方式中探主動，而在第二種方式中是被動的。傳統哲學稱前者爲「屬人行爲」(actus humanus)，後者則爲「人之行爲」(actus hominis)。　傳統哲學的這一區分祗有言辭上的意義，　祗能強調而未能解釋二者的區別。我人的意識經驗卻使我們體會到，人在行動中是主動者，具有效力；人的另一動力方式中，我們僅經驗到一些事在我們身上發生，我們被動地經驗到內部的動力。我人所經驗到的主動的動力，作者稱爲效力（efficacy)，而被動的動力則被稱爲實現化（activation）（六六～六九）。主動的意識行動中，我人經驗到自己同時是行動者又是行動的主體；但當一些事在我們身上發生時（例如感到頭痛發熱或者無端地泫然欲泣），我們只經驗到自己的主體性，不會經驗到行動的效力（七五）。

一個人的善惡繫於他的行動，因爲唯有意識地能控制的行動才是自由的，也唯有在這時人才會有「可以但未必」要做的經驗（九八～一〇〇）。

無論是具效力的行動或在我們身上發生的事，都是我們所經驗到的。然而經驗卻和意識不能分離，因此第一章特別討論意識問題。究竟什麼是意識呢？首先意識始終不是獨立的：存在既不等於被知覺，更沒有所謂「意識本身」，這一類想法使人鑽入唯心論的牛角尖中。意識必然屬於某一具體的人或位格，　這是本書作者所採取的鮮明立場　（三三～三四）。既然如此，那末意識在人身上究竟有什麼作用呢？正如作者指出，本書對這點的看法和當代哲學界甚至現象學的一般見解完全相反（三二～三三）。本書主張意識並不等於認知，因爲認知行爲探究一件事物，意向地使之對象化而爭取它的瞭解。意識則並不以瞭解對象爲目的，因此意向

性並非意識行為的必然特徵。意識像一面鏡,把已知的映照出來,對已顯示已認知已瞭解的東西加以理解。意識的作用是反映與照鏡(三二); 但這並不是說, 意識不可能與認知合作。事實上, 我人所認知的一切既在意識中反映出來, 隨著知識的更高水準, 意識水準隨之而級級上昇(三五)。總之, 認知行為及其所知的一切都反映在意識之中。不僅如此, 一如下文所言, 意識也反映涉及自我涉及主體性的一切。

當意識行為的主體成為認知的對象時,這時就有了自我的認知(Self-Knowledge)。自我的認知是意識與認知功能合作的成果。由於自我認知時的客體就是意識自身, 所以它的地位非常特殊。一個人知道有自我以後, 才會有反省的自我意識, 也就是發覺自我與行動的關係, 以及自我與發生在我身上的事件之間的關係(三六~四○、四三~四四)。自我對行動有主動關係時, 我的意識不僅像一面鏡一般反映我的行動, 而且體驗到行動屬於我自己, 是我自己的行動;反之, 對於僅發生在我身上的事件, 意識只反映出這些事件在我身上發生的主體性, 而不覺得這些事件是我的行動所成(四二)。

附帶應提及, 本書對意識的看法不僅與當代哲學的一般意見不同, 對溯自亞里斯多德的士林哲學傳統也稍有批評。亞氏把人視為「理性的動物」,波哀丟斯則把人視為位格,其定義為「理性天性之個別實體」(rationalis naturae individua substantia)。根據這一看法, 「屬人行為」(actus humanus)包含了理性及意志的「自願」(voluntarium), 而意識現象則未成為其中的顯性題材, 充其量隱含在「自願」與理性二概念之中。本書作者則認為意識是人之行動的內在而基本的因素, 不應該這樣輕描淡寫地被帶過(三○~三一)。人之所以成為位格即因其為意識行動的主體(二六~二七)。因此,波哀丟斯的位格定義並不完整: 「理性天性」與個別性均不足界定位格。位格的基本結構是「存在與行

動的主體。」這裏的行動應作廣義解釋，即包括主動的自由行動及發生在人身上的動力（七三～七四）。

關於人之動力中意識與潛意識的關係，本書第二章也有所論述。人的身體上的機能及其動力之統一性均先意識而存在，佛洛伊德、阿德勒、榮格等所研究的潛意識心理現象亦然（九○～九四）。儘管如此，潛意識內容始終等着要達到意識水準；這一事實充分表示出，潛意識內容只在意識地被經驗時才達到圓滿，祇在這時才獲得充分的人性價值（九五）。

第二部份，位格在行動中的超越性　這部份的第一章討論行動佔有自己，並有自決自主的功能；第二章則討論道德與良心等問題。

本書主張位格在行動中顯示其超越性（Transcendence）。超越性一詞在哲學中應用頗廣，隨不同的上下文而意思不同。這裏的超越性是指位格因其自由的行動而超越了結構的限制，也就是說位格的行動不受到結構的侷限而能自決自主（一一九）。當我有「我可以但不必」的經驗時，就表示出位格藉意志佔有他自己，自決自主，並藉自由行動而完成自己。自由之存在亦即位格之存在（一○五～一○七）。

意志的行動雖是自決自主的，卻內在地繫於眞理的體認（recognition of truth）。當然意志本身無法認識眞理，但其選擇的行爲受動機的影響，而動機的影響即透過對眞理的體認：當我們體認到一件事物對我們實際上是善是惡時，這時意志才能有所決定（一四○～一四三）。眞理的體認影響意志的決斷，但並不決定它限制它。恰恰相反，「向眞理投降」才是意志不受外界對象影響的原因，也就是使位格的超越性成爲可能（一三六～一三八）。

抉擇的首先對象並非人以外的價值，而是人本身方向的變化，因此意志的直接對象是人自己的變化（一一○～一二七）。正因如此，位格之

自我抉擇的行動也就是自我某方面的完成（一四九～一五〇）。唯有道德的善才使位格得以完成，道德的惡行則非位格的完成，因爲惡本來祇是缺點，不可能使人完成（一五三）。

讓人在行動時區別何者爲道德的善何者爲惡，並使人對善發生義務感，這就是良心的功能。良心並不祇有認知的功能，它的任務不僅在於告訴我們：「甲是善，甲是眞善」，或者：「乙是惡，乙並非眞善」，而且在於把行動與所體認的善連接起來。良心使人向道德的善之體認投降，同時也使意志作自我抉擇而向體認到的道德的善投降（一五六）。良心既有這些功能，因此位格的超越性與完成繫於良心之是否忠於職守（一五九～一六〇）。當代的某些學者認爲，有關道德規範的句子以邏輯意義而言無所謂眞假，因爲唯有以「是」字爲連接詞的句子可能是眞或假，含有「應該」的句子則無眞假可言。無論他們怎麼說，良心雖係主體性的事實卻仍含有若干主體際性；良心把眞理的規範力量與道德的忠誠及義務連在一起。人的位格在每一項行動中都體驗到由「是」到「應該」的過程。道德哲學的任務卽在於澄清並解釋有關良心的上述經驗（一六二）。

第三部份，位格在行動中的整合　　「整合」這一概念與超越性相輔相成。位格的自我完成有賴於自主自決，把握到自己。把握到自己這一概念表示，位格一方面是把握自己者，另一方面又爲自己所把握。自主的概念也表示位格同時是管理自己者，同時又是爲自己所管理者。位格之被自己所把握、所管理、所決定，這一觀點稱爲「位格在行動中的整合」，與「位格在行動中的超越性」互相補充。沒有整合，超越性也無所施其伎倆: 沒有把自己置於自己的管理之下也就無所謂自主（一八九～一九〇）。位格的整合尤可於位格的解體（disintegration）見之: 位格的自主與自決表示人能管理自己、把握自己，位格的解體就是對自己失

去控制，其極端狀態可於精神病個例見之（一九二～一九五）。

由於人能够在肉體與心靈二方面把握自己，因此位格在意識行動中的整合也可分肉體與心靈二層面。肉體不是主體自我的一分子；「人並非肉體，他僅佔有它」。當然,這是一種很特殊的佔有：肉體的動力僅具反應（reactivity）力量,祇在位格整體中「發生」而已，不分享位格的的自決自主（二〇六～二〇九）。

關於心靈方面的整合，本書作者認爲心靈活動雖與肉體相連接，同時卻又不可與肉體相提並論(二二一～二二二)。本書特別強調心靈生活的情緒一面，它也像肉體一般，有其反應而不受意識控制的一面。儘管如此，作者卻不贊成斯多亞學派及康德，他們對情緒都持悲觀論調，以爲它是位格解體的前奏。不受控制的情緒與意識行動的效力之間的緊張狀態是無可否認的事實。但我人能够獲得一些控制情緒的本領或德性，使我們能充分應用情緒的興奮力量，不受它的牽累而始終選擇眞的善（二五三）。

第四部份，主體際性與分享　一如上文所已指出，本書前面六章均討論個人，唯獨這第四部份僅有的第七章討論團體；所謂主體際性與分享，就是指人與人之間的共同關係。由於行動可以與別人一起做，所以才會有分享。所謂分享是位格的特質之一，它使位格能「和別人一起」存在及行動，並藉此而達到他自己的圓滿。同時,位格之具有分享特質，這件事實是任何人間團體的組成因素（二七六）。透過分享，每一自我的主體性和別人一起而形成主體際性。人的位格和別人一起分享行動時，位格的自主自決亦卽其超越性使他不致湮沒在社會中間。恰恰相反，人的自由及方向的選擇正是分享的基礎與條件（二六九）。

由於個人行動與分享的密切關係,因此個人主義與全體主義（totalsm）都不對：前者視個人爲最高的善，根本否定了分享對個人圓滿的

重要性；後者則無條件地把個人隸屬於社會全體。全體主義既以爲個人祇追求一己的自利，根本沒有分享的傾向，因此唯有絕對限制個人才能達到公益（二七二～二七五）。然而，位格既本質地有分享的能力，則個人主義與全體主義都失去理論依據。

　　個人對社會既不應隨波逐流或奴隸一般地順服，也不應漠不關心，而應以和別人在一起的行動完成自己。眞正的分享以每個人的人性尊嚴爲基礎。用社會全體的大招牌來抹煞個人的位格，結果不但遺害個人，甚至也妨害到社會全體。現代世界的「非人化」（dehumanization），其主要原因就在於人對人的疏離，也就是缺乏分享。

四、這一嘗試之得失

　　規多・昆（Guido Küng）敎授曾說本書作者絕非世外桃源式的哲學家，而是一位自始至終和活生生的經驗相接觸的思想家❸。讀完「行動的位格」一書以後，不能不贊同昆敎授的評語。作者雖接受傳統，但也不甘成爲傳統的奴隸，尤其對意識現象作了一番獨到的探索工夫。他對意識現象所論述的，絕非祖述前人所云，而是訴諸直接呈現的內在經驗。他的見解之所以和別人不同，並非矯同立異，而是因爲忠於事實本身（Sache Selbst），覺得直接呈現的事實和前人所述不同。我個人非常贊同他對唯心論及「意識本身」（Bewusstsein überhaupt）的批評，也很贊同他所云意識與認知是兩回事（作者在這裏突破了西方哲學的成見，值得欽佩）；此外他指出波哀丟斯位格定義的缺點，也很獨到而有見地。我認爲僅就本書作者對意識現象的深刻研究，就足以被稱爲具創意的思

❸Guido Küng, *Der Mensch als handelnde Person*. Universitas (Stuttgart) 34, Jg, Feb. 1979, Heft 2. S. 157–162.

想家而無愧。有人說他完全排斥佛洛伊德❹，至少本書並非如此。作者主張潛意識內容在達到意識層面始達到圓滿境界。鑒於潛意識達到意識經驗時主體如解倒懸的情形，我們有充分理由同意這一見解。事實上，我自己在授「哲學心理學」一課時，也是作這一主張。

此書卻也有一些缺點。蒂面司卡教授說波蘭文原著往往表達不清，不能暢所欲言。她大約認爲經過她與作者討論並潤色過的英文譯本已經相當清楚。但根據我自己閱讀此書的經驗，卻不能不略有微辭。首先，全書閱讀時相當吃力，這大約是現象描述方法所帶來的一個缺點。當然閱讀此書的艱澀程度比起海德格的作品是小巫見大巫，但已足以令人望之卻步。其次，某些片斷意思晦暗不明，一再閱讀仍無從索解。

若干見解我不能苟同。第一，視肉體爲人所佔有，太具柏拉圖意味，我認爲並不完全準確，而應強調人之整體性。作者雖在註六四中詳細引用反面見解，卻沒有指出他所持見解的理由。關於這點，馬賽爾的分析非常精彩，本書作者似乎並未注意到。第二，討論位格行動的自主、自決、自由時，作者沒有提及決定論。我認爲作者儘可不贊成決定論，但在討論自由抉擇時卻不可一字不提。第三，關於他補充波哀丟斯而提出位格定義（「存在與行動的主體」），包括了意識行動及不受意識控制的「動力」，另一方面作者又一再說位格係意識行動的主體，甚至說「自由之存在亦卽位格之存在」。這二種說法表面上似乎會發生抵觸。我個人認爲上述二種說法指出人的位格之二極，二極終究可以彼此協調整合。這一觀點在全書中甚爲明顯，但講定義時也許可以更明顯指出。第四，作者肯定道德的善行才能使位格圓滿，惡行則不然。這一說法已脫離了

---

❹Neue Zürcher Zeitung 13. Dez. 1979, S.27. Feuilleton: Eine Rezension über Karol Wojtyla: Liebe u. Verantwortung. Eine ethische Studie, Kösel-Verlag, München 1979.

現象描述，假定了奧古斯丁與多瑪斯的形上學。作者在英文版序言中雖指出自己的思想得力於亞里斯多德與多瑪斯的道德哲學，但作上述肯定時，似乎仍應提及這點，並充分說明理由。否則，不諳或不贊同奧氏及多氏形上學的讀者，對作者的肯定就難免大惑不解。

上面不過略述本書概要並舉出其得失之犖犖大者。要窺廬山眞面目，當然還是非讀原書不可。

第十二章 東西方思想與心靈之全面

一、心靈全面與東西文化之差別

我們這一代中國人的思想，多半是傾向新的和未來的東西，而不喜歡陳舊的古老的東西。另一件不容否認的事實是新的一切來自西方。無形中我們對中國傳統思想會發生漠視甚至鄙視的心理狀態。我自己就曾有一段時期對中國傳統思想很少瞭解。然而，思想的發展過程，往往會走很奇特的路徑，譬如東羅馬帝國的滅亡促成歐洲的文藝復興運動，法國大革命促成德國的浪漫主義哲學思想等等。我個人則是透過榮格而重新對中國傳統思想作了新的估價。

這位瑞士精神病學家榮格（C. G. Jung, 1875-1961）的治療方法及理論有些師承佛洛伊德，但卻有很大的獨立性。由於我的博士論文以榮格的心理學為題，因此曾去蘇黎世湖濱拜訪過他。當時我向他請教的問題，他並未給我滿意的答覆；而他津津有味地向我敍述的，我在他的書中也都已看到過。但我必須承認，他的思想在我腦海中留下了深刻的痕跡。還記得當時他所講的題材之一是孟達拉（Mandala）：這原是一個印度文名詞，意思是魔術的圈子，通常這圈子都用十字分成四個部份。這樣的圖形，在古代的東方和西方文化中都可找到；而根據榮格所云，病人在走向正常境界的過程中，往往也會不由自主地畫出孟達拉的圖形

❶。依榮格的解釋，孟達拉是心靈中互相敵對各種力量趨於統一的象徵。
孟達拉是心靈的象徵：人的心靈宛如小宇宙，具有多方面的可能性和傾
向，這多方面的需要都要求獲得滿足並形成統一。榮格認爲人的最主要
的心靈活動有四種，卽思考、感覺、感受、直觀：思考利用觀念間的關
係和理則性的推理去理解並適應這個世界，感覺只用感覺官能去領略客
觀世界，感受以一己的喜惡對一切予以評價，直觀則以內在的契悟去窺
測事物潛在的可能性。這四種活動應當有全面的發展，否則，未獲發展
的一部份會有窒息之感而使整個人格無法統一。這樣就會造成大大小小
的心理神經病，甚至也會釀成嚴重的精神病。

　　誠然，榮格所說的未必是心理神經病及精神病的唯一成因方式。但
是我相信，人有多面發展的強烈傾向，同時又傾向統一，榮氏的這項見
解是合乎事實的。無論是古代或現代，東方或西方，人類社會中往往會
出現過度狹隘的生活及思想方式。例如我國古代以德治天下的觀念，造
成了偏狹的儒家意理，使人失去研究大自然的興趣和能力。西方敎會曾
受摩尼主義影響，認爲靈肉互相枘鑿，同時又太偏重抽象推理和羅馬的
法律觀點，這樣往往使人與實際生活脫節，甚至和靈心生活本身脫節。
榮格曾針對這一情況說過：本身貧血的精神生活，上帝對之也無能爲力
（可惜此時此刻我無法找到這句話的出處，祗記得他確曾說過這樣的
話）。今日的工業社會又造成了「一度空間的人」❷。馬古西的話雖未免
偏激，而他所開的方子比原來的病還要壞，但他對當前社會情況的分析
是準確的：「一度空間的人」往往成爲工業產品的奴隸。人在這樣的世
界中生活，當然會感到不幸。人的多方面需要受到抑制，得不到合理的
發展，於是就發生許多不平衡的怪現象。

────────

❶見下一章。
❷本書第二章。

是的，人的心靈是一個小宇宙，具有多方面的傾向和能力。但人之傾向及能力是否限於榮格所云的四種心靈活動以及意識、無意識二種狀態呢？當然不是。榮格不過說出他所特別研究的幾種現象而已。但他由四種心靈活動做出發點所指出的東西文化之基本差別，無論如何值得注意；而且徵諸東西方的哲學思想，他的觀點是能夠成立的。

榮格對這方面的見解，可於他對《太乙金華宗旨》的註釋中見到。《太乙金華宗旨》是一本很古老的書，起初祇是口傳，到乾隆年代首次付印，一九二〇年又在北平印了一千本。德國基督教牧師兼漢學家衞禮賢發覺此書是以促進心靈的提昇爲目標，遂譯爲德文。榮格看到譯文以後，認爲《太乙金華宗旨》對心靈的瞭解遠在西方人以上，「東方對世界尚如孩童般一無所知，卻發現了這些事物」。他又說：「科學是西方思想的最佳工具，能夠比雙手開啓更多的門。……但東方卻昭示我們另一種更廣泛、更深刻、更高的理解，一種透過生命的理解」。「理智如果嘗試侵佔精神的全部遺產，就會侵犯到精神。理智絕不適合做這件事，因爲精神高於理智：精神包括理智與感覺❸」。一如此書上下文所示，榮格認爲西方以科學思想爲主流的近代文化，是偏面發展上面所說過的思考與感覺兩種心靈活動所致，而東方的思考雖尚在孩提時代，但極度發展的直觀與感受早已揭示了西方所意想不到的精神境界。

二、東西二方思想的偏差

榮格在這裏只說西方近代科學與東方思想的基本差別，實則，這一差別從儒道二家的初期代表人物與希臘古哲時代已經開始。現在我們姑

---

❸Wilhelm and Jung, *The Secret of The Golden Flower*, Routledge & Kegan Paul, London, 1950, pp. 78-82.

且從西方哲學傳統說起。

　　大家所公認的希臘古代哲學祖師泰利斯，他所念念不忘的問題是萬物始元和動力。他對這問題所提出的答案 —— 水是萬物的始元和動力 —— 之正確與否，是一件次要的事。重要的是他所提出的問題及其基本方向：他要知道一切事物的始元。繼泰利斯而起的思想家，包括蘇格拉底、柏拉圖及亞里斯多德，都是在這基本問題下工夫。今日的原子物理學家也沒有脫離這一問題。因此，應用思考去推究宇宙間事物的始元，的確可以說是西方哲學思想的主要特徵之一。大家都承認，這一思考方式已替人類獲致了極可貴的成就，現代的高度科學技術及工業化社會即其明證。於是很容易相信，理性思考是人類思想的唯一方式，任何其他方式都是原始而落後。我人不必諱言，不但西方人曾經作如此想，受到現代化的洗禮 —— 也就是受到西方文化影響的東方人也多半會這樣想。可能他會用「現代化」等名詞來保全古文化繼承人的面子，但實質上，他不但承認了西方思想方式的優越，而且還相信，祇有它具有優先的生存權利。這一意識形態，哲學史中稱為理性主義（rationalism），它在十七世紀因笛卡兒、斯比諾撒等而發揮盡致，他們二人都以為可以用幾何學的方法把哲學思想納入定義、公理、命題之中，並且以為理性可以解釋一切。十八世紀的黑格爾則更鑽入牛角尖，用「絕對理性」來解釋整個宇宙及人類史。他心目中的人不過是正反合辯證過程中的「事件」而已，這樣個人的存在意義就被否定。由黑格爾思想所發展的馬克思主義，乃至列寧、史太林、毛澤東主義之蔑視人權，即理性主義走極端的後果。也許實證主義者會說：理性主義誠然陷於絕境，祇講經驗而不講理性系統的我們是不能尸其咎的。其實，實證主義祇看到事物而見不到人的主體，結果也祇會肯定科學事實而否定個人意義。到此人們纔覺悟，用理性或實驗去解釋一切，會使人類陷於此路不通的絕境。毛澤

東、周恩來等人至今還陶醉於「科學」這一招牌，以爲自己走在歷史前面，是黑格爾所云的「世界歷史的個人」。其實，他們不過是黑格爾思想麾下的小卒而已，代表西方思想的最惡劣一面。

反之，在十七、十八世紀曾盛行理性主義的法國、德國及整個西歐，現在大家都覺悟極端理性主義的錯誤，而有各種各樣存在思潮及位格主義的興起。存在思想的祖師齊克果（S. Kierkegaard），正是對黑格爾思想系統的一種激烈反抗，也可以說是對西方思想傳統中的偏差之反抗。齊克果強調個人的存在和意義，強調個人的道德抉擇：個人與抉擇遂構成了現代存在思潮的共同主題。齊克果又反對那些與人生無關的思想體系，而以主觀性眞理相標榜。老實說，齊克果已經不自知地走入東方的思想方式，他正如榮格所云，是透過生命的體驗去理解眞理。

的確，齊克果所主張的主觀性眞理，正是我國思想的一貫傳統。無論是老莊也好，孔孟也好，他們的思想都不是抽象的，而是牽涉到思想者自身行動的主觀性眞理。莊子所說「夫有眞人始有眞知」這句話，足以代表我國思想的基本精神❹。一如上文所言，西方思想目下已接近東方，那末東方思想是否就無瑕可擊呢？這又不然，西方思想中企圖解釋一切的過份理性主義固然不對，但理性思考畢竟還是非常重要；理性並非萬能，但亦非一無所能。而我國根本無法與行動分離的固有思想方式則顯然並未發展理性的潛力，因此造成泥古不化的停滯狀態。

我們試看儒家所大聲疾呼的以仁義治天下的理想。這一理想並非毫無事實爲依據。譬如孟子說：「無恆產而有恆心者，唯士爲能，若民則無恆產因無恒心。……是故明君制民之產，必使仰足以事父母，俯足以畜妻子，樂歲終身飽，凶年免於死亡，然後驅而之善，故民之從之也輕。」

───────

❹項退結，≪現代存在思想家≫，東大圖書公司，臺北市，民國七十五年五月修訂版，四五頁。

這就是一項經驗事實。但他對答那「望之不似人君」的梁襄王時，卻顯然言過其實:「(梁襄王) 卒然問曰: 天下惡乎定? 吾對曰: 定于一。孰能一之? 對曰: 不嗜殺人者能一之。……今夫天下之人牧，未有不嗜殺人者也，如有不嗜殺人者，則天下之民，皆引領而望之矣。誠如是也，民歸之由水之就下，沛然誰能禦之」<梁惠王章句上>。然而，歷史事實替我們證明，首次在中國創大一統局面者，並非任何不嗜殺人的仁義之君，而是秦始皇。後來推崇儒家的漢朝，也是用武力爭取天下的，並非因為施了仁政。這就表示出，僅僅用仁義即可以治天下，祇是可望而不可即的烏托邦理想而已。以德治天下的片面想法，和過度重視倡導這一理想的古籍，使我國二千年的官吏都輕視實際技能和效力，更無從發展純理性的思考。這樣，我國在未與西方接觸以前的文化生活，也始終是片面的，久而久之，成為死板的思想與行動模式，排斥任何外來或自發的新的因素。因此，開始與西方文化接觸時，我國也有過一段排斥時期: 我們只須回憶義和團和慈禧太后，就知道那股排斥力量是 如 何 強烈。但這一時期一過去，我國人一開始受了西方理性的洗禮，馬上無條件接受了它，正是因為「飢者易為食，渴者易為飲」的緣故。

因此，我們可以肯定，無論是東方或西方思想，都曾經犯過偏差，目下這些偏差尚未完全校正過來。西方人和西方思想，都比較強調理性思考，比較主動，比較易變，有時變動得太快太過。許多跡象和事實表示，東方人比較傾向被動和保守。自從馬克思主義盤據了中國二十年代智識份子的頭腦以來，這一主義配合了東方的被動性和保守性，變成了當代世界最蠢頑不敏的強權統治集團。這最死板最獨斷的主義用權術、恐怖、武力控制了全世界最多的人口，因而形成了空前危機。歸根結底，毛共之所以造成當代中國的大禍,是因為結合了東西方思想的偏差，他們死心貼地接受了過度而不切實際的西方理性主義，同時又以道地東

方人的姿態，一味強調實踐，根本否定有改變基本理論的可能（任何微小的改變都被稱爲「修正主義」，而所謂「修正主義」在毛共的詞彙裏，是和「帝國主義」「封建主義」不相上下的壞名詞）。毛澤東死後的中國大陸雖已有驚人的積極發展，但僵化現象尙未完全消除。我人也不容否認，毛共所犯思想上的凝固，是海峽兩岸中國人所共有的毛病，表現於學術、政治、宗敎、敎育各界。由於中國思想傳統中太缺乏系統化的理性因素，中國人很容易不加批判地接受來自西方的理性成份；事實上，直到現在，我國智識界中還不乏有人天眞地相信十七、十八世紀的理性主義。一接受了某種系統以後，中國人就容易以爲可以「擇善固執」，奉之爲偶像，以後就祇有死板地「實踐」的份，再也不願有所改變。

三、真理的多面性

身爲東方人的我們旣有這樣的弱點，所以格外需要領悟到眞理的多面性。我們必須記住，無論是我國固有或來自國外的任何思想，都祇能反映局部眞理；全部眞理，是有限度的人所不可幾及的。正如中庸所言:「道並行而不相悖」，又如雅士培（K. Jaspers）所云，人旣有不同層面，所以也有不同層面的眞理。我需要錢用是經驗層面的眞理，而我不應取用不義之財，則是道德抉擇層面的眞理；我不應祇看經驗眞理而置道德層面的眞理於不顧。這一例子也可以使我們見到，片面地執着某一層面的局部眞理拿來壓倒其他一切眞理，是多麼危險的事。上面已舉出我國儒家、西方敎會以及近代西方思想由於執着局部眞理而犯過的錯誤，也指出過毛共思想所犯的錯誤及所造成的悲劇。

人生本來就是多面的。不同哲學家對人的不同層面有不同的說法，今日的心理學家又各自有不同的說法；但任何人不能否認，人是有多方

面的傾向、需要、活動的。人生既是多面的，我人也就可以從多方面去
觀察世界，這樣就會發現多方面的眞理。中西哲學中的所有思想家，替
我們揭示了眞理的某些部份，但都沒有達到全部眞理。活在此世的我們
和未來的人們當然不能終止哲學思考：我們自己和未來的人也都祗能窺
見眞理的一部份，任何哲學思想都不能脫離部份眞理的命運。

既然如此，我們就不必奇怪，何以在我們這一世紀中，會產生這麼
多的不同哲學思想。誠然，這些琳瑯滿目的新思想都產生在西方，再一
次證明了西方的主動與易變性。但奇怪的是，現代的西方思想主流之一
──存在思潮非常接近東方，尤其接近我國傳統思想。

存在思潮本身原就是很複雜的多面體，下面第十四章會略加介紹，
這裏願指出，兩位尚在人間❺的第一流存在思想家，如何從他們自己的
觀點做出發點而建立了他們的哲學思想。這裏我所指的是馬丁·海德格
（M. Heidegger）與加布里·馬賽爾（G. Marcel）。

海德格哲學的出發點是人（此有＝Dasein）的抉擇。人的特質是他
的自我性，卽對他自己採取立場。海德格認爲人對自己採取立場時，應
想到自己是在走向死亡的途中。人如果「喪失」於日常生活，就處於不
眞實狀態，必須因走向死亡而對現在作斷然處置。海德格稱這樣斷然抉
擇的存有方式爲純眞的。從人這一「特殊存有」作出發點，海德格認爲
存有（Sein）本身是有限的，有時間性。當然，這幾句簡單的介紹不能
使讀者充分瞭解海德格的思想。我這裏所要說的是：他思想的出發點和
中心主題是人的獨特性。由於他抓住了這一層面的眞理，而能打動當代
人的心弦，所以引起了哲學、神學上的巨大反響。

馬賽爾思想的出發點是：抽象思想會把思想的對象孤立起來，同時

───────

❺此文執筆於民國五十九年左右。

把他人視為與我無關的「對象」或陌路人，這樣使人與人之間發生隔離而無法理解溝通。馬氏因此主張一種開放的與人共享的思想方式，人與人之間不再是我與他的關係，而是我與你的關係，形成互相共融的「共同存有」。這兩種不同的基本態度構成馬賽爾的戲劇和哲學著作的中心主題。

馬賽爾所說我與你互相共融的「共同存有」完全是我國傳統思想中的「仁」的翻版，「仁」必須包括相愛相親的二人。孟子早已說過：「仁人也」及「仁也者人也」＜梁惠王章句下＞及＜盡心章句下＞。這也就是說，孟子認為人的本質是愛人，與人相親。這以仁為中心主題的孔孟哲學思想，到現在不但沒有過時，而且越來越合乎時宜。社會學家素羅金（P.A. Sorokin, 1889-1968）在一九四九年成立了「創造性利他主義哈佛研究中心」，強調「愛能」可消弭人類的未來戰爭❻。羅素在臨死前所發表的一篇文章中也說：「長久以來，宗教教訓我們，愛我們的鄰人，並留意他們的幸福，是我們的義務。可惜當權的人們很少注意這種教旨。但在今日開始的新世界中，宗教所不斷要求對別人的善意，將不但是一種義務，而且是繼續生存不可或缺的條件」❼。羅素的意思是：原子能已使人類有毀滅自己的能力，因此只有人與人間的仁愛纔能使人避免這場浩刼。這也就是說：我國以仁為主題的傳統思想雖然也祇是多面性人生的一部份真理，但卻是極其重要的一項真理，值得我們去繼續思考並加以發揮。

---

❻王曉波，＜素羅金和他的學說＞，《現代學苑》卷七（民五十九年）第四期，一三七—一四四頁。

❼羅素，＜人類前途與科學文明＞，《現代學苑》卷七（民五十九年）第四期，一三三—一三五頁。

四、如何理解我們自己的傳統？

縱觀上文所言，我們會覺得榮格本人雖祇是精神病醫師，但他透過心理分析（這裏是指廣義的心理分析，卽由佛洛伊德開始、強調無意識心理機能的治療方法）對精神生活所獲得的理解，卻能幫助我們瞭解東西二方的思想軌跡。也許正因爲他自己置身於哲學傳統以外，站在助人精神健康的純實用觀點，所以更容易看到東西二方面的優點與弱點，比較容易不受成見所左右。當然，這並不是說，他自己絲毫不曾受到哲學思想影響；恰恰相反，他也正如任何人一般，無意中受到哲學家（例如康德）的影響。這裏只是說，榮格對東西二方思想的態度比較中立而已。對於我們這一代大規模受到西方文化影響的東方人而言，榮格的分析也許可以幫助我們對傳統與輸入的文化因素重新作一番估價，而不拘泥於外表。因爲，儘管表面上打着科學、民主或馬克思的旗子，骨子裏可能還是傳統的。傳統就如同我們的影子：我們無法跳出自己的影子以外。旣然如此，一味咀咒傳統否定傳統與盲目崇拜傳統迷信傳統是同樣地無聊。必須意識地去理解傳統，纔能够認識我們自己，擺脫傳統的不合理成份而保留優點。也唯有如此，我們的傳統才不會在邁向未來途中造成有害的阻力，反而能與未來發展互相協調，成爲生機充盈的整體。

第十三章　榮格心理學與中國文化傳統

一、榮格與心理分析

　　由於本書頻頻提起榮格，我覺得應該對他的思想作一比較詳盡的剖釋。

　　佛洛伊德的性慾昇華　要理解榮格心理學，我們必須從佛洛伊德說起。過去許多哲學家以爲心理現象與意識是一而二、二而一的事。十九世紀末葉，由於法國的精神病醫生夏爾各特（Jean Martin Charcot, 1825-1893）對催眠術所作研究的影響，佛洛伊德（Sigmund Freud, 1856-1939）對潛意識的心理現象，開始作了很廣泛的研究。根據治療精神病的經驗，他證明：我人不僅有意識的與下意識的心理生活，而且有自己根本不能察覺的潛意識（或稱無意識）的心理生活。所以不能察覺的理由是因爲人們把自己的本能衝動壓抑下去，這被壓抑的衝動就潛伏在潛意識或無意識之中。但潛伏的並未取消，一有機會又要出來騷擾，輕則使人失去平衡而患心理神經病（Neurose, 亦稱神經病），重則使人患各種精神病。佛洛伊德又以爲精神失去平衡的基本原因，是由於壓抑性慾的衝動；幼孩要想佔有母親的衝動如無法超脫，往往會種下神經病甚至精神病的病根。本能衝動如果能夠轉移到合適的對象上去，那就是所謂「昇華」。佛洛伊德的弟子更把這種理論變本加厲，甚至以爲

藝術、道德、宗教都是性慾的昇華。

這裏我們必須注意的是：佛洛伊德所云的壓抑（Verdrängung, Repression）與普通的控制是截然二回事。任何人（包括佛氏在內）都必須控制自己的衝動，但並不一定要壓抑它：壓抑並非控制，而是遺忘，它把不喜歡記住的事遺忘得一乾二淨；透過催眠術或聯想等方法，以前遭壓抑的事又會全部記起來。

佛洛伊德的理論誠然片面，但是我人不能不承認他探索潛意識領域的努力與成就。大家都公認他是心理分析的鼻祖。

阿德勒的自卑情意結　他的一個弟子阿德勒（A. Adler, 1870-1937）對於精神失去平衡有另一種解釋。他認爲人的最原始要求並非性慾，而是個人權力。由於這權力慾得不到滿足而被壓抑，所以才會生出各種奇奇怪怪的病症。阿德勒以爲性慾的衝動也不過是權力慾的表現。阿德勒的一種爲全世界所接受的概念是自卑感：每個人幼年時都覺得無能爲力，因之必然地會發生自卑感。自卑感如果沒有得到適當的轉變，就會把人導入不正常的發展。阿德勒與佛洛伊德意見分歧，結果於一九一一年脫離心理分析學派，自己成立了「個人心理學派」。

榮格的聯想測驗　榮格（C. G. Jung, 1875-1961）在認識佛洛伊德以前，本來已經是有名的精神病專科醫生，使他一舉成名的是他一九〇四年與黎克林（Riklin）一起發表的聯想測驗研究。這個研究使他發現兩種不同典型，卽外向與內向。所謂聯想測驗是利用一百個詞——刺激詞——向被測驗的人說出，被測驗的人聽到刺激詞以後，應當儘快說出第一個想起的反應詞。短時期以後又重複一次這樣的測驗，被測驗者應將說過的反應詞重新記起。第一次測驗時，對每個詞的反應速度會有些不同，在重複測驗時，被測驗人往往需要用很多工夫才能記起，甚至想不起第一次說過的反應詞，往往也有把反應詞記錯的。用這種方法可以

發覺一些被測驗者自己所不能察覺的潛意識的心理狀態。榮格發現了這種潛意識的心理現象以後才與佛洛伊德取得連絡。但是他們兩人的意見始終不能一致。榮格認為佛洛伊德與阿德勒都有他們的成就，但都不免於片面。榮格的主張是：心理神經病並不完全由於性慾的壓抑而生，也不只是由於權力慾被抑制，而是由於任何心理條件有失平衡所致。現在我們試述榮格的理論如下。

二、他的基本思想

心理典型　上面我們已經說起榮格研究聯想測驗的成就，從這個研究作出發點，他發現了內向與外向兩種典型。此外，他又把心理活動分成四種，就是思考、感覺、感受、直觀。思考是利用觀念間的關係以及邏輯性的推考，去理解與適應世界，它的對立官能是感受。感受對於世界事物的態度是以愉快或不愉快、接受或拒絕來作標準的。思考與感受都對事物予以估價而影響行動。感覺不過把事物領略過來，因此比較客觀一些：直觀與感覺相對立，它不是有意識的去觀察事物，而是以內在的領悟方式去瞭解事物潛在的可能性。把這四種活動和內向外向二種態度湊合起來，榮格創立了八種心理典型的學說。他把研究結晶於一九二一年發表於「心理典型」一書中。內向外向的理論目前已為學者所普遍接受。

情意結　還有一個榮格所常用的名詞是情意結（Komplex）；榮格心理學目下稱為分析心理學（Analytische Psychologie），一度曾被稱為情意結心理學。所謂情意結是由一種具有情緒內容的一個核心與一連串和這核心相連繫的許多心理內容組成。譬如自卑情意結中，自卑感是具有情緒內容的核心，其他與這自卑感有任何連繫的生活經驗、思想、情

緒與這個核心一起組成自卑情意結。這樣的情意結可能有單獨活動的能力，就是說情意結往往不受意識的控制：譬如當你與高采烈的時候，驟然來了一個人，使你聯想起某一件事，同時擊動某一個情意結的核心。這時你的心境可能馬上起波動，驟然之間，就變成心不在焉。情意結之所以能與人以騷擾，往往是由於某種心理狀態是在潛意識之中，或至少不受意識控制。我人平日受到情意結的騷擾，本來是一件正常的事，但是如果騷擾得過度，那麼精神就會失去平衡。

心靈力量的平衡發展 榮格對於精神不平衡有他自己的一套理論。他認為每個人內部有一種心靈力量，這種心靈力量不息地找尋表現自己的機會。一個人心理各方面的機能如果都平衡發展，那麼心靈力量就能夠很舒暢的流動。但是如果心理機能發展得不平衡，譬如某幾種官能有了過度的發展，其他部份發展得太少，這樣心靈內部就發生緊張狀態，而引起不可控制的激動；正如同兩個相連接的水桶中的水位不相等時，水位較高那個桶中的水，會流到水位較低的桶中。假使我們用水位代表心靈力量，就可以想到心理發展不平衡的時候，心靈力量也會發生流動的傾向；心靈力量流動得太激烈的時候，就會產生精神不平衡的現象。因此精神失去平衡，是對當事人的一個警告，叫人對各方面的均衡發展去下一番努力。因此榮格很喜歡說「全部性」這句話，全部性也就是平衡，失去全部性和平衡的時候，發展得太少的部份就會與人以煩擾。

對立的心理活動與補償作用 但是榮格的理論有什麼根據呢？上面我們已經說過使榮格成名的對於聯想測驗的研究，也說起過他是精神病專科醫生。他的理論也正如佛洛伊德和阿德勒一樣，是從他治療精神病的經驗而來。精神病或神經病患者走向正常的途中，往往會得到一些離奇的夢。佛洛伊德在《夢的解釋》這本書中，對於夢的解釋幾乎完全基於性慾二字。榮格則不然，他說意識生活發展得不平衡的時候，心靈的

潛意識部份，就會起而與意識生活抗爭，這種現象榮格名之爲補償作用（Kompensation），夢的內容往往也就是對於意識生活的補償作用。上面說起榮格把人的心理活動分做四種，就是思考、感覺、感受、直觀。思考與感受處在對立地位，感覺與直觀也處在對立地位。對立的官能彼此會互相補償。一個人的思考官能如果有過度的發展，那麼他的感受官能就無形中處在胚胎狀態，也就是說處在潛意識之中；在夢境中感受的官能就產生補償作用，會使人夢到一些醒時所不屑一想的東西。這四種心理活動，每一個人原來都有，但是因爲某一種活動比較有更大的發展，因此就造成各種不同典型。譬如：感覺型的人把歷史的個別事實都記得很清楚，但不能發覺其中的來龍去脈；直觀型的人對個別史實並不很注意，而一眼看到數百年的前因後果。這兩種典型互相對立，正如同思考與感受兩種典型是對立一樣。

意識與潛意識　榮格對於補償作用發揮得很多，他認爲一個人的潛意識或無意識始終是和意識狀態相對立，發生補償作用。男人與女人的潛意識也處在對立狀態：在意識狀態時，男人一般說來是比較更習於用思考方式去理解事物，女人則比較更習於用感受去與事物接觸。男人對於一件事的看法比較更理智、更客觀，女人則一開始就對自己說：我喜歡這個，我不喜歡那個。潛意識狀態則反是：男人心靈的潛意識部份是女性的，傾向感受，榮格用一個拉丁字稱之爲 anima；女人心靈的潛意識部份則是男性的，傾向思考，榮格稱之爲 animus。潛意識中的心理狀態，往往容易投射到外面去：因此男人容易把自己潛意識中的或好或壞的幻想投射到女人身上；同樣地女人也很容易把潛意識中虛構出來的意像，投射到男人身上。

面具作用　除去潛意識與意識互相對立互相補償以外，還有一種非常普遍的心靈中的對立現象，那就是個性與「面具作用」（persona）之

間的對立。所謂面具作用，是一個人的個性對社會關係所採取的適應，就如同戲子帶上面具一樣。譬如一個當教師的，自然而然地會養成某種外表，這種外表態度不能代表全部個性，因此無形之中就會與個性發生對立與補償作用。

集體的潛意識 藉着分析夢的經驗，榮格又創了一個很有興味的理論。他認為在每個人的心靈之中，除去個人所特有的潛意識部份以外，還有全人類所共有的集體的潛意識部份。個人潛意識部份是由於本能衝動被壓抑所產生，集體的潛意識部份則是祖宗所遺留下來的。這種理論有什麼事實上的根據呢？榮格在許多病人的夢境中，或者在他們用以表達心境的畫圖中，發現了許多類似的內容；榮格以為這些內容不但在歐洲存在，而且在亞洲、非洲甚至在上古時代已經存在。因此他把這些內容綜合起來，稱之為原型（Archetypus），這樣的原型很多，例如水、嬰兒、英雄、父親、母親、兒子、女兒、芒達拉等等。這許多原型在夢境中，在各民族的神話中（神話也可以說是潛意識所投射而成），以及其他許多神秘性的著作中隨處都可以找到。格外令人驚奇的是，印度人所云的芒達拉（Mandala），幾乎可以在任何文化中找到。芒達拉原來的意思是魔術的圈子，一般是分成四份的圓周；它不但在印度可以見到，在西藏的喇嘛教，甚至在印第安人中，都可以找得到。歐洲的精神病患者，根本不知道印度人所云的芒達拉為何物，但是為了要表達他們自己的心境，自然而然會畫出各種不同的分成四份的圈子。榮格認為這種芒達拉象徵人心靈追求圓滿的要求。讓我們欣賞下面二幅芒達拉圖形：左面這幅是西藏喇嘛靜坐前注視的芒達拉，右面這幅則係歐洲精神病患者所繪（見圖片）。

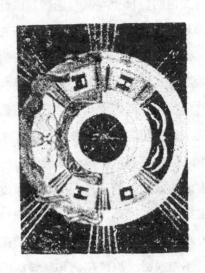

榮格心理學評價　榮格心理學的學術價值，我人不能下一個總體的判斷，而應當對每一種理論加以個別審斷。他由聯想測驗所發覺的潛意識的心理活動，一般公認是有科學價值的；他所創的心理類型也已經為學者所普遍接受；對佛洛伊德和阿德勒二人的批判也相當公允。至於集體潛意識、原型及其他種種理論，則尚未脫離科學假設的階段。

三、對中國文化的看法

說也希奇，榮格以精神病專科醫生的資格，竟會對東方文化感到興趣。理由可能是因為東方文化和中國文化，原來就向着不同於西方的方向發展。簡單地說一句，西方文化可以說比較更向榮格所云的感覺與思考方面發展，因此可以說是比較近於男性的文化；中國的文化則向感受與直觀二方面發展，因此也可以說是比較接近女性的文化。卽使從生物學觀點來看，西方人也比較壯健粗大，而東方人比較柔和纖小，可能這

對文化的發展也有某種影響。因此中國文化中一向有一個道家的主流，那是比較更接近自然的一派。今日的西方文化已過份理性化：現代科學技術就是理性的產物。生存在這個世紀的西方人，由於過度理性化的生活環境，很容易脫離自然與本性。此外，今日的許多西方人已經與基督信仰脫節。西方文化雖然受基督信仰的影響非常深刻，但數世紀以來的反宗教思想，已使許多人脫離了基督宗教。在《心理學與宗教》一書中，榮格說自己不敢置喙於宗教的本身價值，他只能討論宗教對人心理方面的效用。他認為人的心靈深處如同是一個珍貴的杯，天生就準備好去接受神的光顧：三十餘年心理治療的經驗使他非常重視宗教生活。由於西方人頗多與信仰脫節，他們在生活與思想上，正如站在十字路口一樣不知適從，患神經病和精神病的人數也就與日俱增。榮格本着他和許多病人接觸的經驗，覺得東方文化中返歸自然的精神，正是西方人所急切需要的。在中國的易經、道德經中，榮格認為已找到了治療西方人的良藥；榮格之所以能够閱讀易經、道德經，是由於衞禮賢（Richard Wilhelm）的翻譯。榮格又對具有神秘性的道教典籍《太乙金華宗旨》，加以心理學的註解，他認為中國及西方古時的煉丹術，根本就是心靈潛意識部份向外投射而成。除去道家的典籍以外，榮格非常欣賞佛教的禪宗，因此他在鈴木著的禪宗佛教導論的序中說：「禪宗是中國文化所產生的異花之中的一朵」。西方人目下對易經、道德經與禪宗的普遍熱衷，大約卽導源於榮格。

參 考 書 目

榮格的大小著作與譯本不下二百餘種，他人研究榮格的著作也不在少數。下面列出幾種比較重要的書籍。

(1)榮格著作：

1. *Diagnostische Assozistionsstudien*. Bd. 1, Barth, Leipzig 1909.

2. *Zur Kritik über Psychoanalyse,* in: Jahrbuch für Psychoanalytische und Psychopathologische Forschungen 11, 1910. S. 743-746.

3. *Psychologische Typen,* Rascher, Zürich, Aufl. VIII. 1950.

4. Jung C. G. u. Wilhelm R., *Das Geheimnis der goldenen Blüte,* Dorn-Verlag, München 1929.

5. *Seelenprobleme der Gegenwart* (Psych. Abhandlungen Bd. III.) Rascher, Zürich 1931.

6. *Über die Archetypen des Kollektiven Unbewussten,* in: Eranos-Jahrbuch 1934, Rhein-Verlag, Zürich 1935, S. 179-229.

7. Geleitwort in: D. T. Suzuki, *Die grosse Befreiung, Einführung in den Zen–Buddhismus,* Leipzig 1939, S. 9-37.

8. *Exercitia Spiritualia of S. Ignatius of Loyola.* Seminar-Report, Zürich, 1940, Unveröffentlichtes Skriptum.

9. *Psychologie und Religion,* Rascher, Zürich 1940.

10. *Das Wandlungssymbol in der Messe,* in: Eranos–Jahrbuch 1940/41, Rhein–Verlag, Zürich 1942, S. 67-155.

11. *Zur Psychologie östlicher Meditation,* in: Mitteilnugen der Freunde ostasiatischer Kultur E. V., 1943, S. 33-53.

12. *Psychologie und Alchemie* (Psych. Abhandlungen Bd. V.), Rascher, Zürich 1944.

13. *Antwort auf Hiob.* Rascher, Zürich 1952.

14. *Symbole der Wandlung.* Rascher, Zürich 1952.

15. *Memories, Dreams, Reflections,* Toronto 1963.

⑵研究榮格的書籍：

1. Frei G., *Die Methode und die Lehre* C. G. Jungs, in: Annalen der Philosophischen Gesellschaft Innerschweiz und Ostschweiz 1948.

2. Gemelli A., *Psicologia di Religione nella Concezione Analitica di C. G. Jung,* Milano 1955.

3. Goldbrunner J., *Die Tiefenpsychologie von C. G. Jung und Christliche Lebensgestaltung.* Freiburg i. Br. 1940.

4. Hostie R., *C G. Jung und die Religion* Alber, Freiburg-München 1957.

5. Jacobi J.,*Die Psychologie von C.G. Jung*. Rascher, Zürich 1946.

6. Ders., *Komplex. Archetypus und Symbol*. in: Schweizerische Zeitschrift für Psychologie undihre Anwendungen IV, 1945, S. 376-313.

7. Rudin J., *Antwort auf Hiob*. In: Orientierung 1953, S. 41-44.

8. Ders., *Die Tiefenpsychologie und die Freiheit des Menschen*. in: Orientierung 1954, S. 169-173.

9. *White V., God and the Unconscious,* Harvill Press, London 1953.

10. *Die Kulturelle Bedeutung der Komplexenpsychologie.* Festschrift zum 60. Geburtstag C. G. Jungs. Springer, Berlin 1935.

11. *Studien zur analytischen Psychologie C. G. Jungs.* Festschrift zum 80.Geburtstag von C. G. Jungs, 2 Bände. Rascher, Zürich 1955.

第十四章　存在哲學對二十世紀的意義

一、導　言

　　最初我與存在哲學接觸是在五十年代的初期：我們哲學系裏的女教授開了「非理性思潮」這一門課程；她的意文講義經學生整理油印，至今我還保存着：討論到沙甫慈白利 (Shaftesbury, 1671-1713)，哈契遜 (Hutcheson, 1697-1747)，士來馬赫 (Schleiermacher, 1768-1834) 等等，最後一位卽存在哲學祖師齊克果 (Kierkegaard, 1813-1855)。當時的我澈頭澈尾沉浸在以理性推理為主的思想中，對齊克果印象並不深刻，祗覺得他是可憐的怪人，想像力有餘，哲學條件則不夠。沙特的「存有與空無」於一九四三年問世，那時已頗有名氣，他的小說與戲劇頗吸引人注意；馬賽爾的戲劇也為人所樂道。但這一切都為當時的我所否定：我那時覺得，哲學家還要寫劇本，居然想打動人的情緒而不訴諸純粹的理性，簡直有些不務正業。

　　我的這一態度幾年後發生了極大的變化：博士論文的題材「榮格心理學」使我發現理性思考的偏頗性，西方文化正因這一偏頗而經歷一項嚴重的危機，我自己是受西方文化左右而不自覺。中國文化中的直覺與體驗工夫從此獲得我應有的重視。大約由於我當時對理性哲學思考有些失望，於是我的注意力集中於東西方思想文化的差異，以及文化背後的

心理現象。

回國後不久，卻意想不到地逢到存在主義的熱潮；很奇怪，這次竟是以沙特爲主，耳邊所聽到的不是荒謬就是噁心。沙特口口聲聲說人生的一切追求都不過是「無用的熱情」，都是空虛而無意義，可是人又必須替自己「設計」，替自己創造價值。而這所謂價值簡直是漫無目標和標準，完全繫於由「空無」而來的自由。儘管沙特自己說他的哲學是積極的，但無可否認，他留給人的最明顯印象是灰色的、消極的。

當時我國也已經有幾本介紹存在哲學的書。它們往往是僅閱第二手資料而編寫的；足供參考的固然也有，大多數所給與讀者的，祇是幾個空洞的名詞和莫測高深的挫折感。恰巧，我國讀書人往往有不求甚解的毛病；看不懂的東西，反正一納入「玄妙」「高深」的範疇，就可心安理得。於是，存在主義在國人心目中就成爲灰色、消極、荒謬、玄妙不可究詰的大混合，更成爲不滿現狀和幻想者的溫床。

二、沙特式存在主義的澈底崩潰

這篇文章無意介紹或批判沙特（Jean-Paul Sartre, 1905-1980）的思想❶。可是由於上面所說的這段經過，我必須再對之有所交代。

方才我已提及，沙特由於他的灰色情調對不滿現狀者富有吸引力。恰巧他又有一支生花之筆，誰也得承認他的小說和戲劇是具魅力的。而現實是有缺陷的，並非完美；我們所居住的小島雖然有許多優美條件，卻同樣也有缺陷。歐洲和美國的許多條件優於我們，但那邊的人有別的缺陷。因此灰色思想無論在世界那個角落都會引起共鳴。一味不滿現狀

───────
❶可參考拙著《現代存在思想家》，臺北市東大圖書公司印行，民國七十五年修訂版。書中詳列值得參考的書和資料，本文恕不贅述。

感到一切都是荒謬，會產生二種不同的效果；或者悲觀消極，不求進取，對世界對人類社會作消極抗議，一如美國西皮所爲；或者接受新舊左派煽動，要推翻現有一切，以實現自己的烏托邦幻想。沙特自己就採取了第二條路：他不但選擇了「無產階級革命」的路，而且死心貼地一直替走極端的毛派撐腰。民國五十九年暑期去西德時，馬上就在報紙中看到他推銷毛派報紙不惜進入監獄的消息。一九七三年十一月十九日時代雜誌還登了一則沙特與 Minute 週刊打官司的消息：該週刊曾罵他是「國家的紅色癌症」，而沙特居然大言自己知道週刊主持人的住址，必要時會應用這項知識，暗示要對他們動武。週刊主持人遂控告沙特威脅他們的生命，結果他被判付罰金（合美鈔九十三元）了事。

沙特現在既已一面倒向毛派，那末他在四十年代所講的存在主義是否還可以立足呢？不消說，這其中的　大半已遭否定；他在一九六四年出版的自傳中承認，十年以來——一九五四至一九六四——他逐漸從過去的狂妄甦醒過來；現在他一心一意要參加「革命行動」。他在四十年代喧鬧一陣子的存在主義早已是「完蛋的、已經過時的文化型態」，恰像一種過時的肥皂牌子。因此，說沙特的存在主義已澈底崩潰、破產，決非過甚其辭。

沙特思想中卻有一點非常珍貴，那就是他始終肯定人的自我（l'être-pour-soi）及其自由。可是由於這自我的基礎是空無，是一種無根的根，所以被六十年代的結構主義者一口否定：心理學、社會學、文化人類學、語言學、歷史學所揭示的思想型態（結構）才是實在的，人的思想完全是結構的產物，包括「自我」本身。當然，沙特不致於接受這反人文主義的逆流：這不但是「反人文」，而且簡直是把人完全否定。然而沙氏所接受的辯證法和歷史唯物論對人的看法，本來也和結構主義差來無幾。

因此，要如存在哲學祇限於沙特的話，我必須和他一起承認，那已經像過去的肥皂牌子一般地過時。然而，一如下文所要說明的，我不能附和他的話，因爲他祇能代表法國存在思想中的一個重要支流：這一支流不能代表整個法國的存在思想，而法國也不能代表全世界。我始終覺得，一件事情的片面認識最可怕。三十年代時中國智識份子往往以爲「歷史唯物論」、「辯證唯物論」就代表哲學全部，會說一些正反合和「矛盾的統一」就是懂了哲學。臺灣智識份子一度也犯了類似的毛病：哲學「唯」有邏輯實證論和存在主義可談，存在主義「唯」有沙特才是正統。要治療思想的偏狹症，我主張大學中多開哲學史這一類的課，讓念文學、政治、經濟……甚至電機系的人都對全世界的思想有一個鳥瞰。

三、存在哲學的積極貢獻

大家都知道，齊克果所強調的存在卽個人對生命的體驗和自由抉擇。他之所以一再肯定存在意義，是由於對黑格爾一味強調「整體」的一種反抗。黑格爾在他的「歷史哲學」結尾時，很露骨地說：「哲學所關心的只是觀念在世界歷史明鏡中照射出來的光輝」。他雖然也承認個人是特殊的存在，具固有的需要、本能、熱情、私利等等，會追求和滿足自己的目的，可是歸根結底這一切仍是更廣大目的之手段和工具；最後統治世界及其歷史的是「理性」，亦卽「宇宙精神」。齊克果卻肯定個人存在的至高意義，因爲宇宙創造者所眞正關心的並非「世界」，而是個人。由於強調個人價值，所以他反對「羣衆」和擺佈羣衆的大衆傳播工具（當時所僅有的是報紙）。

齊克果死於十九世紀中葉，還不曾見到二十世紀的情形；現在的大衆傳播工具和工業社會之扼殺個人，當然是十百倍於一百年以前。所

以，二十世紀的德國哲人雅士培（Karl Jaspers, 1883-1969）和海德格（Martin Heidegger, 1889-1976），又重新領略到齊克果所云存在的重要性。二十世紀的存在思想運動，即以雅、海二氏爲原動力。這二人所走的路並不相同。雅士培深深體味到個人所遭受到的痛苦、疾病、人類社會的不可靠、死亡等等限制，稱之爲「界限情況」。於是他要穿越這些界限，並藉自由抉擇而接觸到超越界。海德格則是想從那對存有提出問題的特殊存有——「此有」做出發點，也就是從每一有限的自我做出發點，以期對存有獲得瞭解；而要瞭解「此有」，必須以齊克果所云的存在觀點着手。

雅士培透過他的界限經驗和存在抉擇立刻想要建立他的「哲學信仰」，也就是以哲學途徑建立起獨立的宗教信仰，因此他的思想自成一家，沒有引發出其他哲學思考。反之，海德格卻致力於從存在做出發點去瞭解存有。他所說的存有不受任何限制，因此引發出多方面的思考。上面所說的沙特從海氏所云的「空無「「設計」發揮出他自己的「存在主義」：步特曼（Bultmann, 1884-1976）以存在觀點解釋聖經，成爲當代聖經批判學的巨子❷；拉內（Karl Rahner, 1904-1984）、田力克（Paul Tillich, 1886-1966）和巴特（Karl Barth, 1886-1966?）則從存在觀點討論神學問題；他們各走各的路，各自在自己的範圍以內開闢了新的路子。我們在本文中不必談神學及聖經問題，僅以海德格對歐洲哲學的影響而言，其潛力已非常可觀；幾位極有力的思想家如 Szilazi（1889-）Gadamer（1900-）Weischedel（1905-）即其徒衆中之佼佼者。無論如何，海氏的「此有分析」使歐洲人的眼光從冰冷的客體轉移到能夠體驗有苦有樂的主體身上，是對重智主義文化的一個極有益的糾正。海氏的「此有分

---

❷王秀谷：〈宗教界風雲人物——步特曼〉，《現代學苑月刊》第四卷第十期，一一七頁。

析」不僅影響思想界，而且顯然已波及治療心理學，並促使哲學人類學對人自身作更深刻的思考。

海德格的「此有分析」卻也一再提及人的憂懼（Angst）及精神上的無家可歸狀態。杜平根（Tübingen）大學哲學教授波爾諾夫（O. F. Bollnow）認爲繼存在思想而起的哲學，強調希望和精神的「安居」。波氏認爲這是今日德國哲學的二個重點❸。這裏卻也不妨指出，1973年十月逝世的法國哲學家馬賽爾（Gabriel Marcel, 1889-1973）卽一再強調希望，他和德國的布洛霍（Ernst Bloch）一起，可以說開風氣之先。

四、存在哲學與現象學的關係

爲了使讀者對存在哲學思潮的來龍去脈有更完整的認識，這裏我願意把它和現象學之間的關係介紹一下。上文中我們可以清楚見到，影響力最深最遠的存在思想家捨海德格莫屬。海氏卻可以說是現象學巨子胡塞爾（Edmund Husserl, 1859-1938）的入門弟子；海氏的博士論文，大學授課資格研究論文，以及開始發跡的「存有與時間」都十足應用了胡塞爾的現象描述方法。一九一六至一九二二年，海氏曾爲胡氏在福賴堡大學的助理。「存有與時間」也發表於胡塞爾編輯的《哲學與現象學研究年鑑》第八卷（一九二七年）。海德格簡直是胡氏一手提拔出來的。要如存在哲學不發生這樣深遠影響的話，根本就可以說它是現象學運動的一個支流。

海德格之所以注意到存在問題，大約是受雅士培的啓發；《存有與時間》三〇一頁註中就提到雅士培《宇宙觀心理學》（一九一九年初

---

❸O. F. Bollnow: Das Verständnis des Menschen in der deutschen Philosophie seit 1945, Universitas 27, Heft 9, Sept. 1972, S. 947-958.

版；海氏引用的是一九二五年的第三版）對「人是什麼」的看法。然而雅氏自己也承認得力於胡塞爾的「描述心理學」。

至於法國的存在主義代表人沙特的思想是承受於海德格，更是衆目昭彰的事，不必多費辭。他不但透過海氏接受了現象學方法，而且也直接研究過胡塞爾的著作。不寧唯是，沙特的主要哲學著作《存有與空無》還標上「現象學存有論的嘗試」這一副題。比較與現象學運動關係最淺的是馬賽爾；可是他描寫內心現象的方式，也很像是受到胡塞爾的啓發。

五、存在思想的前程與限度

據可靠消息，目下的蘇聯青年智識份子很喜歡閱讀俄國存在思想家裴狄雅也夫（Nicolas Berdyaev, 1874-1948）的著作。當然，他的著作在蘇聯是禁書，可是在蘇聯已發生深厚影響。這件事實也許表示，被共產黨的組織系統所抑制的個人可能會因存在哲學而抬頭；俄國如此，我國大陸又何嘗不然。

卽在歐美，我也相信存在哲學在二十世紀最後四分之一期間尚有未完成的使命。當然，雅士培、海德格、馬賽爾等所走過的路不會有人再去重覆，但他們對人的主體性之關切，我想還會引起許多人共鳴。而這點在今日依舊具有極大的迫切性，因爲組織與系統始終還沒有放棄湮沒個人的企圖。

因此，存在哲學不但在二十世紀已產生了許多積極作用，不但對中國哲學可能有所貢獻，而且對整個人類的未來還有它的重要任務。儘管如此，存在哲學卻並非萬靈丹，更不是絕對完美的哲學，而是有其多方面限制的。是的，存在哲學對西方一向的崇智與理性主義是很好的補充。

但它卻不免偏於主觀。主觀思想誠然具有重要性，但如執於一面，也會產生主觀主義的偏差；存在思想家多少都容易犯此毛病。這是存在哲學特有的限度。此外，人的精神生活之最大特點是「自強不息」，永遠超越自己；否則就是自甘落後、墮落甚至退化。人的思想是精神生活的重要部份，當然也無法停滯不前；這也就意味着，根本就不可能有完美的哲學，所有的哲學都有先天的限度。存在哲學當然也不能擺脫這一命運。

第十五章　心理分析、存在思想與人性的實現

　　對我個人而言，榮格心理學的確使我對人性及中國文化有了較深入的理解。但進一步的探索使我發覺，心理分析與存在思想都有助於理解人性及中國文化。民國六十年十月間在耕莘文教院演講「心理分析與存在思想」一題，使我有機會對這其中的關係重新作一思考。

　　關於心理分析的開創人佛洛伊德和他最初的二位高足弟子，我們在上面一章已經講過。這裏願意補充的是，自從阿德勒與榮格和佛洛伊德鼎足而立以後，心理分析一詞祇能代表佛氏正宗，這派學說與泛性慾主義結了不解之緣❶。佛洛伊德、阿德勒、榮格和其他類似學說連在一起，則可稱爲「深層心理學」（Tiefenpsychologie）。所謂「深層」，就是指點意識境界以下的下意識乃至無意識（卽潛意識）境界。因此，嚴格說來，深層心理學包括心理分析，心理分析則不能包括全部深層心理學；但一般都通用這兩個名詞。佛氏的學說發源於維也納，而與佛氏意見分歧而另起爐灶的阿德勒也在維也納，因此前者稱維也納第一學派，後者則稱維也納第二學派。榮格的一生都在蘇黎世一帶工作，所以他所

---

❶關於佛洛伊德的一生與其學說，可以參考下列各書：
　1. 佛洛伊德著：≪佛洛伊德傳≫，志文出版社，臺北，民國五十九年。
　2. 佛洛伊德著：≪日常生物的心理分析≫，志文出版社，臺北，民國五十九年。
　3. 宮城音彌著：≪精神分析導引≫，水牛出版社，臺北，民國五十九年。

創的「分析心理學」也稱蘇黎世學派。蘇黎世另外還有一派即下文所要提到的創存在分析的賓斯文厄。維也納則在二次世界大戰後興起了傅朗克的意義治療學，一稱維也納第三學派。

一、精神病學與存在思想的聯繫

自從齊克果死於一八五五年以後，他的極豐富著作就被埋沒：丹麥人對他似乎一點不感興趣。二十餘年以後，雖有 Georg Brandes 其人一度提倡，引起了易卜生的注意，但畢竟如曇花一現，旋即消形匿跡。一直到齊克果全集譯為德文（Jena, 1909-12）以後，始引起歐洲學者注意而影響全世界。因此，當佛洛伊德於本世紀初發表《夢的解釋》及《日常生活的精神病態》等著作，開創心理分析新境界的時候，存在思想的祖師齊克果幾乎不為人所知。齊氏全集譯為德文以後，佛洛伊德也始終未曾接觸過。因此，佛氏的心理分析與存在思想原是毫無淵源關係的。

首先把精神病學與心理學和齊克果的存在思想拉上關係的是雅士培（Karl Jaspers,1883-1969）。雅氏本來和佛洛伊德同行，是一位精神科醫師，並且還寫了一本非常受歡迎的《普通精神病學》（Allgemeine Psychopathologie, Berlin 1913）。他在治療精神病患者時，已經發覺精神病人不能當作純粹客體看待，而應視為不能完全被瞭解的主體。透過精神病學，雅氏的興趣轉向心理學，進而成為二十世紀上半期存在思潮運動的開創者。雅士培於一九一六年閱讀了齊克果的著作以後，他的思想已受到齊氏決定性的啟發。雅氏另一本膾炙人口的《宇宙觀心理學》（Psychologie der Weltanschauungen, Berlin 1919），可以稱為二十世紀的第一本存在哲學著作。心理分析原是治療精神病或神經病的一種

方法；現在雅士培既已建立起精神病學、心理學和存在思想之間的關係，心理分析與存在思想也很自然地拉上了關係❷。

　　佛洛伊德的心理分析以病人的主觀體驗爲基礎：他所用的自由聯想及解釋夢各種方法，其目的無非要使病人壓抑在潛意識中的記憶，重新呈現在意識之中。這一類回憶和夢境都是每個人的主觀體驗，和別人毫無關係。譬如一九五二年夏季我夢見哥哥被人吊死，驚極哭泣而醒。當時我在瑞士新普倫山上渡假，環境極其優美；那個夢卻使我一整天都感到戚然。儘管我再三告訴自己，夢境不足爲憑，但它對我依舊發生力量。榮格（C.G. Jung, 1857-1961）說得好：「發生效力的即是事實」（Wirklichkeit ist was wirkt）。心理分析所關心的，就是這一類主觀事實。存在思想在這裏正好與心理分析相遇：因爲齊克果、雅士培及其他存在思想家所說的存在，是指每一個人對生命的體驗和抉擇。而且，精神病患者對意識失去控制，同時也失去了自由抉擇能力；神經病患者的自由則受到嚴重的限制。心理分析的治療，正好替存在抉擇製造了先決條件。

　　由於這些關係，一方面心理分析可以幫助我們了解若干存在思想家，同時也影響到存在思想本身。反過來說，存在思想也替心理分析供給了一些寶貴的理論基礎。

二、兩位患過神經病的存在思想家

Pierre Mesnard 在《齊克果的眞面目》（*Le vrai visage de Kierkegaard,* Beauchesne, Paris 1948）中曾企圖用心理分析去解釋齊克果一生中的某些奇特現象。齊氏父親患嚴重的憂鬱症，他的哥哥幾近神

---

❷Klaus Piper (Herausgeber), Karl Jaspers, Werk und Wirkung, Piper, München 1963.

經失常，他的兩個姪子都發過瘋。根據 F.J. Kallmann 一九五三年發表的一項研究，精神病與遺傳不無關係。齊克果的家屬中旣有人患精神病，他自己患同樣病症的可能性也相當大。事實上，他對未婚妻蕾琪娜出爾反爾的作風就不很正常。解除婚約以後的二年以內，他的大部份著作都與蕾琪娜有關。「魚或熊掌」上册中有關女孩子的故事，像《誘惑者的日記》,《陰影錄》（英文譯名爲 Shadowgraphs）中三個女郞的悲劇故事，都有些像齊氏自己的白日夢。他的意識界慫恿他與蕾琪娜解除婚約，叫他成爲「信仰的騎士」作「向永恆的跳躍」；潛意識界卻始終不肯就範。於是，齊克果的人格就失去一致性：潛意識界逼着他藉夢境取得滿足。在這些白日夢中，他始終扮演着始亂終棄的花花公子的角色。當然，這並非唯一的解釋，但徵諸齊氏的奇特行徑，這樣的解釋是合乎情理的。

　　另一位患過神經病的存在思想家是沙特（J.-P. Sartre），他在自傳中很坦白承認了這點。他喜歡用「觀看」一詞，一位美國心理分析家指出，沙特提起觀看或意義相同的字達七千次之多❸。他酷嗜觀看或窺視別人，卻又病態地怕被人觀看，這在他《理性的年齡》那部小說中可以看得很淸楚：小說中瑪色耳的觀看使男主角感到像是裸露了自己，感到無地自容。另一男人的觀看也使男主角覺得侷促不安。這一小說中的男主角實卽沙特化身❹。在《存有與空無》中，沙特用五十餘頁討論觀看，充分揭示出他對「被人看到」感到不自在，甚至感到恐怖❺。沙特之曾患神經病，他的著作中尚可找到許多痕跡。上面不過畧擧數例而已。

―――――

❸Francis Jeanson, *Sartre par Lui-mᵉme,* Seuil, Paris 1966, pp. 5-6.

❹J.-P. Sartre, *L'Âge de Raison (roman),* Gallimard, Paris 1945, pp. 62-63.

❺J.-P. Sartre, *L'Être et le Néant,* Gallimard, Paris 1943, p. 316.

患神經病並不表示一個人的話都可以卑之無甚高論。事實上，神經病患者的頭腦是清醒的；他的某部份行為因某種記憶或情緒干擾而不正常，但這無損於他的思考能力；神經病患者不過是容易鑽牛角尖而已。正因為鑽牛角尖，他對某方面的體驗與觀察卻能夠勝人一籌。齊克果與沙特二人的創造力，可能得力於神經病也說不定。他們的說法容有偏激之處，但他們所見到的部份眞理卻非常突出，非常有力。

三、心理分析影響存在思想

大約由於沙特自己心靈上的問題無法解決，所以他對心理分析特別感到興趣。我們在他的代表作《存有與空無》中可以找到專門討論＜作為與佔有＞（Faire et Avoir）的一章，一稱＜存在的心理分析＞（第四部份第二章）。沙特在這一章中大言＜存在的心理分析＞足以指出「原始抉擇」的基礎，因此比佛洛伊德的慾力及阿德勒的權力意志更徹底。沙特把作抉擇的自我稱做「為己存有」，「為己存有」卽造成空無的「存有之缺乏」，而「原始抉擇」就以充實這「存有之缺乏」為其基礎❻。沙特這一套抽象理論非常不易理解，非先理解他對空無的經驗不爲功❼。我在這裏只願意指出，心理分析對沙特的理論體系曾有顯而易見的影響。

還有一位曾從心理分析汲取靈感的存在思想家是馬賽爾（Gabriel Marcel）。馬氏的戲劇很喜歡描寫摸不清自己心靈深處的人物。例如《上主的人》這一四幕劇中的牧師，自以為因基督的仁愛精神寬恕了犯姦

---

❻同上，六五二～三，六五九，七〇五頁。
❼項退結著：《現代存在思想家》，頁152–157。

的太太。二十年以後才發覺「寬恕」的眞動機是怕孤獨，又怕醜聞外傳對自己的職位不利。《山巔之路》中的雅麗亞納對自己丈夫的情婦態度友善，儼然滿不在乎。劇情終止時，雅麗亞納才發現自己充滿妬意。這兩個劇本中，馬賽爾巧妙地替主人翁佈置了終於認淸自己眞面目的機會；劇作家自己則以心理分析家自居❽。

四、存在思想也影響心理分析

海德格思想之影響蘇黎世心理分析家賓斯文厄 （Ludwig Bins-wanger)，是很明顯的事。賓氏承認他的心理治療方法植基於海氏《存有與時間》(Sein und Zeit, 1927)一書中的「此有分析」。如所週知，海氏用「此有」代表理解自己的特殊存有者——人；「此有分析」卽人的分析。海德格認爲人的本質是「先於自己」而替未來「設計」的「關念」（Cura, Sorge)，因此與時間性發生關係：人必須替未來設計，從而回向過去，對現在採取斷然行動。賓氏的一位精神分裂症患者艾倫·魏斯特女士 (Ellen West) 則把生命重點寄放在過去，而對未來失去任何希望。賓氏稱這一現象爲「存在的衰老」或「存在的死」，因爲對未來失去希望原是老人的徵候。心理治療的目標卽在於使魏斯特女士對時間重新獲得合理的關係，而不致一味停滯在過去❾。

曾於民國五十八年春間來臺北演講的傅朗克 (Viktor E. Frankl) 所倡導之意義治療學 (Logotherapy) 與賓斯文厄大同小異：傅氏由切

---

❽同上，一八五～一八七頁。

❾同上，九八～九九，一〇六～一〇八頁。

Hendrik M. Ruitenbeek, *Psychoanalysis and Existential Philosophy*, Clarke, Irwin and Co., Toronto, 1962.

身的集中營經驗，知道人的生命需要「意義」去支持。人一經發覺生命失去意義，他就不再有生活下去的勇氣。傅氏稱追求意義的意志爲「存在」，而稱失去生命意義爲「存在空虛」[10]。當然，傅氏所說的「存在」或「存在空虛」是指齊克果所云「對我爲眞的」主觀眞理或虛妄，顯然受到存在思想的影響。

據傅氏於民國五十八年二月二日於臺大心理系所講，「存在空虛」已成爲現代的一個威脅。克倫包（J.C. Crumbaugh）所首創之「生活目標測驗」（Purpose in Life Test）曾施之於一千二百位美國大學生；其中覺得生活無意義——即感到存在空虛的，竟佔百分之六十。據傅氏自己所舉行的測驗，奧國大學生感到存在空虛的佔百分之二十五，捷克大學生中的比例則高於美國。存在空虛之所以成爲世界性的徵候，是因爲一方面集權主義強迫人做自己不願做的事，接受自己不願接受的思想，另一方面大部份人都隨波逐流，一任社會壓力和大衆傳播工具所擺佈，缺少獨立思考和決斷。傅氏認爲每個人必須替自己的每一情況和每一時刻負責，替每一情況與時刻找到意義。人的基本意義並非享樂（佛洛伊德所云的「快樂原則」），亦非權力（阿德勒或尼采），而在於超越自己，找到一個比自己更高的生活目標。這裏，傅朗克似乎受到雅士培（Karl Jaspers, 1883-1969）的影響：雅氏主張我人應超越當前事物，走入非當前事物以內，站在界限以內去把握界限以外之物[11]。

根據他的心理治療經驗，傅氏認爲權力祇是人達到超越自己的方法，快樂則是超越自己時所發生的副產品。因此把一己的快樂當目標，反而得不到快樂。把個人成就當作最高目標，反不能有所成就；追求更

---

[10] Viktor E. Frankl, *Man's Search for Meaning: an Introduction to Logotherary*, 1962, p. 102.

[11] ＜現代存在思想家＞，六八頁。

高意義不計成敗，纔是眞正成功的捷徑。傅氏又認爲人根本具有宗教性，因爲他生成是追求意義的。傅氏所云的追求意義，似乎頗接近佛洛姆的「創造性的愛」。

五、心理分析與存在思想均有助於人性的瞭解

　　無論是佛洛伊德、阿德勒、榮格、賓斯文厄、或任何其他深層心理學家，他們在施行心理治療時所要達到的關鍵，都在於病患者自己把無意識的心理內容搬到意識境界去。這一過程往往非常吃力而費時間，需要施行心理治療者的高度耐心。但一旦病患者意識到自己過去所受的心理創傷，或者發掘到生命的新意義時，就會有大澈大悟豁然開朗的感覺。這種「澈悟」「開朗」的經驗，並不是理性的空洞認識，而是由生命所體驗的深刻「洞悟」，那不是知識而是智慧。本書作者曾經接觸過一位患極嚴重神經病的醫生，他對自己的病狀都瞭如指掌，甚至翻開精神病學課本，原原本本指出自己患的是怎麼樣的病。但是他精神生活中的癥結所在，卻始終無法摸到癢處。直到作者實習期滿離開病院，他的病始終沒有轉機。

　　上文所說的「澈悟」經驗，我以爲是中國文化的一大特色。大家都知道，中國傳統文化中缺乏希臘文化中的邏輯精神與系統精神，而偏重以體驗爲基礎的道德修養以及文學與藝術修養。中國人之所以擅長烹飪，也並非偶然的事；因爲烹飪正是一項基於品嚐滋味的本領。無怪乎孟子說：「理義之悅我心，猶芻豢之悅我口」。孟子援引這個比喻來說明「心之所同然者」爲理義，正是因爲他心目中的理義是人人所能體味的東西。把道德問題當作一種與主觀體驗無關的對象來觀察研究，則是希臘人所開創的西方傳統。

其實，正如齊克果所指出，希臘哲人蘇格拉底本人並未把思想與道德行動脫節。但他和柏拉圖所共同主張的「知識卽德性」的論調逐漸使西方走入重智主義 (Intellektualismus) 途中。齊克果的最大功績就是促使西方回歸「存在」，回到切身體驗的本家。本書將於下一章指出，存在眞理就是我國傳統的「誠」，也就是切身體驗到某種眞理而拳拳服膺。神經病患者與許多自覺程度淺薄的人，往往不自覺地處身於自欺欺人的情況之下：他們意識中所標榜的行爲動機並非潛意識中的眞動機；他們可能爲權力慾驅使，卻自以爲在救世濟人。心理分析使人瞭然於自欺狀態，使人反樸歸眞。這也就是存在眞理與我國傳統所要求的「自明而誠」與「毋自欺」。

現在讓我們重新回到西方文化側重理性、中國文化偏重體驗這一題材。我們在第十二章中已討論過這個問題。許多人可能會說：中國傳統以主觀體驗爲基礎是最正確最好的態度，但也有人會說西方的客觀研究態度比較合理。其實這二種態度應當互爲表裏而並行不悖：缺乏主觀的體驗，我人對一件事物或一個人的理解祗是浮泛的；我人如無甜酸苦辣喜怒哀樂種種主觀體驗，那末我們的一生簡直可說是貧乏得可憐。卽使我們能對這一切下最確切的定義，能够把它們分析得一淸二楚，究竟還沒有切身體驗到。另一方面，如果我們對事物有比較客觀的研究，也能够幫助我們解決主觀體驗所不能解決的問題，並且能够把抽象化的知識組合成系統而變爲科學知識。

西方運用了抽象、邏輯和系統方法，已經揭穿了大自然的許多謎底，並替今日世界造成了未曾有的繁榮。而老大的東方，已不能不承認自己的落後而急起直追。因此今日的東方往往會把科學知識估價得太高，似乎科學可以解決任何問題。但是人類的天性究竟還潛藏着高度智慧；正在許多人沉醉於理性的成就而得意忘形的時候，科學的發源地——

西方世界已開始警報頻傳。高度的理性化會使人失去自我，使人與人之間日漸失去「我與你」的親密連繫，而成爲「我與它」的淡漠關係。不但人與人之間如此，人的自我內部往往也被窒息，失去細心體驗的寧靜；有時甚至失去體驗的能力。以不同程度迷失自己——患神經病（Neurosis）或精神病（Psychosis）的人也因此日益加多。這種情形促使得天獨厚的先知先覺者對西方文化引起疑問。榮格對此有格外深刻而精闢的見地，他一有機會就告訴西方人，重智主義已使他們迷失本心，他們極其需要東方的智慧。中國人的「一陰一陽之謂道」、「爲無爲」等等，正是西方所極其需要學習的生活態度。一般西方人研究東方，往往一味用西方的理性方法，把東方的智慧勉強納入西方的理論體系中；這樣一比較，東方自然會顯得相形見絀。殊不知東方的智慧生於實踐和體驗，因此也必須切身實踐體驗，纔能領略個中三昧。否則，最多也不過像民俗學一般祇見東方文化的外形，而不能窺其眞旨。把西方的理性和東方的智慧加在一起，纔能使人類的意識生活趨於完整。

正因這個理由，近年來，西方人對禪學的興緻很高。一九六七年秋季，在西德曾舉行了一次「默想方法研討會」，結果大家公認一德國耶穌會神父拉撒爾（Enomiya-Lassalle）所用的禪宗方法爲最高明。拉撒爾在日本工作，據說已取得日本籍。爲了親身體驗禪學，他拜一位禪宗和尚爲師，苦學勵行，終有所成。在日本，禪學與禪寺至今尚非常興盛。作者於民國五十六年十一月曾參觀京都有名的南禪寺，覺得禪學在日本還是一門生活的學問，並不像我國大陸一般，呈現陳舊腐銹的氣象。這裏所說的我國大陸，當然是指共黨掌權以前，這以後佛教被摧殘自不在話下。今日使禪學聞名於世的，也是一位日本人鈴木，他在數年前纔去世。這一切都使日本公然執今日禪學之牛耳。而開創禪學的中國反瞠乎其後，實在令人浩歎。

上文已經說過，中國文化的特色之一是偏於運用各色各樣的直接體驗，由「口之於味」至「心之所同然」。拙作《中國民族性研究》（臺灣商務印書館出版，第三章第三節，四三～四八頁）也曾指出：中國文化的產品，幾乎都有直接在心靈中起作用的傾向，並且都比較喜歡含蓄的表達方式。禪學正是最含蓄的表達方式，它的最高境界是「以心傳心」；一如某位禪宗大師所云:「如人飲水冷暖自知」。關於禪學的意義，讀者可參考吳經熊博士《禪學的黃金時代》一書（英文原名: *The Golden Age of Zen*，國防研究院中華大典編印會印行，民國五十六年十一月初版）。

禪的經驗與心理治療的經驗之相似處，讀者到此大約已不難領會：病患者潛意識的某種「創傷」「情意結」或「原型」進入意識領域時，他所覺到的豁然開朗境界，和禪學所云的「頓悟」，確是有某種相似處。不寧唯是，神經病患者恰如帶上有色眼鏡：譬如有自卑情意結的人眼中，一切事物被莫名其妙地蒙上自卑的顏色，而使客觀事實變質。開朗以後纔能見到品嚐到事物的本色，這也就是禪學所要達到的境界。不但神經病患者無法品嚐事物的本色，過度忙迫太受西方重智主義影響的人們也是如此：他們對人對事都祇有很浮面的認識，他們眼中的一切似乎都祇有平面而無深度。

用這樣的眼光去看中國文化和深層心理學的關係，就會明瞭我國文化在今日世界文化中所應佔的位置。我們無法不承認西方文化在理性的推理和系統化上面遠遠勝過我們，也無法不承認現代科學創於西方，至今還以西方為大本營。二十世紀的人類絕對需要西方的現代科學，中國人也並不例外。因此今天低頭向西方學習是應該的，因為我們的傳統文化是片面的，沒有把人性中所有的理性成份充份發展開來。另一方面，中國傳統文化也的確已展示了人性的另一面。一個更完整的意識生活正待我們去共同實現。

六、走向更完整的人性

如果有人以為，本書作者是開倒車陶醉於祖宗的成就而沾沾自喜，那將是極大的誤解。我人不妨重溫賓斯文厄對時間性與心理健康之間的關係所說的話：他所醫治的病人艾倫・魏斯特女士停滯於未來，失去了對未來的興趣。一個正常的人是以對未來設計爲主的，但也不會遺忘過去。個人如此，國家與民族又何獨不然？遺忘過去或停滯於過去均非正常。海德格對這點的觀察非常正確，人必須面對未來，廻顧過去，纔能正確地對現在採適當的方針與步驟。以前，中國人似乎太廻顧過去，幾乎停滯在過去，變成暮氣沉沉的老人。現在，則有一部份人要邁向烏托邦式的未來，把本來面目忘得一乾二淨，這大約是自卑感在作祟，有些像健忘症或遁忘症。對自己的過去與未來保存合理的關係，讓未來的發展補充過去已有的成就，以實現更完整更美滿的人性，這才是邁向未來的正確途徑。

第十六章　中國傳統哲學
　　　與存在真理

一、中國哲學與現代世界

　　我國人開始與西方哲學思想接觸時，一度抱着「屏斥異端」的戒心。明末李之藻所編《天學初函》中的＜理編＞，卽因「與六經相齟齬」而遭排斥❶。清末的嚴復卻比李之藻運氣好得多，他所譯赫胥黎的《天演論》，成爲當時進步靑年必讀之書。民國以降，尤其自五四運動以後，西方思想的各種學派長驅直入；馬克思主義更大肆傳佈，終至釀成共產主義的獨裁統治。於是，有心人不禁自問，我國之所以遭此大刼，是否因放棄固有傳統所致？鴉片戰爭以後進入我國之天主敎及基督敎傳敎士，過去大率與我國傳統思想爲敵；現在也一反故習，倡導「敎會本位化」。然而，面對急劇變化中之現代世界，年靑一代仍不免要懷疑：我國古代傳統是否農業社會所遺留下來的殘跡呢？我們是不是值得去保存那註定要消失的事物呢？

　　當然，這裏無法解答上述各種問題。這裏祇願意指出，我國傳統思想在今日還是有其價値，但它必須放棄一向所保持的孤立狀態，而與全世界的哲學思想發生聯繫，尤其與當代人的實際生活發生接觸。一種空洞的哲學理論在這講實際效力的現代世界是無法立足的。譬如，中國傳

❶＜四庫全書總目＞提要卷一三四，子部雜家類存目十一（藝文印書舘印行）。

統哲學如果能和當代的存在思潮互相映照，可能彼此都能相得益彰：存在思想會因中國哲學獲得新的啓發，中國哲學也會因存在思想而不再滯留於歷史陳跡，而回到二十世紀的眞實人生問題核心中去。

二、中國哲學的特點之一

上文說中國傳統哲學能够和當代的存在思潮相得益彰，並不是貿然所作的肯定，而是基於一項事實，卽中國傳統哲學與當代存在思潮有一個共同的特點。現在試說明這一特點何在。

中國哲學的流派相當複雜，要指出它的共同特點談何容易。爲便於敍述，我們自限於儒、釋、道三家，因爲這三家最具代表性，所包括的思想家也最多。論點如有太簡化之處，敬希讀者見諒。

本書作者在儒、釋、道三家思想中所找到的共同特點是：各派思想都以道德實踐爲指歸，而且都謀求聽者或讀者內心體驗到的道德眞理。誠然，西方哲學家也莫不討論道德問題，但一般說來，他們是以純學術觀點討論道德問題，亞里斯多德的「倫理學」，康德的「行爲之形上學」與「實踐理性批判」等卽是如此。讀者偶然也會從他們的作品中得到啓悟，而能在道德實踐上得益，但這並非那些作品的主要目標。直接以讀者在道德實踐上得益爲目標，在西方世界屬於宗教的任務，而不屬於哲學範圍。

儒家 反之，中國的儒家似乎一開始就負起宗教在西方世界的任務。而儒家思想對這點所發生的作用也非常明顯。列爲四書之首的《大學》，劈頭劈腦就說：「大學之道，在明明德，在親民，在止於至善。」程頤對《大學》作註說：「大學，孔氏之遺書，而初學入德之門也。」他所云《大學》係孔子遺書雖未必可信，但他對此書的基本態度，則無疑地

代表儒家的一致看法，即《大學》在於學做人，並不在於探究大自然的奧秘。希臘哲學家一開始就關心的宇宙始元問題，儒家始終未予理會，而一心一意追究道德的實踐。不用說，道德的實踐以每一自我為主體；因此儒家思想雖缺乏「個人」「位格」等清楚概念（製造這樣的概念本來就不是儒家的意願），卻純粹以影響個人為念，所謂「欲齊其家者，先修其身」。

　　《論語》〈學而篇〉中所記子夏的話，也足以代表上述我國對「學問」的傳統看法：「賢賢易色，事父母能竭其力，事君能致其身，與朋友交，言而有信，雖曰未學，吾必謂之學矣。」程頤（伊川先生）的話反映了這一觀點：「如讀論語，舊時未讀，是這箇人，及讀了，後來又只是這箇人，便是不曾讀也」（《近思錄》卷三）。這就是說，祇讀論語而不身體力行，根本就等於不讀。

　　儒家的「修身」之道，古哲所言，浩如煙海。伊川先生似乎格外喜歡《中庸》「自誠明」這幾句話。的確，《中庸》的這幾句話值得引用值得仔細剖析：「自誠明，謂之性，自明誠，謂之教，誠則明矣，明則誠矣。」

　　什麼是「誠」呢？《大學》中對誠作了初步解釋：誠就是誠意：「所謂誠其意者，毋自欺也，如惡惡臭，如好好色」。朱子對「誠」字的解釋也很好：「誠，眞實無妄之謂」；這句話和《大學》的註釋暗合。《中庸》又進一步說：「誠者自成也，……誠者，物之終始，不誠無物。」根據《中庸》，我們可以說：誠就是達成一件事物的本性。其他事物的本性無法掩飾，必須把自己表顯出來：事物沒有不誠的可能。人則有意識，能够掩飾自己：不但能向別人掩飾，甚至還能够向自己掩飾，而迷失本性。人的意識也會滯留在某一階段而不再前進，心理神經病就是最好的例子。誠然，神經病的滯留狀況，是當事人所無法控制的病態，其迷失本性的程度也遠在常人以上。但常人也往往會有人格未充分發展而滯留的

現象，也會有掩飾自己本性的現象。總之，人必須主動地完成自己的天性，成爲頂天立地的自我，因爲他是自主的。

一個人要完成自己的天性，他必須作一番抉擇，從展開在眼前的許多可能事物中選擇自己所要走的路，尤其他必須作道德抉擇。孔子對這點的見解很清楚：「志士仁人無求生以害仁，有殺身以成仁」（《論語》衞靈公篇）。孟子的話也同樣的一針見血：「魚我所欲也，熊掌亦我所欲也，二者不可得兼，舍魚而取熊掌者也；生亦我所欲也，義亦我所欲也，二者不可得兼，舍生而取義者也」（＜告子章句上＞之十）。明道先生（程顥）也說：「有人胸中常若有兩人焉，欲爲善，如有惡以爲之間，欲爲不善，又若有羞惡之心者，本無二人，此交戰之驗也。持其志使氣不能亂，此大可驗」（《近思錄》卷四）。孟子又相信道德是人的天性，因爲他認爲惻隱之心、羞惡之心、辭讓之心、是非之心都是天生的，所以實行道德的善不過是「率性」或「盡性」而已。一個人不道德是因爲天性未獲充分發展，「不能盡其才」（＜告子章句上＞之六）。

然而，要發展實現人的道德天性，僅在口頭上熟讀「聖人之言」是無濟於事的，必須「實理得之於心」。伊川先生（程頤）對這點說得最透澈：「人苟有朝聞道夕死可矣之志，則不肯一日安於所不安也，何止一日，須臾不能。如曾子易簀，須要如此乃安。人不能若此者，只爲不見實理。實理者，實見得是，實見得非。凡實理得之於心自別，若耳聞口道者，心實不見，若見得必不肯安於所不安。人之一身，盡有所不肯爲，及至他事又不然。若士者，雖殺之使爲穿窬必不爲，其他事未必然。至如執卷者，莫不知說禮義。又如王公大人，皆能言軒冕外物。及其臨利害，則不知就義理，卻就富貴。如此者，只是說得不實見。及其蹈水火，則人皆避之，是實見得。須是有見不善如探湯之心，則自然別。昔曾經傷於虎者。他人語虎，則雖三尺之童，皆知虎之可畏，終不

似曾經傷者神色懾懼，至誠畏之，是實見得也。得之於心，是謂有德，不待勉強，然學者則須勉強。古人有捐軀隕命者，若不實見得，則焉能如此?」(《近思錄》卷七)這樣的「實理」「實見」也就是《中庸》所說的「自明」，不是空洞的理，而是心底裏所體驗到的。也唯有這樣的「自明」，纔能使人達到「至誠」的境界。離開實行和內心體驗去講孔孟，往往會忽略其眞髓，只留下一副令人憎厭的道學家的面貌。

　　釋家　來自印度的佛教，本身的理論成份比儒道二家更多，但體驗與實踐依舊是它的根本。佛陀對盛行於印度的種種哲學思想不但不感興趣，而且視爲兒戲和痛苦的泉源；宇宙係有限抑無限，肉體與靈魂是否一物，這樣的問題都無關緊要；唯有解脫煩惱才是他所關注的❷。原始的「四諦」，完全是要人「轉迷啓悟」的法門，並不追求對宇宙的客觀瞭解。傳至中國的佛教，已經沾染了許多唯心論調，形成南北朝時代之爭論。又由於佛教主張生死輪廻，遂引起齊梁之際范縝的＜神滅論＞❸。唐朝自玄奘親赴印度取經後全力從事翻譯，佛教的玄學意味隨之加深。然而，玄奘做夢也不會想到，對後世中國佛教影響最深者，竟是一個不學無術的慧能。而由六祖慧能所宏揚的禪宗，幾乎把來自印度的玄理全部擺脫，完全「以心傳心，不立文字」，要「直指人心，見性成佛」。從此，參禪成爲中國佛教的主流之一，禪寺在全中國各地的林立，表示禪宗一直到我們的時代始終是一股巨大的精神力量。

　　禪學之極端重視內心體驗到的眞理，亦可於「公案」見之。所謂公案，是按常理而論想不通的話或小故事，禪師讓人自己貼合到內心境界

---

❷Hermann Oldenberg, *Buddha, sein Leben, seine Lehre, seine Gemeinde*. Wilhelm Goldmann Verlag, München 1961, S. 193-4.

❸馮友蘭著：＜中國哲學史＞下册，九龍中國圖書公司，中華民國四十八年，港版，六六一一七○一頁。

而體驗到它的至理。例如：「許久以前有人在瓶中保存了一隻鵝。鵝越長越大，終至不能從瓶中出來。那人不願把瓶打破。如何能使鵝出來呢？」❹這樣的故事依常理來說是無意義的，必須體味到符合聽者心境的某種情況，那個公案纔能被理解。禪宗大師往往喜歡用這類方法使弟子悟道。

除去這一類比較奇特的公案以外，禪師們也喜歡用淺近的問話。例如《禪宗正脈》卷一有如下記載：「有沙彌道信（四祖），年始十四來禮祖（僧璨大師，即三祖）曰：願和尚慈悲之與解脫法門。祖曰：誰縛汝？曰：無人縛。祖曰：何更求解脫乎？」❺

禪宗所說的悟並不是空洞的思想，而是以行動為指歸。因此六祖慧能《法寶壇經》有「迷人口說，智者心行」之說。六祖又繼續說：「心平何勞持戒，行直何用修禪。恩則孝養父母，義則上下相憐。讓則尊卑和睦，忍則眾惡無誼。若能鑽木出火，淤泥定生紅蓮。苦口的是良藥，逆耳必是忠言。改過必生智慧，護短心內非賢。日用常行饒益，成道非由施錢。菩提只向心覓，何勞向外求玄？聽說依此修行，西方只在目前。」❻

道家　不消說，這裏所說的道家是指老莊哲學思想，而不包括道教。老莊哲學因為反對儒家的形式主義，因此故意唱反調。譬如老子說：「大道廢，有仁義；慧智出，有大偽；六親不和，有孝慈；國家昏亂，有忠臣。」（十八章）「絕聖棄智，民利百倍；絕仁棄義，民復孝慈……。」（十九章）《莊子》〈在宥篇〉也附和說：「昔者黃帝始以仁義攖人之心，堯舜於是乎股无胈脛无毛以養天下之形，愁其五藏以為仁義，矜其血氣

---

❹Alan W. Watt, *The Spirit of Zen*, John Murray, London 1936,p. 70.
❺（日本）頻伽精舍校刊，《大藏經》，諸宗部，禪宗，騰一，《禪宗正脈》卷一。
❻同上，《大藏經》，諸宗部，禪宗，騰四，《六祖大師法寶壇經》。

以規法度，然猶有不勝也。堯於是放讙兜於崇山，投三苗於三危，流共工於幽都，此不勝天下也夫！施及三王而天下大駭矣！下有桀跖，上有曾史，而儒墨畢起；於是乎喜怒相疑，愚知相欺，善否相非，誕信相譏，而天下衰矣！」

　　除反對儒家以外，《老子》一書中也包括明哲保身的亂世哲學（隱者之學）、無為而治、權術、愚民政策、反軍事的政治哲學，以及最為世人所稱述的宇宙之道和自然主義倫理觀。老子在講述他不爭和寬大的倫理觀時，其說服力非常雄厚，例如他說：「天之道，利而不害；聖人之道，為而不爭。」（八十一章）「天下莫柔弱於水，而攻堅強者莫之能勝，其無以易之。弱之勝強，柔之勝剛，天下莫不知，莫能行。」（七十八章）這裏老子說出知與行的分歧；當然他是希望讀者能夠把他的道付諸實行的。因此他說：「我言甚易知，甚易行；天下莫能知，莫能行。……夫唯無知，是以不我知。」（七十章）很明顯地，老子在七十章所說的「莫能知」，與七十八章中「天下莫不知」的理論的知不同，而是直接影響行動的知。

　　莊子對這樣的知有一句很了不起的話：「有真人而後有真知」。什麼是「真人」呢？那是「不逆寡」（即不欺侮少數）、「不雄成」（不因成功而驕）、「不謨士」（不貪求眾人的愛戴）、「不知說生」（不貪生）、「不知惡死」、「尚義而不朋」「天與人不相勝也」的人（＜大宗師＞第六）。這樣的人，現代的人稱之為人格完美者。老莊哲學表面上雖然有些玩世不恭，骨子裏是追求一種「獨往獨來」的道德理想。他們的思想重點也不在純粹的知識，而是透過修養實踐（真人）而體驗到的「真知」。

三、存在真理與誠

　　眞理問題是西方哲學的主要題材之一，普通都列在知識論以內。眞理的傳統定義是：「事物與認知的相符」。與事物相符的知識稱爲理則眞理，譬如我認知一加一等於二，而事實上一加一等於二，那末我的認知就是一項理則學眞理。事物與認知相符時則稱爲存有學眞理（Veritas ontologica, ontological truth）；譬如一隻與我認知相符的鐘錶是眞的鐘錶。我對鐘錶的認知是怎樣的呢？當然不外乎「能够計時的機器」。手頭的鐘錶能計時，符合我對它的認知，就有了存有學眞理：它是眞的鐘錶。無數未爲人知而且永遠不爲人知的事物，至少爲創造者所認知，因爲被創造事物在未創造以前已爲創造者所知；與創造者認知的相符，構成它的存有學眞理。

　　康德在《純理性批判》第二版序言中，說自己對知識論做了「哥伯尼式的革命」。哥伯尼以前，人們都以爲天體在轉動，我們自己則屹然不動；事實上，感覺知識所供給的訊息也確實如此。然而，哥伯尼卻不爲感覺所欺，毅然提出載運我們的地球自身在運動的假設。同樣地，過去的知識論也以爲外界對象層出不窮地變化，而認識主體自身不變；康德把這層關係完全轉過來！他在《純理性批判》中企圖說明，是感受官能的時空兩種形式和理智的十二範疇（概念）在變化❼。我人的一切知識都只是透過時空形式及十二範疇的「現象」，而「物自身」或「眞相」不可得而知。

　　繼康德而來的斐希特放棄了「物自身」，而強調康德用以綜合十二範疇的「我思」，形成「我」、「非我」、「我與非我的超越」辯證法三個步驟。謝林則爲了解釋大自然，把「我」與「非我」、主體與客體混爲一

---

❼Immanuel Kant, *Kritik der reinen Vernunft*, Verlag von Felix Meiner, Hamburg 1956, Vorrede zur zweiten Auflage, S. 20. u. 23. Anmerkung.

物。黑格爾再把斐希特的辯證法和謝林主客合一的大自然融爲一爐，用以解釋整個宇宙的演變與歷史。在《精神現象》（一八〇七年）一書中，黑氏似乎把「理則學眞理」一筆拘消，或至少視爲無足重輕，而專講「存有學眞理」。由於黑格爾所主張的是一種泛神論，所以這裏所說的「存有學眞理」已非與創造者認知的相符，而是與所謂宇宙精神的辯證過程相符，因此他說：「整體是眞的。但是整體祇是那藉發展而完成自己的本質。關於絕對者我人必須說，它本質地是結局，也就是說，它祇在最後纔成爲它眞所是的。」❽黑格爾這裏所說的「眞」，是宇宙精神實際展現自己的整個程序。宇宙精神同時是思想的主體與客體；當然，這時的認知對象與認知本身完全相符，因爲二者本來就是一體。依據這種說法，歷史一直到如今的發展就是眞理，這一發展是依照正反合的辯證法則進行着的。發展時的某一階段或某一人物，祇是發展中的頃刻或部份，不能代表眞理，因爲祇有整體才是眞理。正因如此，歷史事件沒有善惡是非可言，而祇是歷史發展的必然過程而已。不僅如此，黑格爾而且極其露骨地說：「合乎理性的，即是實際的；實際的，即是合乎理性的」（Was vernünftig ist, das ist wirklich; und was wirklich ist, das ist vernünftig）。這一來，任何歷史新事件和任何新思想都被目爲宇宙精神的最新展現，其本身無所謂善惡是非。

齊克果於一八三〇年進哥本哈根大學時，正是黑格爾去世前一年，也正是黑氏思想盛行於歐洲各大學的黃金時代。齊克果欣賞他的天才，但卻非常討厭這蔑視個人的哲學系統：因爲依照這一系統，祇有發展中的整體才是眞理，個人根本不足掛齒。於是他在＜我著作事業的觀點＞中大聲疾呼提出異議：「羣衆乃是非眞理。正如保祿所說，得獎的只有一

---

❽Johannes Hirschberger, *Geschichte der Philosophie*, II. Teil, Neuzeit und Gegenwart, Herder Verlag, Freiburg 1965, S. 412.

人」（格前玖二四）；他又說：「假使我戰死之後而願有塊墓碑的話，我只要刊上『那單獨個人』幾個字就行了」❾。在＜對哲學片斷之最終的非學術性附筆＞（以下簡稱＜附筆＞）中，齊克果反反覆覆地發揮「存在的單獨個人」這層題旨❿，意思也不外乎說，唯有單獨個人的存在是重要的。他所說的存在，卽有思想、有喜怒哀樂而面對抉擇的單獨個人之具體生活。造成二十世紀存在思潮的雅士培與海德格二人所云的存在，卽沿用齊克果所鑄造成的含義。

「存在」原是拉丁文 existentia 的譯名，本來的意思是指事物的實在性，與可能性領域內的本質（essentia）相對。例如輔仁大學二十幾年前祇是可能的本質，現在已成為實際「存在」。這所謂存在，適用於任何人或物：我們可以說圖書館存在、金字塔存在、張三存在……。現代存在思潮所應用的存在一詞，卻因齊克果而獲得新的含義：它不再表示普遍意義的存在，而祇代表單獨個人的具體存在和生活。因此，今日所習用的「存在眞理」一詞，是指每一單獨個人生活中所體驗到的眞理。齊克果在＜附筆＞中稱之為「主觀眞理」。大約是為了故意與黑格爾的「整體是眞的」一語作對，齊克果偏說：「眞理是主觀性」。

齊氏對客觀與主觀眞理作如下的剖析：「客觀的重點落在所說的是什麼上面，主觀的重點則落在如何說的態度上」。「單獨個人在他的存在中對自己所說的話之關係」，構成這一態度。換言之，單獨個人的生活對其言語（思想）的符合，就是主觀或存在眞理。客觀眞理祇注意思想的內容，主觀眞理則注意內在性，卽所言所思是否和存在相符，存在的個人是否對所言所思具有熱情。齊克果用下面的例子來說明這一區別：一

---

❾ ＜齊克果的人生哲學＞香港輔僑出版社，一九六三年，四八—六二頁。
❿ Robert Bretall, *A Kierkegaard Anthology*, The Modern Library, New York 1946, pp. 202-3.

個人如果進入真神的殿堂，對神本身具有正確觀念，但卻以虛偽的精神去祈禱，他祇有客觀真理而無主觀或存在真理，因為他對自己的信念缺乏熱情，缺乏真的關係；反之，另一人進入偶像的廟宇，但卻以對無限事物的全副熱情去祈禱，他缺乏客觀真理而卻有主觀或存在真理⑪。一個以全副心思和熱情站在他所說所想的話（不管這句話本身是真是假）一邊，他就有了存在真理。

　　儘管齊克果的主觀真理帶着濃厚的宗教氣息，但他的解釋非常清楚：思想與存在相符，就是存在真理，否則即存在的不真。拿伊川先生的例子來說：大人先生口口聲聲說仁義，但在義與利之間卻選擇後者，貪圖不義之財，濫用私人恩怨，或者把一己的虛名或權力看得太重，這就是行不顧言，存在與思想不符，亦即存在的不真。很明顯地，存在真理非常接近我國傳統的誠；因為誠就是真實無妄地實現人的天性，存在真理則是熱烈地實現思想的內容。存在的不真也就是不誠。存在真理又是內心體驗到的澈悟，它是「真人」纔會有的「真知」。

　　言至此，我們不妨提到一九七○年十一月二十五日瘋狂地剖腹自殺的三島由紀夫。他那篇內容荒誕不經的短篇小說《憂國》，居然曾由作者自編自導自演拍成電影。那本小說附錄幾張電影照片中的一個細節卻頗令人驚惕，那就是切腹者後面的「至誠」二字⑫。儘管三島由紀夫所代表的是落伍而不人道的軍國主義思想，他是以全副心思和熱情站在他的思想一邊，他的存在與思想完全一致，他實行了存在真理。

　　然而，三島由紀夫的行為合理嗎？他忠於所思所言，這是事實。只可惜他走錯了路，迷失了方向。三島由紀夫的悲慘例子已足夠告訴我們，齊克果所強調的主觀真理，和現代存在思想所標榜的「純真」「避

---

⑪op. cit. 208-214.

⑫三島由紀夫著：＜憂國＞，臺北市巨人出版社，民國五十九年十二月。

免自欺」「忠於自己」等，都有自己的限度。由於「單獨個人」在政治、經濟體系及大眾傳播工具壓力之下喘不過氣來，所以存在思想得到當代人的青睞。但是存在思想的一個共有缺點是忽視理性的客觀成份。齊克果之所以不喜歡客觀理性，是由於對黑格爾泛理性主義的一種反抗。現代存在思想繼承了齊氏衣鉢，也盲目地歧視理性因素，因此很容易受到英美新實證主義的攻擊，這派哲學比較強調理性推論。返顧我國哲學，則是一向就不講究希臘式的推理，朱子的格物致知也不是這裏所說的推理。當然，中國哲學並不是沒有齊克果所云的客觀眞理成份，但主觀或存在眞理成份比較佔優勢。從道德觀點而言，存在眞理固然絕對重要，但從文化整體視之，不重視客觀眞理也會導致嚴重的後果。我國最近四百年來之所以沒有西方那樣顯著的進展，這該是重要原因之一。就每一個人而言，祇實行存在眞理而忽視客觀眞理，其至誠雖然感人，仍難免犯嚴重錯誤而不自覺，而且畢竟尚未實現全部人性。反過來說，一個人如果祇有客觀眞理而無存在眞理，那就祇是無生命的空洞骨架，所謂「不誠無物」。因此，一方面我們需要宗教、哲學和現代科學所提供的客觀知識，另一方面，哲學、宗教和每個人的最大課題，莫過於如何以存在去體驗並實現我們的人生信念。最低限度不應當自欺欺人；自己信不過的話就不要說。中國文化陶養成愛面子的極深傾向，這件事自有其積極與消極面。但如死要面子到了自欺欺人的程度，那就非常可悲。

四、糟魄與體驗

讓我們用《莊子》〈天道篇〉中的一個故事結束這章：

「桓公讀書於堂上，輪扁斲輪於堂下，釋椎鑿而上，問桓公曰：敢問公之所讀者何言邪。公曰：聖人之言也。曰：聖人在乎。公曰：已死

矣。曰：然則君之所讀者，古人之糟魄已夫。桓公曰：寡人讀書，輪人
安得議？有說則可，无說則死。輪扁曰：臣也，以臣之事觀之，斲輪徐
則甘而不固，疾則苦而不入，不徐不疾，得之於手，而應於心，口不能
言，有數存於其間。臣不能喻臣之子，臣之子亦不能受之於臣。是以行
年七十而老斲輪。古之人與其不可傳也，死矣。然則君之所讀者，古人
之糟魄已夫。」

　　莊子這段話中所諷刺的「聖人之言」，多半是指儒家思想，因為莊子
（本來應當說《莊子》這本書的作者）最喜歡譏評孔子和他所代表的儒
家思想：像＜天地篇＞中所描寫的子貢和孔子，＜天運篇＞中說孔子行
年五十有一而不聞道等等，都令人覺得有些可憐兮兮。也許我們可以向莊
子開同樣的玩笑：您老先生說：「聖人之言」是死人的話，不過是古人的「
糟魄」，那末您的話難道就不是糟魄嗎？莊子會說：我雖然也已經死去，
但人人能够體驗到我這句話所含的真理，正像匠人斲輪體會到輕重疾徐
一般，因此人雖死而話並沒有死。的確，莊子上面這段話是可以體驗到
真理。但莊子卻沒有注意到，孔孟和儒家之道的精華也是可以體驗到的
真理，因此也沒有死去，也不能算是「糟魄」。

　　其實任何古代思想都有一部份已經死去，因為祇代表當時當地的情
形，生活在二十世紀的我們已無法體會，更無法應用。例如《禮記》所
云「為人子者……不登高，不臨深，不苟訾，不苟笑……」＜曲上＞。
要如舜的父親瞽瞍殺人，孟子以為舜應當「視棄天下猶棄敝蹝也，竊負
而逃，遵海濱而處，終身訢然，樂而忘天下」＜盡心上＞。這樣的孝道
就不是我人今日所能理解和實行的❸。但孔孟思想也正如老莊和佛陀思
想，有一部份反映出普遍人性，因為是以人的自我意識為基礎的。而這

──────────
❸韋政通：＜中國孝道思想的演變及其問題＞，《現代學苑月刊》六卷（民國
五八年）五期，一一九頁。

一部份思想，恰巧最容易體驗而付之實行，因此是活的思想而非古人「糟魄」。然而，卽使是活的思想，也會被人弄成屍體，正如使徒保祿所說：「文字使人死亡，精神卻使人生活」（格前叁、六）。機械地死讀古書，旣不深入理解，又體味不到來自生命的寶貴經驗，是毫無意義的。孔子、孟子和整個儒家傳統原最講究身體力行，最討厭讀死書的人。我們這一代中國人如果要宏揚我國傳統思想，除去用西方的批判與系統精神補自己的不足以外，最基本的一點還在於「自明而誠」和體驗實行之途。否則一切祗是糟魄。

第十七章　仁的經驗與仁的哲學

一、從仁字涵義的分析説起

孔子以前的我國典籍中,仁字還很少見到:《詩》三百篇中只出現二次,二十八篇《尚書》中祇有一個仁字;甲骨文中則根本沒有❶。然而,至少從孔子到現在的二千五百餘年中,仁這個字在我國已家喻戶曉:日常生活中少不了它,講倫理道德時更少不了它,卽在宇宙論及形上思想中也應用到仁的觀念。一個字用途這樣廣,一方面表示它有極普遍的經驗爲後盾;另一方面也不可避免地含有一些危機,那就是這個字用在各不同場合,其涵義往往發生變化,甚至完全不同。在我們這時代中,這樣的情形尤屬屢見不鮮;像「自由」「和平」「民主」」人民」等常見的字,出諸不同的人口中,涵義就完全不同。「上帝」一詞出諸斯比諾撒與多瑪斯‧亞奎那口中,其意義相差奚啻天壤?希臘哲人亞里斯多德也早已指出「存有物」(τὸ ὄν , ens, Seindes, Being)一詞的多種含義❷。仁字的用途雖不若「存有物」那末廣,它的涵義却也需要一番分析。下文會說到這一分析的另一效果:那就是仁的不同涵義也許可以構成一個

---

❶屈萬里:〈仁字涵義之史的觀察〉,〈孔子研究集〉,臺北市中華叢書編審委員會印行,民國四十九年,二七三―二八五頁。

❷Aristotle, *Mataphysics*, in: Richard McKeon (ed.),The Basic Works of Aristotle, Randon, New York 1941, 1003a. 33.

很合乎現代及未來需要的思想骨架。

姑且先粗淺地分析一下仁的涵義。這項分析工作並不求其完整，只是一種嘗試而已。無論仁字源流如何，它的最基本意義是人與人之間的相親經驗；《詩經》中的「美且仁」（鄭、叔于田）祇有描述意味，可能卽描寫這種經驗。孟子所說的仁，已經加上「無惻隱之心非人也」的「人性」意味（＜公孫丑上＞），因此他又說「仁也者人也」（＜盡心下＞）。《論語》中的仁，則有「克己復禮爲仁」（＜顏淵＞）及「仁以爲己任」（＜泰伯＞）等涵義，這已不是人所共有的「人性」，而是指抉擇後始能達到的存在情況（仁字在《中庸》與《孟子》二書中語意不同，段玉裁於《說文解字注》中——第八篇上——已曾言之）。最後仁也指「仁與天地一物也」（程明道語）及「仁與宇宙爲一體」的形上意義。上面所舉四種仁的涵義彼此不同，却有若干共同基礎。這四種涵義，也許可以構成一個現成的「仁的哲學」：一、仁的原始經驗，二、仁的人性觀，三、仁的存在抉擇，四、仁的形上意義。茲依次剖析如下。

二、仁的原始經驗與人性

仁字在春秋時代已很通用（可參考《左傳》），孔子尤廣泛應用此字，因此東漢安帝至桓帝時（公元第二世紀）的許愼所撰《說文解字》對仁字的解釋，離開淵源尚不算太遠，足資憑信。《說文解字》對仁字解說如下：「仁親也，從人二。」清代段玉裁註釋如下：「……相人耦也………按人耦猶言爾我，親密之詞。獨則無耦，耦則相親，故其字從人二」❸。許愼與段玉裁二人的見解，從「仁」這一字本身看來也已得

❸段玉裁：《段氏說文解字註》（經韻樓刊本），臺北市啓明書局，民國五十年，第八篇上。

到佐證。下面我們要用事實說明，仁字足以代表中國人和整個人類的一項原始經驗；仁表示二人之間的親密，因此二人彼此以「爾我」相稱。馬丁·布柏（Martin Buber, 1878—1965）名著《我與你》一書❹的主題，竟這樣直截了當地爲段玉裁點出。

從人格的發展去看，今日的心理學家莫不承認嬰兒與母親間親密關係這一原始經驗的重要性。嬰孩呱呱墮地時，還沒有自我意識，他祇是母親所照顧的對象而已，自身尚未成爲有意識的主體。在自我意識尚未發展以前，嬰孩的最大需要似乎祇在於爲溫暖柔軟之物接觸和被餵飽。出生數天以後，情形就有些變化：這時嬰孩啼哭時僅需有人抱住就會停止，最初時必須同時餵食才會停止啼哭。再過幾天，祇要聽到或看到有人在旁邊，嬰兒就會安靜。以後嬰孩更進一步，卽使不感到飢餓或其他不適，他也需要有人陪伴。這時，母親或其代替人對嬰孩的親密關係，卽每個人所經歷之最原始的社會關係。就這一觀點而言，孟子所說「仁也者,人也」已得到充分佐證；因爲人自從意識開始發展之初就感到需要別人，需要「相人耦」❺。對母親的信賴使嬰兒產生安全感，使他一生的社會關係得以順利進展❻。

嬰孩與別人接觸的需要可謂與日俱增，而他對成人的反應也是積極多於消極。Rheingold 在一九五六年發表的一則研究報告指出下面饒有興味的事實：十六個約六個月的嬰孩曾在一所育幼院中經過八星期的觀察和測驗，他們對成人的社會關係中所表現的積極反應有五二七次，而消極反應則僅六五次。所謂消極反應是啼哭、轉過頭、嗚咽、蹙頞、投

---

❹Martin Buber, *I and Thou,* Scribner, New York 1958.

❺Arthur T. Jerild, *Child Psychology*, 5th ed, Prentice-Hall, Englewood Cliffs, N. J. 1964, p. 47.

❻Erik H. Erikson, *Childhood and Society*, Norton, New York 1950, pp. 219-221.

以恐懼的一瞥等等，積極反應則是微笑、笑、轉身或投身給成人 ❼。
嬰孩之間的社會關係，則在九個月以前很少有所表示。九個月至十四個
月之間，嬰孩開始互相觀察；十四個月至十八個月之間，嬰孩間的社會
關係日漸進展，廿五個月才臻完善；這時幼孩間友善合作的關係也遠遠
勝過消極反應。Mengert 在一九三一年的一項研究中，發覺二歲幼孩
間的友善反應與消極反應之間是四與一之比；Walters 與其合作者在一
九五七年的研究報告中指出，三、四、五歲的幼孩之間的親愛表現超過
攻擊行爲；Wright 於一九四二年的研究報告顯示，幼孩往往會把玩具
贈送給陌生的幼孩 ❽。這一切似乎都足以支持「人之初，性本善」的觀
點。年長以後，人與人之間的關係錯綜複雜，更有了利害衝突，外加不
良風尚和錯誤理論薰陶，往往形成霍布士所云「人與人互爲豺狼」及「人
人互相敵對」 ❾ 的可悲情勢。然而，每個人細細體察自己的本性，就會
感悟到一項基本事實，那就是人與人間的相親與心靈的溝通構成人的幸
福，而隔離、誤解造成痛苦。根據這項人類所共有的普遍經驗，孟子用
「仁也者人也」作爲人的定義，而不像亞里斯多德一般說「人是理性的
動物」是有其充分理由的。孟子這句話的意思却需要進一步的解釋，它
不應當意味著人間敵對性的不存在，而是說「不仁」的衝動與行爲不能
使人完成自己，反而使人遠離自性。對此，佛洛姆的《自我的追尋》一
書足以補充孟子性善的見解。佛氏認爲人生的理想是實現眞的自由和自
我，亦卽實現「創造性的愛」，這樣的愛同時包括愛自己和愛別人 ❿。

---

❼A. T. Jersild, *Child Psychology*, p. 59.

❽同書，一七三～一七六頁。

❾Thomas Hobbes, *Leviathan*, in: Edwin A. Burtt (ed.),*The English
Philosophers from Bacon to Mill*, The Modern Library, New York
1939, p. 162.

　　關於人性與進化觀念的調和，這裏不妨把本書第九章的結論重述一遍。生物學所一致承認的進化觀念否定了「不變」的人性：人類的現階段是過去進化的結果，而依舊向未來進化。然而，一如德日進所指出，「進化是走向意識的上昇過程」⑪。現階段人類所達到的意識自我反省，因此已決定性地屬於人類。無論人類如何繼續進化，也只能在意識境界繼續發展完成自己。這樣，意識的自我反省和人際的仁愛之屬於人性，這一肯定應當是可以立足的了。

　　由於仁字本來的意思是二人間的相親，我認為西文表達人性的 humanitas, humanity, Menschlichkeit 等均不足以確切表達仁的意思。所以我建議用兩個希臘字湊成 Dianthropy（二人性）一字作為仁字的同義字。德文的 Mitmenschlichkeit 亦頗能表達此意。

　　可能有人會說：仁不僅指二人間的關係，而且也指多數人之間的友善。這句話固然不錯。但世間的所謂友善却並不都符合仁的條件。「仁」或「二人性」是指從「你我」親密關係為出發點而推廣的人間友善關係。對多數人的友善必須以潛在的二人性態度為先決條件，纔是真實的仁的關係，否則不過是拉攏「群眾」而已。所謂「潛在的二人性態度」是：「我」雖然實際上與多數人尚無「你我」關係，但與任何人接觸時，都有視對方為「你」的準備，而不以漠然態度視之，或以自己個人為最高準則。隨時準備視另一人為「你」，就是仁的態度。與此針鋒相對的是曹操所云「寧可我負人，不可人負我」的態度。還有一種表面不同而實質相似的態度，是從自己個人「為善」、「修德」、「立功」、「建立事

---

⑩佛洛姆：＜自我的追尋＞ (Man for Himself)，臺北市，志文出版社，民國五十九年。

⑪Pierre Teilhard de Chardin, *Le Phénomène Humaine*, Seuil, Paris 1955, p. 287.

業大衆基礎」（有意或無意的競選！）的行徑。這些都多多少少是以自我爲中心，視人爲「他」或「它」，與眞正的仁大異其趣。

三、仁的抉擇與存在實現

儘管兒童心理學所展示的事實頗與孟子性善說相符，我人仍不能無視於惡的事實。中外歷史充斥着惡的事蹟，我人所生存的世界也無時無刻不在證明「人心唯危，道心唯微」這句話。的確，要澈底解釋惡的起源，似乎不是人力所能幾及的。聖經用象徵手法指出邪惡源自人性所受的一種創傷——原罪，其含義至少有一部份與荀子的性惡說大同少異：無論你喜歡不喜歡，人性中有導人於惡的成份是不容否認或忽視的。

希臘哲學家柏拉圖以爲惡就是無知，一個人不會去做一件明知是惡的事⓬；因此惡不是自願的，而只因肉體的不健全和壞的教育所致⓭，作惡的人是可憐憫的⓮。柏拉圖師承於蘇格拉底這一說，無異否定了爲善作惡的自由抉擇能力。

我國孟荀的性善性惡之說其實也同時指出爲善作惡由人自主，祇可惜這點往往未爲後代所理解。例如董仲舒主張性善情惡（《春秋繁露》卷十）；揚雄以爲人性善惡相混（《法言》卷三）；王充分人性爲上中下三品，以爲孟子所云之性善是指上品，揚雄所說的善惡相混是指中品，而荀子所言人性惡者爲下品（《論衡》卷三）⓯。理學家朱子則根據理氣

⓬ Plato, *Meno*, in: Edith Hamilton (ed.), *The Collected Dialogues of Plato*, Bollingen, 1961, 77e.

⓭ Plato, *Timaeus* 86e, 同上。

⓮ Plato, *Laws* V, 731c, d. 同上。

⓯ 馮友蘭：《中國哲學史》，香港，中國圖書公司出版，民國四十八年八月港版，下册，頁五一五—五一八，五八七，五九六—五九七等。

二元說，以爲理無不善，氣則有清濁之分，惡行卽由濁氣而生，這一說法與董仲舒的見解大同少異⑯。王充以降對善惡的解釋似乎忽視了人有自由抉擇能力；　依這一說法，　人之爲善作惡似乎都已命中注定；　屬於「下品」或「濁氣」的人，祇能作惡，屬於「上品」或「清氣」的人注定會爲善；似乎一切都由於天生，人自己無可奈何。旣然有的人（上智）非行善不可，另一些人（下愚）非作惡不可，那就如氣之上升，水之就下一般；善與惡就如同自然界的必然規律，誰也不能替自己的行爲負責。

　　現代心理學的趨勢也頗接近善惡命定說，尤以美國爲然。一如奧爾保（Gordon W. Allport）所云，美國心理學書籍中，幾乎就找不到「意志」「自由」（Will, Freedom）二字⑰。事實上，參考了幾本相當受歡迎的心理學課本，如 Ruch, Hilgard, 等, 上述二字的確都找不到⑱；Munn稍稍提到 Will Power, 但所指的也不是作抉擇的自由意志⑲。斯金納（B. F. Skinner）在一九七一年九月間出版的《超越自由與尊嚴》（*Beyond Freedom and Dignity, Knopf*）一書中，似乎已視人如實驗室中的白鼠或鴿子：他以爲人完全是環境制約（Conditioning）的產物，自由意志祇是幻覺；因此他不但一點不反對蘇聯與毛共那樣的極權政治，而且認爲這是更優秀的生活方式⑳。人旣然完全決定於遺傳與

---

⑯ 羅光：《中國哲學大綱》上册,香港,眞理學會,一九五二年, 六〇一六八頁。

⑰ Gordon W. Allport, *Becoming: Basic Considerations for a Psychology of Personality,* Yale University Press, New Haven 1963, p. 83.

⑱ Floyd L. Ruch, *Psychology and Life,* 7th rev. ed, Scott, Foresman and Co., Glenview, I11. 1967.
Ernest R. Hilgard et al., *Introduction to Psychology*, 5th ed, Harcourt, New York 1971.

⑲ Norman L. Munn, *Introduction to Psychology,* 4th abridged ed, Houghton Mifflin Co., 1962. pp. 228-230.

⑳ Time, Sept. 20, 1971, p. 49.

環境，當然，他不能替行爲負責，他的善惡完全不聽他自己作主。

從倫理的觀點而言，善惡命定說等於否定了人的道德或不道德。誠然，我們說會看門的狗是好狗，到厨房偷吃魚的貓是惡貓，但這不過是從我們自己的利害觀點而言：所謂「好狗」「惡貓」不過是對我們有益有害而已；誰也不會說牠們道德或不道德，因爲狗和貓無法抉擇自己的行爲：它們生性如此而已。凡是沒有自由抉擇能力的事物，就祇有物性的善惡，而沒有倫理的善惡。尙未臻自由抉擇階段的幼孩也是如此。唯有能判別是非，能在兩件事中間經過意識反省後選擇其一的人，才是道德的主體，才是齊克果所說的存在。存在的特點在於替自己的未來設計，而自由地實現自己。當代存在思想家，無論是海德格、雅士培、沙特或馬賽爾，對此均一致同意㉑。他們並未無視於遺傳與環境所加給人的限制，而是深切體味到自己對行爲的自由抉擇能力。每個人也都有這一體驗：譬如我之寫這本書完全依憑我的抉擇，我隨時可以停止撰寫，對此任何人絕無懷疑餘地。

西方哲學家中首先以自由選擇作爲倫理行爲條件的當推亞里斯多德。他駁斥柏拉圖的善行自願而惡行非自願的見解，一再肯定惡行也出於自願，而人對自己的行爲應負全責。

然而什麼是選擇的標準呢？亞里斯多德認爲幸福是人所追求的最高目標，所以它本身沒有考慮選擇的必要，我人需要選擇的祇是達到目標的方法而非最高目標本身。亞氏又認爲唯有選擇善德才會使我們達到幸福的目標㉒。

㉑項退結：《現代存在思想研究》，臺北市，現代學苑月刊社，民國五十九年十二月，一一一二〇頁。

㉒Aristotle, *Nicomachean Ethics*, in: R. McKeon (ed.), 1111a, 28-29; 1113b, 14-16; 1114a, 29-31; 1102a, 5-8; 1112b, 34-35.

　　孔孟二聖雖不曾像亞里斯多德那樣談到自由抉擇，實質上却以之作為道德生活的根基。孔子所說的「克己復禮為仁」（《論語》＜顏淵＞），很明顯地是指放棄私心而選擇中節中矩的行為。孔子下面這句話的抉擇意味尤其明顯：「志士仁人，無求生以害仁，有殺身以成仁」（《論語》＜衞靈公＞）。曾子的「仁以為己任」（《論語》＜泰伯＞）一語也表達出堅決選擇後的態度：「仁以為己任」，也就是放棄「不仁」。孟子下面這一段話與孔子的「殺身以成仁」異曲同工：「魚我所欲也，熊掌我所欲也，二者不可得兼，舍魚而取熊掌者也，生亦我所欲也，義亦我所欲也，二者不可得兼，舍生而取義者也」（＜告子章句上＞）。

　　最直截了當肯定人有自由抉擇能力者，莫過於荀子的＜解蔽篇＞：「心者形之君也，而神明之主也；出令而無所受令。自禁也，自使也，自奪也，自取也，自行也，自止也。故口可劫而使墨云，形可劫而使詘申；心不可劫而使易意，是之則受，非之則辭。故曰：心容，其擇也無禁。」這些話眞如斬釘截鐵，不留一絲　毫的懷疑餘地。＜正名篇＞更進一步，說明心能止欲：「故治亂在於心之所可，亡於情之所欲。」荀子雖言性惡，但他的性是指「好利」及「耳目之欲」（＜性惡篇＞），而心仍操抉擇之權。荀子與孟子不同的是：前者認為欲才是人性，後者則除確認口、目、耳、鼻、四肢之欲為性以外（＜盡心章句下＞），尚有仁、義、禮、智的大體之性（＜告子章句上＞）。荀子却也承認人心向義：「雖桀紂亦不能去民之好義。」（＜大略篇＞）

　　正如本文開始所說，「克己復禮為仁」或「無求生以害仁」中的「仁」與作為原始經驗及人性的「仁」意義不同。人最初經驗到仁時，他剛向意識發展，不期然而然地表現了仁的天性；那時他還沒有完整的自我意識和反省。逐漸長大時，他已有了妬忌、自私、敵對等等「不仁」經驗，這一切也在清楚的反省以前已經出現。到此為止，人始終還

沒有自由抉擇能力，因此也沒有狹義的道德行為。終於有一天，他獲得了清楚的反省的自我意識，他已能對自己的行為作自由選擇，這時他才是道德行為的主體。當他在「仁」與「不仁」之間作了一項選擇的時候，卽使所選擇的對象是極微小的事，他就做了一件道德或不道德的行為。譬如小孩在可以欺侮與可以不欺侮弟弟的二種可能性之間選擇前者，就是做了不道德的行為，因為他清楚意識到是把自己一時的恣意行動和愉快建築在弟弟的痛苦上。這一抉擇使他的自我封閉起來，沒有向弟弟開放；不但沒有實現了仁的天性，反而在晶瑩的天性上面蒙了一層不仁的塵垢。一個人如果養成不仁的習慣，久而久之就會喪失仁的本性，也就是通常所稱的「人面獸心」。

用上面這一方式解釋倫理善惡行為的開始與發展，似乎比較更接近實際。從位格神論的觀點來說，仁的天性也就是神所賦與的天良（良知、良心）。幼孩開始向意識發展時，不自覺地經驗到仁的天性，他感覺到另一個自我相親的需要。獲得自我意識時，他更清楚地意識到這是他實現自己的途徑。然而他仍免不了反面力量的干擾，使他走不仁的路。他的抉擇可能使他實現仁的天性，也可能使他遠離自性走向不仁。而世間所累積的不仁力量也非常可觀，足以使人陷溺不能自拔（目下有人以為這種力量就是「原罪」）。因此每個人必須繼續不斷地在仁與不仁之間作抉擇，實現自己的天性，或者不實現自己的天性。仁的抉擇使人向「你」開放，和「你」溝通，他的自我跟著愛心日漸擴張，一如孟子所說，「仁者愛人」（＜離婁下＞），「仁者以其所愛及其所不愛」（＜盡心下＞）。反之，不仁的抉擇使人孤立，使人把別人看成與自己無關的「他」或「它」，失去「我」與「你」的心靈溝通而「麻木不仁」。

上面所說的不仁是自由抉擇所致。世間却也有一些嬰孩受到生理或心理打擊而不能正常發展，也有人發展到某一階段而停滯或退化，卽患

神經病或精神病。未獲正常發展或患神經病、精神病也會使人「麻木不仁」。當然，後者的情況非人自願，因此不在我人討論範圍以內。

這裏也願意一提老莊對仁的攻擊。老子說：「天地不仁，以萬物為芻狗；聖人不仁，以百姓為芻狗」（五章），「大道廢有仁義」（十八章）、「失道而後德，失德而後仁，失仁而後義，失義而後禮」（三八章）。莊子的話與老子有些相似：「是故古之明大道者，先明天，而道德次之，道德已明，而仁義次之，仁義已明，而分守次之，分守已明，而形名次之……」（＜天道篇＞）。莊子在另一處似乎故意要開儒家的玩笑，把仁字看成一文不值：「虎狼仁也…父子相親，何為不仁？」（＜天運篇＞）究其實，老莊所譏評的是儒家實行仁的不週到及不澈底處。老子要求的是「上善若水，水善利萬物而不爭」（八章），「既以為人己愈有，既以與人己愈多」，「天之道利而不害，聖人之道為而不爭」（八一章），「聖人後其身而身先……非以其無私邪，故能成其私」（七章）。老子的「上善若水」、「無私」、「利而不害」，至少就最後效果而言，也和孔孟所說的仁殊途同歸。莊子所云「利澤施於萬世，天下莫知也」（＜天運篇＞），其中心思想和老子大同小異。

至於墨子對儒家的批評更不在於仁的本身，而是不滿於儒家的「親親有術，尊賢有等」（＜非儒下＞），他以為儒家不過是「別士」，也就是說他們的愛有差等。墨子則主張一種泛愛眾人而無差等的「兼愛」（＜兼愛下＞）。

老莊所主張的「善利萬物而不爭」及「利澤萬世」的「上善」，墨子所主張的兼愛，都是愛的擴展，和孔孟的仁並無實質上的不同。上文已清楚指出，孔子口中的仁並不是天生成的，必須透過自由抉擇纔能實現，因此是「存在的實現」。墨子的兼愛也是如此。老子的「上善」更不是天生成的，祇不過培養方法更接近自然而已。其實要達到「不爭」

「利澤萬世」的境界，要「生而不有，爲而不恃」，「知其雄守其雌」，都需要經過自由抉擇，卽在爭與不爭、有與不有、恃與不恃、雄與雌……之間採取立場。歸根結底，老子的「上善」，墨子的「兼愛」，都屬於仁的抉擇和仁的存在實現，祇不過實現的方式與儒家的不同而已。

　　儒、道二家倫理思想的一個共同特色是建立在人自身的存在實現上，而不像猶太人及西方人那樣強調強制性的「規誡」「命令」「法律」；祇有墨家比較更重視「天志」「天意」，明明說出仁義的根由來自「貴且知」的天；而「反天之意」必將「得天之罰」（＜天志中＞第二十七）。其實，儒家也主張「天命之謂性，率性之謂道，修道之謂敎」（《中庸》首句）。根據唐君毅先生的研究，詩書中之「天命」本來是指「天之所令或帝之命令」，因此是宗教性的[23]。出令的天或帝因此都應當是指位格性的神，也就是墨子所說的天。所不同者似乎在於墨家從「天志」「天意」說到仁義，而儒家則是從仁的體驗做出發點，最後才走到「天命」。從存有程序來說，儒家也承認「天命」爲先，但從體驗及認識程序而言，「天命」當列在最後。我以爲儒家這一態度非常合理；老莊在這點和儒家並無出入。基督信仰是否因受猶太文化及希臘羅馬文化影響而過份強調「誡命」及「法律」呢？「成己仁也」或「誠者自成也」是否更符合基督啓示眞諦？這至少是值得提出的問題。行文至此，始憶起著名倫理神學家黑林（Bernhard Häring）曾於一九五六年威斯堡舉行的研究週中提出類似問題，當時他特別提到因一越南神父的慫恿而讀了四書[24]。

　　以仁的存在實現爲基礎的道德觀，比較接近現代心理學家所云的自

---

[23]唐君毅：＜先秦思想中之天命觀＞，香港，新亞學報第二卷第二期（一九六七年）。

[24]Bernhard Häring, *Die Neuheit des Sittlichen Lebens*,, in: *Die Neuheit des Lebens als Ziel und Frucht der Weltmission* (Mission studien-woche 1956), Münster/Westf. 1957, S. 124-133/128-129.

我實現（Self-actualization），卽個性每一部份互相韻合的完整發展，這一理論首先由瑞士心理分析家榮格提出（參看本書第十三章），以後由馬思洛（A. H. Maslow）倡導最力[25]。佛洛姆《自我的追尋》一書的看法也大同小異。仁的存在實現也頗接近社會學家素羅金所云的「創造性利他主義」（Creative Altruism）[26]。臨死前的羅素主張自我必須不自圍於小圈子而擴張自己（Ausweitung des Ichs），必須使情感隨著知識一起長大[27]。素羅金和羅素二人都認爲仁愛是今日人類繼續生存下去的必要條件，除此以外別無其他力量可以消弭人類自殺性的戰爭與革命。仁的哲學對此時此刻及未來之意義，卽此已可窺見一斑。

四、天地萬物一體之仁

上文所說仁的原始經驗、仁的天性與仁的存在抉擇等等，都逃不出人的範圍。然而中國古哲不把仁限於人的範圍：他們是從人的道德生活做出發點而把思路推廣到天地萬物。孟子就曾說：「盡其心者，知其性也；知其性，則知天矣」（＜盡心上＞）。什麼叫作「盡心」呢？孟子說：「惻隱之心人皆有之，羞惡之心人皆有之，恭敬之心人皆有之，是非之心人皆有之。惻隱之心仁也，羞惡之心義也，恭敬之心禮也，是非之心智也。」（＜告子上＞）他又在同一章中說：「仁、人心也，義、人路也。」可見孟子雖認爲仁義禮智都屬於人心，仁則佔特殊地位，因此直截了當地說仁就是人心。可見「盡心」的意思主要在於實現仁心，

---

[25] E.R. Hilgard, *Introduction to Psychology*, pp. 330–331.

[26] 王曉波：＜素羅金和他的學說＞，＜現代學苑月刊＞，七卷四期，五一一二頁。

[27] 羅素：＜人類前途與科學文明＞，同上，一一三頁。

也就是上文所說「仁的存在實現」[28]。「盡心、知性、知天」的意思就是：透過仁的存在實現，人纔能體驗到自己的天性，同時也會體驗到天。仁的存在實現使人體驗到人性，這句話不難瞭解，因爲孟子原來就主張人性是善的。體驗到人性以後，如何就能體驗到天呢？

其實，孟子自己早已對這問題提出答案。當他堅決肯定了仁、義、禮、智四端是人原來就有的「才」以後，他引用了詩經的話：「天生蒸民，有物有則；民之秉夷，好是懿德。」（＜告子上＞）。這就是肯定四端之性來自天。一個踐行四端之心（盡心）的人既能體會到四端的實現本來就是人性的實現（知性），也就會發覺天就是人性的根源（知天）。這一過程與若望福音（三：21）所描述的若合符節：「履行眞理的却來就光明」。上述詩經的話和＜萬章上＞(5)都顯示，孟子的天是有知有意的上帝，因爲天有能力允准天子的推薦，也有能力拒絕他的推薦。

然而，荀子以後的思想發展却使中國知識份子漸漸視天爲大自然。董仲舒則一方面視天爲大自然，同時又視天爲上帝，因此他說：「仁之美者在於天。夫仁也，天覆育萬物，旣化而生之，有養而成之，……察於天之意，無窮極之仁也。人之受命於天，取仁於天而仁也。」（≪春秋繁露≫＜王道通＞）

≪易傳≫中的思想則多半視天與地一起形成宇宙整體。＜說卦＞中有「乾天也，故稱乎父，坤地也，故稱乎母」；＜序卦＞一開始便說：「有天地，然後萬物生焉」，接著說：「有天地，然後有萬物，有萬物然後有男女……。」易經旣稱天爲父，地爲母，也就是把人與人之間的

---

[28] 朱熹認爲「百行萬善總於五常，五常又總於仁。所以孔孟只敎人求仁」，而仁義禮智四德係「一箇物事，四腳撐在裡面，惟仁兼統之」，亦可作本文見解的佐證。參考：羅光，＜中國哲學大綱＞上册，一○八頁。

仁的關係推廣到天地：把生命傳給我們的父母旣是仁的，把生命賜給萬物及人類的天地當然更有仁的「大德」。這似乎就是「天地之大德曰生」一語的深意。宋儒繼續發揮，遂有（《二程遺書》卷二之三）「仁者以天地萬物爲一體」之論。因此儒家思想認爲人心與天地有關，朱熹的想法可作爲代表：「蓋天地萬物，本吾一體。吾之心正，則天地之心亦正矣」（《朱子集註》，《中庸》經一章註）㉙。透過「仁與萬物一體」的理論，仁不僅是人的天性、道德及自我實現的終極目標，而且還成了儒家心目中宇宙間一切事物的本質與形上始元。從自我的仁之體驗做出發點，我國古哲竟然達到這囊括一切的「泛仁論」（英文可譯爲Pandianthropism），實在是耐人尋味的事。

上面我們曾說起，詩書中的「天命」本來是指位格神的命令，宋明理學中的天或天地卻有了很濃厚的泛神意味。然而，從《易經》「天地之大德曰生」及董仲舒對仁的推論而言，我認爲位格神遠比宇宙整體更能滿足仁的需要。人有自我意識，同時又需要與另一人有心靈的溝通；因此兩個都有自我意識都需要溝通的人就會有「我與你」的仁的關係。人是否能與宇宙（大自然）有心靈溝通而建立仁的關係呢？這一可能性不容先入爲主地加以否定；關鍵在於大自然是否具有足以建立你我關係的高度意識。然而，事實上，我人誠然能夠有與宇宙爲一體的意境，但終究不能視宇宙整體爲眞正的「你」，也不能和它有相互的心靈溝逼。宇宙固能引起我心靈的激動，我則沒有引起宇宙心靈激動的任何經驗。宇宙之上如果還有具自我意識的創造者，祂纔能與人發生「我與你」的仁的關係，纔能互相有心靈的溝通。董仲舒所云「無窮極之仁」也更能切合到祂身上。馬丁・布柏認爲每個人透過「你」才成爲「我」，眞正的生

㉙朱熹（編）：《近思錄》，臺北市，世界書局印行，民國五十一年，十二頁。
　羅光：《中國哲學大綱》上冊，一三四頁。

活，在於我與你的「相遇」，而我人對「你」的天性需要（the inborn Thou）唯有藉「無限的你」纔能得到鑒足[30]。馬賽爾的說法也大同小異[31]。馬丁・布柏所云人對「你」的天生需要也就是仁的天性。人一方面有仁的天性，他不能不嚮慕著「你」，另一方面，由於他具有始終超越自己的意識，而成爲永遠不能鑒足的深淵。他絕對需要人間的「你」，因爲他有仁的天性，必須有「你」「我」共同生存。但人間的「你」卻是「永恆的你」的象徵和階梯，人的無邊無際的仁性迫使人永不休止地追求這「無限的你」。人間的你我關係藉「永恆、無限的你」而堅強而充實。「無限的你」就是德日進所稱宇宙進化的終極點—— Omega，人與 Omega 之間的溝通造成德日進所云的「最高意識」及「超級位格化」（hyperpersonalization）。這「超級位格化」不但不會使「自我」消失，反而使「自我」意識因擴展而完美[32]。我國古哲未能從《易經》與董仲舒的推論而透視到「永恆的你」，是令人遺憾的。當然，從仁做出發點的思考無法證明仁的無底止需要非滿足不可。這是以存在體驗爲出發點的哲學的限度，它需要嚴格的形上學的幫助，才會脫離主觀主義的泥沼。我個人旣不贊同康德對形上學所宣判的死刑，更不贊成新舊各式實證主義。

五、邁向未來的指針

[30] Martin Buber, *I and Thou*, p. 28,80.

[31] Gabriel Marcel, *La Dignité Humaine*, Aubier-Montaigne, Paris 1964, pp. 171,174-175.

[32] Pierre Teilhard de Chardin, *Le Phénomène Humain*, Seuil, Paris 1955, pp. 289-293, 337.

對人性的探索終於使我深入地對仁字作了一番思考。

從比較哲學的觀點看來，雅士培實在非常接近我國儒家思想。他一再強調透過自由抉擇而聽從無條件要求（unbedingte Forderung）以後，人纔會確切接觸到超越界的神或上帝：「上帝透過每一自我的自由抉擇而行動」。雅士培又說透過對無條件事物的抉擇，我人在善與惡之間作了選擇，而愛與恨卽抉擇善與惡的主要動機。在善與惡、愛與恨之間作了抉擇以後，人纔眞正成爲他自己，實現了自己。作了愛的存在抉擇而實現自己以後，人纔會對神確切無疑：「我們稱人的自由爲他的存在；我以抉擇方式存在時，神對於我也就確切無疑。」 ㉝ 雅氏所云之「成爲自己」幾乎就是中庸「成己仁也」的翻版，而他從存在或自我實現走向神的路，也非常接近孟子的「盡心、知性、知天」。雅士培對存在思想曾作如下定義：「存在思想是透過存在照明的存在實現」（Existen-tielles Denken ist Existenzverwirklichung durch Existenzer-hellung㉞）。宋儒伊川先生（一○二三 ～一一○七年）在九個世紀以前說過：「然學之道，必先明諸心知所往，然後力行以求至。所謂自明而誠也」 ㉟ 。「透過存在照明的存在實現」簡直有些像「自明而誠」一語的註釋。不消說，伊川的話還可追溯至《中庸》。

海德格的一生都致力於追究存有（Sein）的意義：發表於一九二七年的「存有與時間」及於一九六九年問世的「關於思想之物」（Zur Sache des Denkens）均以存有爲中心題材。然而他一反前人作風，認爲要理解存有，必須從理解存有的特殊存有者爲起點，也就是以人爲起

㉝ Karl Jaspers, *Einführung in die Philosophie*, Piper, München 1969, S. 63-72, 57-60, 43.

㉞ Karl Jaspers, *Philosophische Logik*, I. Band: Von der Wahrheit, Piper, München 1958, S 356.

㉟ 朱熹：＜近思錄＞，三二頁。

點；而人的理解又必須透過他的存在⑯。海氏這一觀點也很相似「盡心、知性、知天」的思想途徑。

除雅士培、海德格以外，馬賽爾及馬丁・布柏的『我與你』也顯然和中國傳統思想若合符節。因此說存在哲學導致「世界大亂」，實係以偏概全所致。

應用西方哲學來發揮中國傳統，我認為這是我國哲學工作者比較容易走得通的一條路。可是我也不免有所顧忌，因為傳統思想往往容易成為俗套，容易引起厭惡，尤其會引起年輕一代的厭惡。類似的情形在歐洲也屢見不鮮：多少次聽到那些從小就受宗教教育的意大利人輕蔑地談論宗教： che barba!（可直譯為「怎樣的鬍鬚！」意卽煩得令人生鬍鬚）。宗教教育必須注重內容，教育者尤需言行相符，如果一味著重外面的形式而教育者本身又不夠理想，結果會引起反作用，往往比不受宗教教育更糟。我國一味側重道德的傳統思想也往往會犯同樣的毛病。食古不化的講解方式，加上教育者本身「言不顧行，行不顧言，則曰古之人古之人」的鄉原作風，會使青年敢怒而不敢言。不加分析不加批判地死抄古書，也永遠無法促進傳統思想的深入理解，更無法使中國傳統思想打入「世界市場」，使它成為全人類未來思想動力的一部份。

因此，撰寫「仁的哲學」這一類的文字，是冒著治中國傳統哲學者所共有的被目為老古董的危險。然而我仍深信中國智慧的崇高和優秀，它絕非一些陳詞爛調的堆砌。大家都知道，中國哲學與西方哲學之主要的不同點，是在於中國哲學側重內在體驗和直觀，而不知運用希臘人所發展的分析、推理和系統化這套方法。正如世間許多事物一般，中國哲學的優點同時也就是它的弱點。我們今天要深入瞭解中國哲學，必須也

---

⑯Martin Heidegger, *Sein und Zeit*, Max Niemeyer, Tübingen 1957, S. 2–8.

從體驗做出發點，這是毫無問題的。然而中國人雖握有極豐富極深刻的生活體驗，它卻也並非中國人的專利品，全世界的人都有他們獨到的體驗；因此，某些中國古哲的生活體驗與西方哲人的體驗比較之下會相得益彰。譬如自由抉擇的體驗，孔孟荀典籍中誠然有之，但並沒有西哲尤其當代存在思想家說得那末透澈。因此，與全世界哲學潮流作比較，能够幫助我們瞭解中國哲學所蘊含的內在體驗。因此，說中國哲學祇能用中國人特有的內在「工夫」去體會，無法與外來哲學相比，可能這是囫圇吞棗的偏見。誠然，我人必須避免穿鑿附會，同時也必須個別審核其中的相同點。此外，中國哲學一向不善於分析，至今依然如此：許多古人所用語言，我國人往往不求甚解，理解得模模糊糊，成爲莊子所云的「古人之糟魄」，失去了內容。因此，後期維根斯坦 (L. Wittgenstein, 一八八九～一九五一)所強調的語言分析,對我國傳統哲學的研究實在非常重要。維氏的不朽貢獻，是在於指出我們的語言需要治病，要我們不受語言所蠱惑(Verhexung…durch…Sprache)，並且要哲學詞彙重新回到日常生活的經驗中去 ❸。中國哲學詞彙也正如西方哲學一般，需要用語言分析確切指出每個字在個別場合中的意義。許多人以爲凡是看不懂的東西就是深刻，就是「玄之又玄，衆妙之門」。是的，說理的文章總不會像小說小品文那樣容易讀，需要反省思考，這是事實；但古代與現代的哲學文章、書籍中有許多本身無意義的廢話，也是不可諱言的事。我國出版物中因翻譯錯誤而造成的無意義句子尤其俯拾皆是。凡此一切都需要分析方法來治療。分析以外，我們還可以系統地整理我國傳統思想，使已受科學洗禮的現代人士容易消化、吸收。

更重要的，是我國傳統哲學的確蘊藏了一些足以擴展人類意識視域

---

❸Ludwig Wittgenstein, *Philosophical Investigations*, Basil Blackwell, Oxford 1958, *pp* 255, 109, 116.

的內容。對仁的思考尤其加強了我的這個信念。我相信，我國古哲所倡導的仁的理念，實在是人類思想最偉大的創造之一，不僅值得中國人珍視，而且應成爲全人類共同精神遺產的一部份。我又相信，仁不但如羅素所說，是人類賴以繼續生存下去的必要條件，而且將是人性向未來進展的指針。

六、附錄：一次討論的結果

民國六十一年三月間，幾位對中國哲學問題感興趣的同仁發起，每月舉行中國哲學討論會一次，並決定借用臺大哲學研究室的場地。每次輪流由一人提出報告，作爲討論題材。

五月廿七日輪到我作報告。當日參加討論的，有韋政通、張曼濤、王曉波、林正弘、潘柏世、袁保新等（可能還有別人，惜當時並未詳細記錄）。下面就是我的報告和討論要點。

甲、報　告

「仁的經驗與仁的哲學」這篇文字中的若干問題似乎尚需要進一步的探索。茲列舉問題如下：

1. 仁字的涵義　「仁」由「人」「二」二字組成，根據《說文》是可以成立的。古籍中仁字主要代表人與人之間相親和，也不成問題；偶然也會兼及禽獸，但這已是推廣的意義。這一層意思基於惻隱等人間經驗，似乎也很可接受。段玉裁說「仁親也……相人耦也……按人耦猶爾我，親密之詞」，不過是解釋《說文》。我卻把這裏的「爾我」用布柏（Martin Buber, 1878-1965）的「我與你」（Ich-Du）來解釋，布柏的「我與你」包括了許多概念，如人是位格（Person，位格是有理智、意志、自我意識的獨立實體），「我與你」關係延長至永恆，「我與你」相依爲命，

「我與你」和「我與它」的關係完全不同等等。這些概念和仁的原義似乎並不相違。但我們能否從我國傳統的仁字推廣出布柏的思想？換言之，這二個觀念似乎還是有不少出入。

　　偶然和一位外籍人士談起，他說仁不僅指二人間的關係，而且也指多數人之間的友善。我並不否認仁字也有這一用法。但我認為，泛泛的「友好」並非仁的眞義，眞的仁必須以更深刻的「二人性」為基礎。我所說的「二人性」是指從「你我」關係做出發點而推廣的人間友善關係，對多數人的眞正的仁必須以「潛在的二人性」態度為先決條件。「潛在的二人性」的意思是：實際上我雖然不能和全世界的人有「你我」關係，但在與任何人接觸時，或處理任何與人有關的事務時，我始終存着視此人為「你」的心思，而絕無漠然「與我無關」的態度，或甚至以自己個人的利益方便為絕對準則。隨時隨地把別人當作「你」看待，就是仁的態度。反之就是視人為「他」的「不仁」態度。外表的笑臉、說好話、送禮等「友善」行為，可能代表仁的眞心，但未必一定如此。至於像曹操那樣的「寧可我負人，不可人負我」，則是視人如「物」的極端典型了。和曹操態度接近的是視人為「宇宙精神」（黑格爾）或「辯證性物質」（馬克思）向前進展時的微波。我覺得以「二人性」解釋仁，更合乎我國傳統思想的眞義，但苦於無法在古籍中找到明顯的佐證。是否我這一說法根本不能立足呢？古籍中的「仁」是否僅指泛泛的表面的「仁政」呢？

　　2. 仁以為己任　亞里斯多德說幸福是人所追求的最高目標，其本身不在我人自由抉擇的範圍以內，我人所抉擇的祇是達到幸福的方法而已，亞氏並說唯有選擇善德才會使我們得到幸福。孔子及其弟子雖從未談到自由抉擇，但論語中有一些句子很明顯地包括自由抉擇的行為，如：

　　「克己復禮為仁。」（＜顏淵＞）

　　「志士仁人，無求生以害仁，有殺身以成仁。」（＜衞靈公＞）

「仁以爲己任。」（＜泰伯＞）

孟子雖曾說「仁也者人也」（＜盡心下＞），堅決肯定仁屬於人的天性，並說「無惻隱之心」，「無羞惡之心」，「無辭讓之心」，「無是非之心」者均「非人也」（＜公孫丑上＞），但他也重視人的抉擇行爲：「魚我所欲也，熊掌我所欲也，二者不可得兼，舍魚而取熊掌者也；生亦我所欲也，義亦我所欲也，二者不可得兼，舍生而取義者也。」（＜告子章句上＞）這裏孟子所云的「義」，實質上和「仁」並無大差別，因此他在同章中又說：「仁人心也，義人路也」。

孔孟都重視仁義，並以仁義爲道德規範的一部份，這是毫無疑問的。現在我要作進一步的思考，那就是仁與不仁的抉擇構成道德與不道德的行爲。我之所以作這一想法，是因爲它比亞里斯多德及我知的任何其他理論更容易解釋道德行爲。人最初經驗到仁時，是不期然而然地表顯了他的自然傾向，我們不妨用孟子的話說人性是善的，也就等於說仁是人的天性。孟子的說法以經驗爲出發點，嚴格說來，這些經驗不允許他造成「仁人心也」的普遍原則。正像我國古籍中的許多句子，孟子這句話是由於他的個別經驗，我人也不妨稱之爲一種假設。但根據現代心理學所觀察的事實，人需要「別人」纔能發展自己，這已不祇是純粹的假設。是的，假使一個人自幼就與人類文明完全隔離，當然他的行爲會有異於常人的發展，但這是因爲屬於他人性的許多潛力無從發展的緣故。可靠的事實顯示，人與人相親的需要並非由學習而得。因此我不贊成「人性祇是後天反應模式」的說法。我認爲「人有仁的自然傾向」這句話，足以代表我人所知的經驗事實。

亞里斯多德用善德是達到眞幸福的方法來解釋道德，我以爲迂迴曲折，很難解釋善惡行爲如何開始。大家從孩提時就知有善惡，但我們是否因爲想用善德達到幸福才知有善惡呢？康德的「你的意志規範應成

為普遍規律」以及「把人當作目的，而絕不視為手段」這兩個絕對命令，我想也很少有人會想到。我國傳統思想從來沒有提出道德意識如何產生的問題。我的解釋是如此：人最初經驗到人與人相親的需要時，他剛向意識發展，當時還沒有會反省的自我意識。逐漸長大時，他開始有了妬忌、自私、敵對等等「不仁」經驗，這一切也在反省的自我意識以前已經出現。到此為止，人還沒有自由抉擇能力，因此也沒有狹義的道德行為。終於有一天，他獲得了反省的自我意識，對自己的行為能作自由選擇，這時他才是道德行為的主體。當他在「仁」與「不仁」之間作一項抉擇的時候，即使所選擇的對象極其微小，他就做了一件道德或不道德的行為。選擇仁，人就實現了自己的天性，否則就是違反天性，遠離「自性」。雅士培稱這樣的抉擇為「存在實現」，它和榮格（C. G. Jung）所說的個體化（Individuation）以及 Maslow 所云的「自我實現」（Self-actualization）非常接近。但我認為「存在實現」或「道德抉擇」是「自我實現」的最主要一部份。康德為了解釋道德的命令性（或可稱為「應該性」—Sollen），同時要避免「外來的」命令，所以設想出「絕對命令」（Kategorischer Imperativ）。「自我實現」的解釋省去了康德這一牽強說法。

用「仁」或「不仁」的抉擇來解釋道德的起源和本質，這一想法是否和孔孟思想不甚相悖？它本身能否立足？這是我要向大家請教的。

3. **人性善惡之爭與善惡命定論** 我國古哲知道自由抉擇是道德行為的要素，這點上文已經說過。繼之而起的董舒仲主張性善情惡；揚雄以為人性善惡相混；王充分人性為上中下三品。朱子則根據理氣二元說以為理無不善，氣則有清濁之分，而惡行出濁氣而生。上面這些對善惡行為的解釋似乎不夠重視人有自由抉擇能力：依他們的說法，人之為善作惡決定於「上品」、「清氣」、「下品」、「濁氣」等等因素。人既然不能替

自己的行爲作抉擇，當然談不到對自己負責，這無異否定了倫理基礎（自此康德說自由是道德的要求），我國傳統思想一向強調道德，但在道德哲學中卻有這一弱點。是否我根據的古籍中的句子有漏洞，或者我的理解有片面之處？

4. 老莊和墨子對仁的攻擊　大家都知道，春秋戰國時代的諸子百家是互相攻擊的。因此老莊、墨、儒互相爭執初無足奇。老莊和墨子對「仁」這一概念本身也頗有異議。現在讓我們來看看，他們對「仁」的批判，是否代表實質上的不同主張。

老子並不反對「仁」的本身，祇認爲仁並非最高的人生境界，「天地不仁，以萬物爲芻狗；聖人不仁，以百姓爲芻狗」(五章)，「大道廢有仁義」(十八章)；「失道而後德，失德而後仁，失仁而後義，失義而後禮」(三八章)。莊子的見解大同小異，他並且用「虎狼仁也……父子相親，何爲不仁？」(＜天運篇＞)等句來和儒家開玩笑。究其實，老莊認爲道是最高境界，而道的對外表顯則是「上善若水」,「無私」,「利而不害」，「利澤施於萬世，天下莫知也」；這樣的表顯很清楚包括了儒家的仁。老莊派也許會說：仁不過是道的表顯，最多也祇能視爲道德的枝節。但儒家也並不停留在人與人相親的一步，而繼續邁向「與天地萬物一體」的境界。因此，基本上，老與儒二家的見解非常接近，祇不過出發點及所強調的地方不同而已。

墨子對儒家的批評更不在於仁的本身，而是不滿於儒家的「親親有術，尊賢有等」(＜非儒下＞)。如所週知，墨子主張一種更高的「仁」，卽泛愛衆人而無差等的「兼愛」。

5. 天地萬物一體之仁　《易經》＜繫辭下＞有「天地之大德曰生」語；＜序卦＞中說「有天地，然後萬物生焉」，＜說卦＞又說「乾天一也，故稱乎父，坤地也，故稱乎母」。《易經》的意思很明顯：天是萬物之父，

地是萬物之母,因此天地都有「好生之德」。生我們的骨肉父母既是仁的,所以生萬物的天地也應是仁的。董仲舒在《春秋繁露》中說的「察於天之意, 無窮極之仁也。人之受命於天, 取仁於天而仁也」, 可以說是對《易經》的註解。中國古籍中的天地, 就我所知是指整個宇宙。那麼,二程說的「仁者以天地萬物爲一體」, 朱子說的「蓋天地萬物, 本吾一體」等語是指人與整個宇宙爲一體。天地——宇宙既有「好生之德」,「有無窮極之仁」, 而人又「受命於天, 取仁於天而仁」, 當然,」仁與天地一物」這句話是說得通的。

　　視宇宙爲仁, 同時也包括視宇宙爲有生命有精神的看法, 唐君毅先生的話似乎可作這一思想的代表:「我有生命,天地卽不能爲塊然之物質。我有精神, 則天地不能爲無精神之生物。……則天地卽一大宇宙生命宇宙精神也。」(《中國文化之精神價價》,臺北市, 止中, 民四二年,三三一頁)。所謂「宇宙的有情觀」卽以此爲形上基礎。

　　唐先生的見解如果代表儒家傳統, 那末它實在非常接近德國浪漫主義哲學家謝林 (F. Schelling, 1775-1854) 的「自然哲學」。如所週知,謝林也主張大自然有生命有精神, 至少他的初期思想是如此。黑格爾 (G. W. F. Hegel, 1770-1831) 所云的「宇宙精神」也類似。

　　現在問題是: 唐先生所說的宇宙有生命有精神是什麼意思? 假使祇因爲生物有生命及人有精神生活, 而生物和人類是宇宙的一部份, 這是馮友蘭的說法。他的意思似乎應是: 由於產生了現有的生物和人類, 宇宙本身也是有生命有精神的。但我要進一步問: 這所謂生命與精神究竟指什麼事實呢? 是否祇是指一種進化成生物乃至人類的可能性呢? 假定如此, 那是把進化的可能性與旣成的生命甚至精神混爲一談。用上述各種意義指稱宇宙有生命, 我都可以接受, 但似乎都不能代表唐先生的眞意。唐先生如果認爲宇宙本身是生物而且還有精神生活 (卽思想與自

我意識)，那就等於承認宇宙是位格。如果把生命與精神解釋成抽象的
「理」，那將是用詞的含糊不清，黑格爾的想法就是如此。

我個人的看法是：宇宙本身並無任何生命、感情、意志、思想與自
我意識的痕跡。因此，僅從經驗事實而論，卽使宇宙內部有進化成生物
甚至進化成會思想的高等生物的潛力，我們還是不能說它是「大宇宙生
命宇宙精神」。充其量，「生命」一詞的意義是類比的。

宇宙本身如果沒有生命、感情、意志、思想和自我意識，那麼說宇
宙是仁的，就祇有象徵意味。

如果說宇宙本身有生命、有意志有思想有自我意識，那就等於說宇
宙是位格，很像吠陀經所說的「神我」（Purusa）。但宇宙既與物質世
界不可分，就是有限之物，不可能是無限的神。我個人認爲某種限度的
形上學是可能的，並認爲形上學能够證明無限的萬物根源卽神之本身
（這裏恕不能發揮，也無法詳細討論）。宇宙中既有生命、意志、思想
與自我意識，萬物根源當然有生命、有意志有思想有自我意識；他的生
命、意志、思想、自我意識比人完美到不可思議的程度，但終不能是沒有
生命、意志、思想和自我意識。換言之他應是位格，能够和人產生「你
我」關係。要說清這點，我人必須先詳細解釋存有的類比原則；不瞭解
此原則，才會說上面的說法是「擬人」。生命的演化過程雖是由下而上，
由簡而繁，由沒有意識而至有自我意識，但從整個存有程序而言，有還
是先於無，生命先於無生命，秩序先於無秩序，思想先於無思想。做一
個粗淺的比方，從個體演變程序而言，每個人開始時祇是單細胞生物，
以後慢慢演變成人形，最後才出現自我意識，但父母卻早就有了自我意
識。我的意思是：假使沒有一個原來就有生命會思想的宇宙根源，根本
就不可能有任何生命和思想出現。

一言以蔽之，《易經》歸功於天地的好生之德，董仲舒歸功於天的

「無窮極之仁」，我認爲貼合到宇宙本身祇有象徵意味，貼合到宇宙的根源——位格神身上纔完全恰當。不消說，這一「恰當性」還不足以構成位格神存在的證據，神的存在還需要更腳踏實地的證據。各位未必都同意我的觀點，很希望聽一聽大家的批評與意見。

乙、討論要點

1、關於用布柏的「我與你」比附仁，韋政通先生認爲「己所不欲勿施於人」及「己欲利而利人，己欲達而達人」的原則，包括了把別人當作「你」看待的人生態度：因爲自己既不願被視爲物，當然也不應視別人如物，布柏的「我與你」因此很可以與我國傳統的仁相得益彰。

至於人天性投向永恆及無限的「你」等等，在座諸君說不屬於中國傳統思想；而他們自己也感受到無法接受。儘管如此，中國傳統的仁與投向永恆的「你」至少並非互相枘鑿，彼此是可以融合的。

2、孟子所云「仁人心也」有何根據呢？討論時有人以爲這祇是他的一項肯定。也有人說這是一種「呈現」。但什麼是「呈現」呢？「呈現」給誰呢？答案似乎應是：作爲主體的人意識到自己的人心，人心中的仁呈現在意識之前。這樣的意識，就廣義而言也應當算是經驗。因此說孟子的「仁人心也」是以經驗爲出發點，應當是可以立足的。當然，在現代人眼中，他一個人的經驗不允許我們承認孟子這句話的普遍價值。比較更有力的證據似乎可從反面的例子見到，那就是人失去發展「我——你」關係的可能性時，正常成長過程中就會受到阻礙。對此，美國兩個極端例子最足以發人深省：兩個非婚生女孩（亞娜與依撒蓓拉）均與其母遭受禁錮。亞娜之母係白癡，三十二歲時的智力僅相當於八歲孩子；亞娜於六歲被發現，當時既不會走路，也不會說話。以後移植到特殊優良的環境中，二年後亞娜已會走路，但仍不會說話，她的智力不超

過一歲以上的嬰孩。依撒蓓拉被發現時六歲半，其母係聾啞者；依撒蓓拉雖不能說話，却能用手勢與其母傳達若干思想。依撒蓓拉被發現時對外充滿敵意和恐懼，但二個月以後已會講話；以後發展成長幾與普通的孩子無異。此外，孤兒院中的孩子因受母愛不充份而發展時呈現困難，也是常見的事❸。被禁錮的兩個小孩之一幾乎無從經歷到「我——你」關係，因為母親本身即是白痴；亞娜自己可能也是天生的白癡，也可能因後天無從發展人際關係而成白癡。依撒蓓拉則先天後天情形均優於亞娜，因為他的母親祇是聾啞而已。孤兒院中受愛撫不夠而造成個性的缺點，可以說是「我——你」關係發展不足的典型實例。十餘年前慕尼黑大學與巴威亞電視台合作的一項研究顯示出，在溫暖的家庭中成長的嬰兒與育嬰堂中成長的十三個月嬰兒相比，語言與社會關係的發展相差達十二個月❸。「我——你」關係發展不夠既影響到人的正常成長，似乎可以表示，這項關係是人性的一部份。

關於道德意識的產生，有人指出荀子可能已提出這一問題：「水火有氣而無生，草木有生而無知，禽獸有知而無義，人有氣有生有知且有義……。力不若牛，走不若馬，而牛馬為用，何也？曰：人能羣，彼不能羣也。人何以能羣？曰分。分何以能行？曰：義。故義以分則和，和則一，一則多力……。故人生不能無羣，羣而無分則爭，爭則亂……。」（＜王制＞）荀子這裏把道德意識基於羣居的需要，羣居不能沒有長幼尊卑的次序（分）；照次序做就是道德（義），否則就是不道德。我覺得荀子的解釋祇是部份的，而且太從法治的觀點去觀察，不能溯源於最

❸ F. L. Ruch, *Psychology and Life*, Brief 6th edition, Chicago: Scott, Foresman and Co., 1963, pp. 56–57.

❸ Theodor Hellbrügge, *Die ersten* 365 *Tage im Leben eines Kindes*: Die Entwicklung des Säuglings, München: TR-Verlagsunion, 1977, 27–29, 177–8.

原始的道德抉擇。

　　3、性善性惡的傳統看法是否都有善惡命定論的傾向呢？韋政通先生絕對否定，他認爲中國古哲早已強調人的自由抉擇（「仁以爲己任」已很明顯表達此意）；中國人一向認爲自己責任重大，甚至把整個宇宙都列入自己的「分內事」。韋先生又說王充並未分人性爲上中下三品，始作此俑者爲韓愈，朱熹的清濁二氣尤等而下之。

　　仔細考慮了韋先生的意見並予查證以後，第一我發覺王充的確說過：「人性有善有惡，猶人才有高有下也。…余固以孟軻言人性善者，中人以上者也；孫卿言人性惡者，中人以下者也；揚雄言人性善惡混者，中人也。……」（《論衡》＜本性篇＞）倒是揚雄不能稱爲命定論者，因爲他說：「人之性也善惡混。修其善則爲善人，修其惡則爲惡人。」（《法言》＜修身篇＞）。

　　孟荀二人雖言性善性惡，實際上孟子既並未否認人有作惡的可能，荀子也並未否認爲善的可能。二人之唯一不同是在於解釋人的善惡行爲．孟子說善是天性，惡是未盡其性；荀子則說惡是天性，「其善者僞也」。因此，首創善惡命定的理論者實在是王充，比他早一代的揚雄尚無此說。誠然，王充也相信性可變易，認爲「亦在於敎，不獨在性」（《論衡》＜率性篇＞），因此他的定命論並非絕對的。

　　4、關於老莊及墨家對仁的看法，王曉波先生認爲這是不同社會階級所產生的不同意識形態：儒家附庸於貴族及統治階級，墨家屬於平民階級，老莊則屬於隱者階層。必須從他們的不同社會背景纔可瞭解他們思想的眞諦。另有人指出我說墨子所主張的兼愛是「更高」的仁，大約是基督宗敎背景使然。

　　一如上文「報告」之4所云，老莊和墨家基本上並不反對仁。不管他們的社會背景如何，他們所主張的「上善」及「兼愛」始終沒有脫離

人與人相親的範疇。這件事實更表達出仁性超越不同階級所產生的不同意識形態。

5、宇宙本身是否可稱為仁呢？從「仁是二人間的相親」做出發點，我把「二人」推廣到二個位格之間的關係，這樣我就達到「宇宙的創造者（而非宇宙本身）才足以和人建立仁的關係」這一結論。參加討論諸君似乎認為這一結論太為基督宗教所影響。我個人對此的意見是：哲學思考之受生活及信仰背景影響，這是任何人所不能免的；斐希特所云「行動決定人的思想」，實在也有大部份真實性；信基督宗教者、信佛教者、信尼采、馬克思或沙特者、信人是宇宙間唯一價值中心者都並無二致。因此我並不否認受基督宗教背景影響；不僅如是，我還有意識地要說清這些思想背景，使大家都能够反省、理解、甚至接受。我這一態度絕對光明磊落，不必有所忌諱；我認為任何真持某一信念的人（包括無神論、人本主義者），這一態度莫不如此。但僅指出這點不能抹煞一切，既不能說某一思想對，也不能說它一定不對，必須對思考本身予以批判。仁的關係貼合到具位格之宇宙的創造者與人之間的相親，較之應用於宇宙本身與人之間的關係更恰當，這點我認為是沒有問題的。

張曼濤先生指出，儒家所說的天地並非無感情，無思想的。但這一來我們又重新回到「報告」中所提出的困難問題，即宇宙是物質，是有限之物，不可能是無限的。我認為多瑪斯《神學集成》（*Summa Theologiae*）第一部份對神所作的哲學思考，大多數至今尚屬有效。至於說想用坐禪等方法去體驗到宇宙的感情與思想，坐禪本身是否有此能力，已是一個必須先解決的問題。「坐忘」或與宇宙為一體的主觀意識，不能告訴我們宇宙的實情。即使你對宇宙有親切感，還不能證明宇宙本身對你也有同樣的感覺，這一切祇屬於「移情」作用而已。因此這問題還是屬於哲學思考的領域，而非體驗所能解決。

中文人名索引（包括譯名）

西文中文人名對照索引
（無譯文之人名僅列西文）

滄海叢刊書目

— 1 —

中國聲韻學　　　　　　　　　　　潘重規、陳紹棠　著
訓詁通論　　　　　　　　　　　　　　　　吳孟復　著
翻譯新語　　　　　　　　　　　　　　　　黃文範　著
詩經研讀指導　　　　　　　　　　　　　　裴普賢　著
陶淵明評論　　　　　　　　　　　　　　　李辰冬　著
鍾嶸詩歌美學　　　　　　　　　　　　　　羅立乾　著
杜甫作品繫年　　　　　　　　　　　　　　李辰冬　著
杜詩品評　　　　　　　　　　　　　　　　楊慧傑　著
詩中的李白　　　　　　　　　　　　　　　楊慧傑　著
司空圖新論　　　　　　　　　　　　　　　王潤華　著
詩情與幽境——唐代文人的園林生活　　　　侯迺慧　著
唐宋詩詞選——詩選之部　　　　　　　　　巴壺天　編
唐宋詩詞選——詞選之部　　　　　　　　　巴壺天　編
四說論叢　　　　　　　　　　　　　　　　羅　盤　著
紅樓夢與中華文化　　　　　　　　　　　　周汝昌　著
中國文學論叢　　　　　　　　　　　　　　錢　穆　著
品詩吟詩　　　　　　　　　　　　　　　　邱燮友　著
談詩錄　　　　　　　　　　　　　　　　　方祖燊　著
情趣詩話　　　　　　　　　　　　　　　　楊光治　著
歌鼓湘靈——楚詩詞藝術欣賞　　　　　　　李元洛　著
中國文學鑑賞舉隅　　　　　　　　黃慶萱、許家鸞　著
中國文學縱橫論　　　　　　　　　　　　　黃維樑　著
蘇忍尼辛選集　　　　　　　　　　　　　　劉安雲　譯
1984　　　　　GEORGE ORWELL原著、劉紹銘　譯
文學原理　　　　　　　　　　　　　　　　趙滋蕃　著
文學欣賞的靈魂　　　　　　　　　　　　　劉述先　著
小說創作論　　　　　　　　　　　　　　　羅　盤　著
借鏡與類比　　　　　　　　　　　　　　　何冠驥　著
鏡花水月　　　　　　　　　　　　　　　　陳國球　著
文學因緣　　　　　　　　　　　　　　　　鄭樹森　著
中西文學關係研究　　　　　　　　　　　　王潤華　編
從比較神話到文學　　　　　　　　古添洪、陳慧樺　主編
神話即文學　　　　　　　　　　　　　　　陳炳良　等譯
現代散文新風貌　　　　　　　　　　　　　楊昌年　著
現代散文欣賞　　　　　　　　　　　　　　鄭明娳　著
世界短篇文學名著欣賞　　　　　　　　　　蕭傳文　著
細讀現代小說　　　　　　　　　　　　　　張素貞　著